XML-Programmierung mit VB und ASP

Mark Wilson
Tracey Wilson

XML-Programmierung mit VB und ASP

Deutsche Übersetzung von Tanja Güllicher

ADDISON-WESLEY

An imprint of Pearson Education

München • Boston • San Francisco • Harlow, England
Don Mills, Ontario • Sydney • Mexico City
Madrid • Amsterdam

Die Deutsche Bibliothek - CIP-Einheitsaufnahme

Ein Titeldatensatz für diese Publikation ist bei Der Deutschen Bibliothek erhältlich.

Umwelthinweis:
Dieses Buch wurde auf chlorfrei gebleichtem Papier gedruckt.
Die Einschrumpffolie – zum Schutz vor Verschmutzung – ist aus umweltfreundlichem und recyclingfähigem PE-Material.

10 9 8 7 6 5 4 3 2 1

04 03 02 01

ISBN 3-8273-1874-2

Einbandgestaltung: atelier für gestaltung, niesner & huber, Wuppertal
Lektorat: Christiane Auf, cauf@pearson.de
Korrektorat: Ulrike Oswald, Forstern
Herstellung: Anna Plenk, aplenk@pearson.de
Satz: reemers publishing service gmbh, www.reemers.de
Druck und Verarbeitung: Bercker, Kevelaer
Printed in Germany

Unseren Lieben gewidmet, insbesondere Traceys Dad

Inhaltsverzeichnis

Einleitung

XML (die eXtensible Markup Language) ist die großartigste Erfindung seit der Dampfmaschine. Was HTML (Hypertext Markup Language) für das World Wide Web und die weltweite Datenweitergabe war, ist XML für E-Commerce und den Datenaustausch.

Der Informationsaustausch zwischen Unternehmen und Verbrauchern einerseits (auch als *B2C*, Business-to-Consumer bezeichnet) und zwischen den Unternehmen andererseits (*B2B* oder Business-to-Business) hat eine nie dagewesene Intensität erreicht, und der Prozess ist noch lange nicht abgeschlossen. Verkauf von Waren über das Internet, intelligente Agentenprogramme, die um die besten Preise feilschen, transparenter Datenaustausch unter Geschäftspartnern – XML macht all das möglich und bezahlbar!

Wo sind die Einsatzbereiche? Kurz gesagt lautet die Antwort *überall*! XML wird im Internet auf Websites zum Einsatz kommen, im Microsoft BackOffice zur Strukturierung der Wissensbestände, es wird über alle Plattformen, Applikationen und Sprachen hinweg eingesetzt werden und das Kernstück aller künftig entwickelten verteilten Softwarelösungen sein.

Nicht nur Softwareentwickler werden mit XML arbeiten, es wird Bestandteil fast aller Produkte sein, die wir in Zukunft verwenden. Überall, wo es um Datenaustausch oder Persistenz geht, wird XML im Spiel sein. Manchmal werden Sie damit arbeiten ohne es zu wissen. Wenn Sie beispielsweise in Microsoft Word (in Office 2000) den Menüpunkt *Als Webseite speichern* auswählen, wird das Dokument in einem HTML-Format mit eingebettetem XML gespeichert.

XML ist überall: Wenn Sie in Microsoft Word 2000 den Menüpunkt *Als Webseite speichern* auswählen, wird das Dokument in einem HTML-XML-Hybridformat gespeichert.

XML ist eine beliebig erweiterbare Sprache, aus der Sie Ihre eigenen Auszeichnungssprachen ableiten können. Deshalb wird XML auch als Metasprache bezeichnet, also als Sprache, mit der andere Sprachen beschrieben werden. In diesem Buch wird nicht detailliert darauf eingegangen, wie Sie eine eigene Auszeichnungssprache entwickeln oder wie die Feinheiten der Syntax von XML aussehen. Dafür gibt es Tausende anderer Bücher und Websites. Unser Schwerpunkt liegt bei der Anwendung und Umsetzung in Ihrer Arbeitspraxis. Wir geben Ihnen Code-Beispiele für die Nutzung von XML in Ihren Entwicklungsprojekten.

Zielsetzung dieses Buchs

In dem Maße, wie mehr und mehr Entwickler sich mit XML vertraut machen, werden auch die Anforderungen der Unternehmen an das Internet steigen und weit über einfache interaktive HTML-Seiten hinausgehen. Unternehmen werden mehr Gewinn aus ihren Informationsbeständen schöpfen wollen. Oft wird gesagt, dass *Informationen frei fließen wollen*, und mit XML wird das möglich.

In diesem Buch, *XML-Programmierung mit VB und ASP* stellen wir Ihnen die Arbeit mit XML im Microsoft IE5 (Internet Explorer 5), in Microsoft Visual Interdev und in Microsoft Visual Basic 6.0 vor.

Die Entwicklungsprojekte der Zukunft werden den direkten Datenaustausch zwischen Objekten, zwischen Servern und zwischen räumlich getrennten Unternehmen über das Internet ermöglichen. Die Potenziale des EDI (Electronic Data Interchange) werden in die Praxis umgesetzt, und das zu geringen Kosten. Der Übergang zur transparenten Kommunikation praktisch aller Informationen wird sehr plötzlich und auf breiter Basis erfolgen.

Dieses Buch will Ihnen als Entwickler oder IT-Spezialist der Schlüssel zu dieser neuen Arbeitswelt sein. Mit XML und diesem Buch als Orientierungshilfe können Sie sich die Entwicklung flexibler und leistungsfähiger Lösungen erschließen.

Was vermittelt dieses Buch seinen Lesern?

Wenn Sie *XML-Programmierung mit VB und ASP* durchgelesen haben, kennen Sie die Grundlagen von XML und seiner Anwendung in ASP- und VB-Code.

In der nachstehenden Tabelle sind die Hauptthemen aufgeführt, die in diesem Buch behandelt werden.

Thema	Wichtigste Aspekte
Unternehmensberatung	Welchen Nutzen Ihre Kunden von XML haben
	Warum in Ihrem Unternehmen und in Ihren Projekten XML eingesetzt werden sollte
	Wie XML die Zukunft des Internet und der Softwareentwicklung bestimmen wird
XML	Prinzipien und Anwendung der XML-, DTD- und XSL-Dateien
	Prinzipien und Anwendung des Document Object Model-Dokuments (DOM)
	Schemata, Entities, Elemente, Validierung, Parsing und viele weitere Aspekte von XML
IE5	Automatisierung des Microsoft IE5-Browsers in Ihrem Code
	Verwendung der IE5-Objektmodelle für Objekte wie Tabellen und DSO (Data Source Objects)

Thema	Wichtigste Aspekte
	Dateninseln: wie, wo, wann, warum?
VB	DOM – Arbeiten mit dem Document Object Model Entwurf und Verwendung von WebClasses XML in Mehr-Schichten-Lösungen mit Business-Objects Kommunikation zwischen Objekten mit XML
ASP	Verschiedene Code-Beispiele für die Manipulation von XML-Dateien mit ASP ASP-Seiten als Verteilungszentrale für XML-Daten Parameter an ASP-Dateien übergeben und Antworten entgegennehmen

Nach der Lektüre dieses Buchs sind Sie herzlich eingeladen, unsere Website `http://www.vbxml.com` oder `http://www.thespot4.com` zu besuchen. Sie finden dort Links zu weiterführenden Informationen, Fachartikel und Informationen zu Diskussionsgruppen, bei denen Sie sich anmelden können.

Um die Autoren kennen zu lernen, können Sie die Website von Manning Publications besuchen: Unter `http://www.manning.com/wilson` finden Sie einen Link zum »Author Online«-Forum, wo Sie Kommentare abgeben, fachliche Fragen stellen und Unterstützung von den Autoren und anderen Anwendern bekommen können.

Beim Leser vorausgesetzte PC-Konfiguration

Oft neigen Bücher mit ausführlichen Code- und Lösungsbeispielen (wie dieses hier) dazu, Ihnen als Leser das Leben schwer zu machen und extravagante Softwarekomponenten oder unterschiedliche Versionen derselben Komponente zu verwenden. Nicht selten werden auch kostspielige Komponenten verwendet, die die Leser gar nicht bezahlen können.

Wir haben unsere Lösungen bewusst auf einem PC mit Standard- oder Bundle-Software sowie Freeware-Komponenten entwickelt. Der Microsoft PWS (Personal Web Server) beispielsweise ist leicht zu bekommen und kostenlos! Gleiches gilt für IE5 und MDAC 2.1 (Microsoft Data Access Components), das über Y2K-Updates verfügt und ADO 2.1 (ActiveX Data Object) enthält. ADO 2.1 wird in diesem Buch verwendet.

Ein Upgrade zu ADO 2.1 ist ebenfalls verfügbar, falls Sie eine ältere Version haben (ADO 1.5 oder ADO 2.0). Windows 2000 enthält ADO 2.5, in diesem Buch wird jedoch nicht ausführlich auf den Funktionsumfang der Version 2.5 eingegangen (abgesehen von einigen hilfreichen Verweisen auf Neuerungen bei der Verwendung der Software).

Der verwendete Code wurde auf einem PC mit der nachstehend aufgeführten Konfiguration entwickelt und geprüft. Um die Beispiele in diesem Buch nachvollziehen zu können, müssen auf Ihrem PC dieselben Komponenten oder höhere Versionen installiert sein.

- IE5-Browser
- ADO 2.1 Datenzugriffsobjekte
- Microsoft PWS 1.0a
- PWS installiert
- FrontPage-Erweiterung im PWS installiert

Quellcode herunterladen

Der vollständige Quellcode zu den Beispielen in *XML-Programmierung mit VB und ASP* steht für die Käufer des Buchs auf der Manning-Website zum Download bereit. Unter `http://www.manning.com/wilson` finden Sie einen Link zu den Quellcode-Dateien und zum Author-Online-Forum. Weiterhin ist der Quellcode unter `http://www.vbxml.com` verfügbar.

In diesem Buch verwendete Konventionen

Folgende typografische Konventionen werden im gesamten Buch verwendet:

Code-Beispiele und -Fragmente sind in einem Zeichensatz mit fester Breite gesetzt. Sie stehen in `Courier`.

Kommentare im Code sind durch ein Apostroph am Anfang jeder Kommentarzeile gekennzeichnet. Die Kommentare stehen jeweils vor dem Code-Abschnitt, auf den sie sich beziehen.

Einige Code-Fragmente sind mit Anmerkungen versehen. Fußnoten sind folgendermaßen ❶ gekennzeichnet.

Fortgesetzte Codezeilen sind eingerückt.

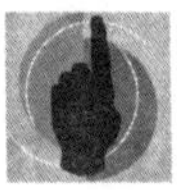

Hinweise sind mit der kleinen Hand gekennzeichnet. An diesen Stellen sollten Sie besonders aufmerksam lesen.

Danksagungen

Ich habe ja schon oft gehört, dass es Mühe und Stress bedeutet, ein Buch zu schreiben, aber geglaubt habe ich es nie. Also bin ich mit einer etwas naiven und unbekümmerten Begeisterung an dieses Projekt herangegangen, ein Buch über XML-Programmierung mit VB und ASP zu schreiben. Jetzt weiß ich, wie es wirklich ist.

Trace, meine wunderbare Frau – ich danke dir für deine Geduld und deine unglaublich wertvolle Mitarbeit an diesem Buch. Unseren nahen und entfernten Verwandten und Freunde auf der ganzen Welt – dieses Buch ist für euch!

Ich möchte all denen danken, die durch Korrekturlesen und ihre Beteiligung an der VBXML-Diskussionsgruppe entscheidend zum Erfolg dieses Buchs beigetragen haben.

Unser Dank gilt auch den folgenden Lektoren für ihre wertvolle Hilfestellung bei unserer Bemühung, dem Leser gerecht zu werden, und für die Zeit und Mühe, die sie in unser Manuskript in seinen verschiedenen Entwicklungsstadien investiert haben: Armand Datema, Bill Eddins, Brian Breneman, Carlos Palmisciano, Charles Hoffman, Chris Million, Earl Cox, Govind Kanshi, Howard Bolling, Jian Wang, Nikita Ogievetsky, Robert Green, Simon North und Steve Ball.

Und ich danke Gott dafür, dass er mir dies ermöglicht hat.

\- Mark Wilson

Dieses Buch zu schreiben war eine sehr bereichernde Erfahrung – insbesondere im Hinblick darauf, dass es so vielen Menschen den Zugang zu dieser großartigen Zukunftstechnologie erschließen wird.

Meine tiefste Dankbarkeit gilt Mark.

Unseren Familien für die Liebe, die sie uns geben – Danke, dass ihr immer für uns da seid. Auch wenn Ihr am anderen Ende der Welt seid, sind wir uns immer nah. Unseren alten und neuen Freunden – ihr bedeutet uns so viel.

Besonderer Dank gilt auch dem geduldigen Team von Manning Publications (Marjan Bace, Ted Kennedy, Mary Piergies, Ed Toupin, Leslie Haimes, Chris Hillman, Lee Fitzpatrick, Peter Schoenberg, Bob Kern, Jeannine Kolbush, Lynanne Fowle, dem restlichen TIPS-Team und vielen Anderen mehr), das uns geholfen hat, dieses Kind aus der Taufe zu heben.

Und ich danke dem Herrn.

\- Trace Wilson

1 Warum XML?

In diesem Kapitel:

- Warum wird für die Zukunft des Internet auf XML gesetzt?
- Was ist eine Auszeichnungssprache und welche Möglichkeiten bietet sie?

1.1 Überblick

XML wird die *Lingua Franca* der Kommunikation zwischen Maschinen, Web-Browsern, Computern, Servern und Anwendungen werden. Künftig werden zwei beliebige Anwendungen (hersteller- und versionsunabhängig) Informationen wie Warenpreise, Verfügbarkeit usw. austauschen können, ohne in irgendeiner Weise für die Interaktion miteinander konzipiert worden zu sein.

Stellen Sie sich vor, Computerprogramme könnten miteinander kommunizieren, neue Informationsquellen anzapfen und sofort verwerten.

Ganze Unternehmen werden sich als »Informationsmakler« ausschließlich mit der Bereitstellung aufbereiteter Daten aus weltweiten Websites und Datenbanken beschäftigen. Die Programme auf Ihrem System werden in der Lage sein, diese Daten schnell und korrekt zu lesen, zu erfassen und zu verwenden. Stellen Sie sich vor, alle Software-Programme würden einfach dieselben Daten auf unterschiedliche Weise anzeigen. Ein Textverarbeitungsprogramm würde nur die Informationen entnehmen, die es braucht, während ein E-Mail-System dieselbe Information in anderer Form anzeigen könnte. Dies ist auch der grundsätzliche Sinn und Zweck von OLEDB: Über denselben Kanal werden unterschiedliche Arten von Informationen bezogen und gemeinsam genutzt.

XML ist eine Art vereinfachte Variante von SGML (Standard Generalized Markup Language).

XML bedeutet ein ganz neues Format für die Speicherung von Daten. Die Nutzbarkeit der Daten wird deutlich verbessert. Wir wissen, dass derzeit mehrere Unternehmen an der Entwicklung von Schnittstellen arbeiten, die man als xGUI (eXtensible Graphical User Interface oder erweiterbare Benutzerschnittstellen) bezeichnen könnte. An diesem Punkt wird die Grenze zwischen XML und Applikationen verschwimmen und echte Dokumentenorientierung die Norm werden. Dann wird es möglich, ein Dokument in mehreren unterschiedlichen Anwendungen gleichzeitig zu bearbeiten, ohne dafür die Anwendung wechseln zu müssen, denn unter dem Dokument liegt ja die XML-Struktur, auf die dann verschiedene Stylesheets angewandt werden.

Auf der Grundlage dieser immer stärker zusammenwachsenden Informations- und Wissensstruktur werden E-Commerce und die unternehmensübergreifende transparente Datenkommunikation unsere Wirtschaftswelt von Grund auf verändern. Ganz neue Arten von Software werden auf den

Markt kommen, um diesen Informationsfluss zu verwalten und für den Wissens-Datenverkehr sozusagen einen *Wegezoll* einzutreiben. Ganz neue Arten von Komponenten werden entstehen, die als reine *Informationsmakler*-Objekte fungieren.

Finden Sie bei Suchmaschinen immer auf Anhieb ganz genau das, was Sie suchen?

Finden Sie bei Suchmaschinen immer auf Anhieb ganz genau das, was Sie suchen? Wenn Sie beispielsweise eine Suchmaschine verwenden, um nach Bewerbungsunterlagen aller Visual-Basic-Programmierer zu suchen, würden Sie wohl über eine Million Treffer erhalten, von denen aber nur ein Teil tatsächlich Bewerbungsunterlagen wären. Der Rest der Seiten würde wahrscheinlich Sätze enthalten wie *Fordern Sie per E-Mail meine Bewerbungsunterlagen an*.

XML und Ableitungen daraus werden eines Tages Metadaten in maschinenlesbarer Form beschreiben können.

Mit Sicherheit haben die Entwickler von Suchmaschinen Interesse daran, dass die Daten auf Websites in strukturierterer Form präsentiert werden und bereits soweit in Kategorien eingeordnet sind, dass präzise Antworten auf Anfragen möglich sind. Mit HTML ist das nicht machbar, mit XML schon. Und hierin liegt der grundsätzliche Hauptnutzen, den man sich von XML verspricht: dass XML und die Ableitungen daraus in der Lage sein werden, *Metadaten* (komplexe Informationen und Beziehungen) in einer Form zu beschreiben, die erstens konsistent und zweitens maschinenlesbar ist.

Dies sind nur einige der zukünftigen Möglichkeiten von XML, und in diesem Buch können Sie erfahren, wie Sie damit beginnen, diese Zukunft zu gestalten. Die Weiterentwicklung von XML erfolgt im Rahmen einer Diskussion zwischen wichtigen Interessengruppen und Einzelakteuren im W3C (World Wide Web Consortium).

1.2 XML ermöglicht die gemeinsame Nutzung von Daten

Nehmen wir als Beispiel für die Notwendigkeit, dieselben Daten in unterschiedlichen Formaten in mehreren Unternehmen verfügbar zu halten, die fiktive Firma »News R Us«. Dieses Unternehmen sammelt weltweit Nachrichtenmeldungen, sichtet und sortiert sie und stellt sie auf elektronischem Wege anderen Unternehmen zur Verfügung. Bei News R Us gehen laufend Medienausschnitte und Kurzmeldungen in den unterschiedlichsten Dateiformaten ein. Im Unternehmen werden sie in eine zentrale Datenbank eingepflegt und von dort als aufschlussreiches Themendossier in ansprechender Form für die Kunden exportiert.

Jeder dieser Kunden hat einen unterschiedlichen Informationsbedarf, braucht andere Formate, hat andere zeitliche Abläufe. Bei vielen Kunden werden sich auch Probleme der Binarität und der Plattformen stellen. Kunden könnten mit PCs, Zentralrechnern oder Unix-Systemen arbeiten. Bei vielen stellen sich sicherlich mehrere dieser Fragen.

Für eine solche Situation ist XML wie geschaffen, da es nicht herstellerspezifisch ist; und weil XML-Dateien nur reinen Text enthalten, muss bei Ihnen auch kein bestimmtes Betriebssystem oder Gerät unbedingt vorhanden sein. Es handelt sich um eine Metasprache, die einen erstaunlichen Umfang an Datenstrukturen und -beziehungen bewältigen kann. Es ist auch möglich, Stylesheets auf XML-Dateien anzuwenden, um die Daten in jedes gewünschte Format zu bringen. Und, was noch besser ist, diese Stylesheets wiederum sind mehrfach verwendbar.

XML ist das ideale Datenformat für komplexe Konstellationen wie diese. XML ist nicht hersteller-spezifisch und stellt keine Voraussetzungen an ein bestimmtes Betriebssystem oder Gerät, da es sich um eine reine Textdatei handelt.

Wenn man die Flexibilität von XML mit den meisten Programmen vergleicht, an denen Entwickler derzeit schreiben, werden die Vorteile von XML etwas klarer. Bei vielen derzeit über das Internet weltweit verteilten Anwendungen müssen komplizierte Mechanismen für den Datenaustausch entwickelt werden, damit die Daten pünktlich bereitgestellt und verwendet werden können. Diese Systeme sind jedoch grundsätzlich sehr kostspielig. Mittels Internet, Web-Servern und XML werden immer mehr dezentrale Lösungen über das HTTP-Protokoll kommunizieren und Daten austauschen. Das gibt uns als Programmierern die Möglichkeit, Lösungen zu entwickeln, mit denen kostengünstig zu jeder Zeit und an jedem Ort Daten ausgetauscht werden können. XML ist jedoch nicht nur ein Speicher von Daten, sondern geht noch einen Schritt weiter, wie Sie in *Abbildung 1.1* sehen können.

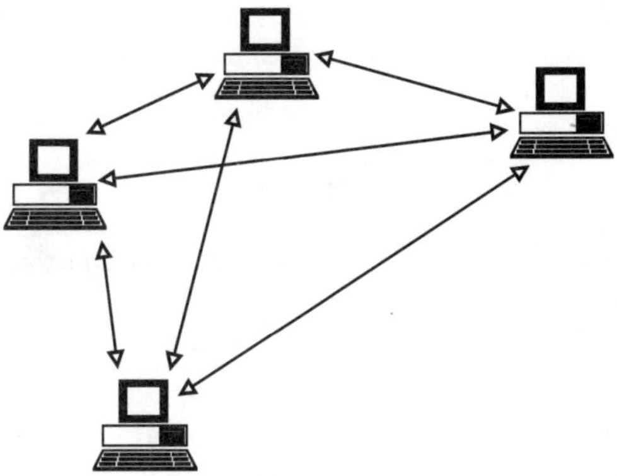

Abbildung 1.1: XML ist für den Austausch von Informationen wie geschaffen

Bei News R Us werden auch Informationen mit anderen Nachrichtenunternehmen ausgetauscht, dort weiter ergänzt und so erweitert zurückgesendet. Dieser Vorgang kann sich wiederholen, manchmal auch innerhalb desselben Tages. Die Vorstellung, eine Lösung zu entwickeln, die flexibel genug für den Umgang mit so häufig veränderten Daten sein muss, wird Ihnen sicherlich ein Gräuel sein. Das Hauptproblem ist die mögliche Inkompatibilität der so radikal veränderten Daten mit dem Aufbau Ihrer Datenbanken, was dann wiederum Fehler in den Anwendungen verursachen könnte.

Bei den meisten Systemen ergeben sich Schwierigkeiten, wenn die Dateien mit der Zeit verändert werden. Entweder gehen die neuen Daten verloren, oder die alten werden von der Datenbank oder Anwendungen als inkompatibel angesehen.

Wenn Sie an Ihre Erfahrungen als Entwickler denken, fällt Ihnen sicherlich auch die eine oder andere Situation ein, in der ein Programm abstürzte oder Fehlermeldungen erschienen, und in der Sie dann auf der Suche nach der Ursache feststellten, dass an der Datenquelle oder der Textdatei, die Ihr Kunde, Kollege o.ä. Ihnen übermittelt hat, eine winzige (oder größere) Änderung vorgenommen wurde – ein paar Leerschritte hier, eine neue Spalte dort, oder vielleicht eine ganz neue Kategorie von Informationen. In XML ist das kein Problem. XML verfügt über Dokumente, in denen die Datenstruktur *erklärt* wird.

Weitere Informationen über ein Format zum Austausch von Nachrichten finden Sie unter `http://www.xmlnews.org/`

Das heißt: Jedes der beteiligten Systeme kann Meldungen oder auch Abrechnungsinformationen austauschen, vorausgesetzt, es liefert ein Dokument mit, in dem die Struktur der gesendeten XML-Daten erklärt wird. Daraus folgt wiederum, dass keine Fehler auftreten, wenn das Dokument wächst, sich verändert oder entwickelt, solange die Formatstruktur des Dokuments immer auf den neuesten Stand gebracht wird. Wenn Ihr Speichersystem die Struktur der eintreffenden Daten kennt, kann es diese Daten der Struktur zuordnen und die richtigen Tabellen oder Felder fehlerfrei speichern oder aktualisieren.

Nehmen wir nun an, das Beziehungsnetz der Unternehmen in bezug auf den Dokumentenaustausch sei wie in *Abbildung 1.2*.

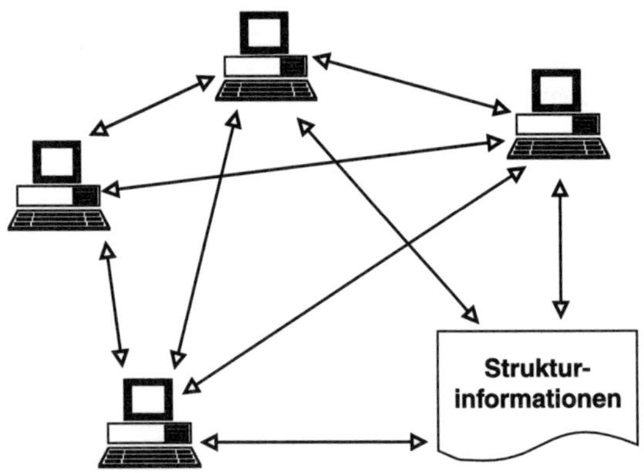

Abbildung 1.2: XML gibt Ihren Daten eine Struktur

Wie Sie sehen, tauschen die Computerprogramme Daten aus und greifen auf die Strukturinformationen zu. Wenn die Struktur der Daten und die im Dokument angegebene Struktur gleichzeitig verändert werden, dürfte kein Fehler auftreten.

1.2.1 Entwicklung einer eigenen Auszeichnungssprache

Wie bereits erwähnt, ist XML eine Metasprache, die eine breite Vielfalt an Informationen enthalten und verarbeiten kann. Wie funktioniert das? XML ist eine Auszeichnungssprache, mit der andere Auszeichnungssprachen definiert werden können. Sie legen damit ein Vokabular an Worten und die Beziehungen zwischen diesen Worten, die für Ihre Daten stehen, fest.

Wenn Sie beispielsweise im Buchverlagswesen tätig sind, könnten Sie eine Bücher-Auszeichnungssprache verwenden oder definieren. Wenn Sie in der Sportbranche arbeiten, können Sie eine Sport-Auszeichnungssprache verwenden. Im Bereich der Chemie ist bereits die Auszeichnungssprache CML (Chemical Markup Language) entwickelt worden. Es gibt eine Auszeichnungssprache für Musik namens MusicML und eine für Mathematik namens MathML. Auch in verschiedenen anderen Branchen wurden bereits Auszeichnungssprachen definiert.

XML ist eine Auszeichnungssprache, mit der andere Auszeichnungssprachen definiert werden können.

XML strukturiert Dokumente durch die Verwendung von Elementtypen, so genannten Tags. Die Namen dieser Tags sind im Strukturdokument festgelegt. Tags gibt es natürlich auch in HTML, beispielsweise <B> (Bold) für Fettdruck oder <I> (Italics) für kursiv, aber Sie können nicht selbst Tags erstellen wie <AUTHOR> oder <CAR_PART>, denn Web-Browser schenken Tags, die ihnen unbekannt sind, leider keine Beachtung. HTML zu erweitern ist daher sehr problematisch.

Aus diesem Grund ist XML die großartigste Erfindung seit der Dampfmaschine, oder sagen wir, seit HTML: In der eXtensible Markup Language können Sie Ihre eigenen Tags festlegen.

Hier kommt der Aspekt der Erweiterbarkeit der *eXtensible Markup Language* zum Tragen. Mit XML können Sie genau die Auszeichnungssprache entwickeln, die Ihrem Bedarf entspricht. Ganz neue Welten erschließen sich unserer Vorstellungskraft. Kaum ist XML auf dem Markt, wird im Internet schon RDF (Resource Description Framework) verwendet. RDF basiert auf XML und ist für die Darstellung und Bearbeitung von Metadaten konzipiert. Das klingt natürlich ziemlich beeindruckend. Bei näherem Hinsehen dient RDF dazu, Objekte in maschinenlesbarer Form zu beschreiben, oder anders ausgedrückt sollte eine XML- oder RDF-fähige Anwendung in der Lage sein zu erkennen, dass das Tag <CAR:MIRROR> sich auf ein Fahrzeugteil bezieht.

1.2.2 Wozu kann XML noch verwendet werden?

VRML (Virtual Reality Modeling Language) wird derzeit so angepasst, dass es auf XML basiert. XML-fähige Browser werden also VRML anzeigen können, und wir können uns schon einmal darauf freuen, keinen gesonderten VRML-Viewer mehr herunterladen zu müssen, weil ja der Browser unter Verwendung von XML-Daten die virtuelle Realität dynamisch wiedergibt.

Wie sieht es nun mit den Einsatzmöglichkeiten von XML in den boomenden Branchen E-Commerce und EDI aus? Was wird aus all den Unternehmen, die davon leben, zwischen Ihnen (dem Verbraucher) und dem Anbieter des von Ihnen gesuchten Produkts, sagen wir eines Anzugs oder DVD-Players, zu vermitteln? Wenn der Anbieter genaue Angaben zu seinen Produkten ins Internet stellt, werden natürlich die reinen Mittlerfiguren, auch Informationsmittler genannt, möglicherweise feststellen müssen, dass sie von Ihnen und Ihrem getreuen Internet-Browser einfach übergangen werden!

Was wird aus all den Dokumenten, die nicht nutzbar sind, weil sie in einem bestimmten Programm erstellt wurden und kein anderes Programm sie lesen kann? Kein Problem, wenn ihr Format XML ist und die Anzeige- und Strukturdokumente verfügbar sind. Was wird aus Daten, die auf einem anderen Betriebssystem gespeichert sind und von Ihrem Betriebssystem nicht gelesen werden können? Ebenfalls kein Problem, wenn sie in XML geschrieben sind und die Struktur öffentlich zugänglich ist.

Unbekannte Grafikdateien und zukünftige Formate? Kein Problem, wenn das Grafikformat auf XML basiert, denn jeder XML-fähige Browser kann die Datei dann lesen und interpretieren. VML (Vector Markup Language) befindet sich derzeit in der Entwicklung. VML beschreibt Bilder nicht über Vektoren oder mathematische Formate, sondern mit XML. Dadurch kann das Bild dynamisch kategorisiert und auf unterschiedlichste Weisen bearbeitet werden.

Die *Push-* oder *Channel*-Technologie von Microsoft ist ebenfalls in XML implementiert. Sie bringt die Website über *Channels* zum Betrachter, so dass dieser nicht mehr aktiv die Website besuchen muss. Die Technologie zur Implementierung von Microsofts Push-Technologie wird als CDF (Channel Definition Framework) bezeichnet, und CDF ist in XML geschrieben. Wenn Sie also einen Channel mit Push-Technologie für Ihre Website anlegen, müssen Sie eine XML-Datei erstellen, die einem anderen Programm Einzelheiten zu Ihrem Push-Channel mitteilt.

Jedes beliebige Programm kann auf CDF zugreifen, weil die Dateien reiner Text sind und XML als offenes Format verwendet wird. CDF ist daher als Referenz zur Anwendung in der gesamten Branche geeignet.

1.2.3 Text-Auszeichnung erhöht den Nutzen Ihrer Website

Eine weitere Anwendung von XML mit unmittelbarem Nutzen wäre die Auszeichnung von Daten auf Ihrer Website oder der Ihres Unternehmens. Bekanntlich liegt eine der Beschränkungen von HTML darin, dass nur die Tags verwendet werden können, die HTML zur Verfügung stellt. Wenn Sie in HTML arbeiten und ein Tag wie <PREIS> brauchen, um die Preise der Artikel deutlich zu kennzeichnen, ist dies nicht möglich. Alle Browser dieser Welt werden Ihr schönes neues Tag eiskalt ignorieren. Mit XML hingegen können Sie dieses und jedes andere beliebige Tag verwenden!

SGML und HTML basieren beide auf dem 8-Bit-ASCII-Zeichensatz, der keineswegs in der Lage ist, asiatische und orientalische Sprachen darstellen zu können. XML basiert konsequent auf `Unicode`**. Dadurch ist es weit besser dazu geeignet, internationalen Handel abzuwickeln.**

Betrachten wir einmal folgenden Absatz:

`You can have a discussion with Mark Wilson on the book` *XML Programming With VB and ASP* `at the Manning website. Look for the author online section. To meet other Visual Basic developers focusing on XML, go to http://www.vbxml.com.`

Diesen Text könnte man mit folgenden Auszeichnungen für Suchmaschinen verständlicher gestalten:

```
<review subject-type="book"/>You can have a discussion with
<AUTHOR>Mark Wilson<AUTHOR> on the book <BOOK_NAME>XML Programming With
VB And ASP</BOOK_NAME> at the <PUBLISHER>Mannings</PUBLISHER> web-
site. Look for the <LINK_AREA> author online section</LINK_AREA>. To
meet other <USER_TOPIC>Visual Basic developers</USER_TOPIC> focusing on
<BOOK_TOPIC>XML</BOOK_TOPIC>, go to <URL>http://www.vbxml.com</URL>.
```

Wie bereits erwähnt ermöglichen es solche Auszeichnungen XML-fähigen Programmen, die Informationen auf Ihrer Website korrekt zu interpretieren.

Wenn Sie versuchen, den oberen Text als Quelltext für den Internet Explorer 5 (IE5) zu verwenden, wird er nicht korrekt angezeigt. Der nebenstehende Code ist geeignet für IE5.

```
<?xml version="1.0" encoding="UTF-8"?><info><review subject-
type="book"/>You can have a discussion with <AUTHOR>Mark Wilson<AUTHOR>
on the book <BOOK_NAME>XML Programming With VB And ASP</BOOK_NAME> at
the <PUBLISHER>Mannings</PUBLISHER> website. Look for the <LINK_AREA>
author online section</LINK_AREA>. To meet other <USER_TOPIC>Visual
Basic developers</USER_TOPIC> focusing on <BOOK_TOPIC>XML</BOOK_TOPIC>,
go to <URL>http://www.vbxml.com</URL>.</info>
```

Das Nutzenpotenzial von XML dürfte an diesen Beispielen deutlich geworden sein. Wie Sie XML konkret in Visual Basic oder ASP einsetzen, um Probleme zu lösen und Möglichkeiten zu nutzen, ist das Thema dieses Buchs.

1.2.4 Wer ist das W3C (World Wide Web Consortium)?

Das W3C wurde im Oktober 1994 gegründet. Sein Ziel ist die Entwicklung gemeinsamer Protokolle durch die Bildung eines internationalen Branchengremiums, das über Technologien und technische Probleme diskutiert und Empfehlungen ausspricht.

Das W3C wacht nicht mit Sanktionen über die Einhaltung seiner Empfehlungen.

Folgende Ressourcen stellt das W3C bereit:

- Eine Sammlung von Informationen zum WWW für Entwickler und Benutzer
- Referenzcodes zur Implementierung der verschiedenen Empfehlungen
- Verschiedene Prototypen und Testanwendungen zur Veranschaulichung der neuen Technologien, mit denen sich das W3C befasst

1.2.5 Die Arbeit des W3C

Eine Gruppe reicht beim W3C Unterlagen über eine Technologie (oder ein technisches Problem) ein. Darüber wird diskutiert und beraten, und ein Vorschlagsentwurf wird verfasst. Nach weiteren Diskussionen kann eine Empfehlung ausgesprochen werden, in der das Design, das Modell oder die Technologie als reif für die breite Anwendung bewertet wird.

Das W3C ist eine Zusammenkunft von Interessengruppen mit dem Ziel, verschiedene neue Internet-Technologien auf den Weg zu bringen. Der Arbeitsansatz dieses Gremiums ist sehr umfassend und integrativ und mündet in Konsensentscheidungen (obwohl im Internet Gerüchte kursieren, dass in den Arbeitsgruppen auch gelegentlich das Recht des Stärkeren gilt). In jedem Fall ist das Endergebnis von großer Bedeutung und Einflusskraft.

Wenn beispielsweise einem Hersteller daran gelegen ist, dass die technischen Daten seines Produkts von der gesamten Branche unterstützt werden, so ist das W3C das geeignete Forum, in dem die Branche seine Vorschläge diskutieren und eine Spezifikation zur anschließenden Veröffentlichung als Empfehlung entwerfen kann. Folgende Stadien kann eine Einreichung beim W3C durchlaufen:

Notes (Notizen)

Eine Notiz ist eine Idee, ein Kommentar oder ein Dokument. Das W3C wird nicht zwingend an den Themen, die in der Notiz genannt werden, arbeiten.

Working Drafts (Arbeitsentwürfe)

Ein Arbeitsentwurf ist immer ein unfertiges Produkt, über das eventuell noch keine Übereinstimmung innerhalb der damit befassten Gruppe oder des W3C gefunden wurde.

Proposed Recommendations (Empfehlungsvorschläge)

Ein Empfehlungsvorschlag ist ein Papier, das erstens die Konsensmeinung der Gruppe wiedergibt, die es verfasst hat, und zweitens vom Director des W3C dem Beratungsausschuss zur Prüfung vorgelegt worden ist.

Recommendations (Empfehlungen)

Informationen zu einigen Aktivitäten und Projekten des W3C finden Sie unter `http://www.w3.org/Consortium/Activities`

Empfehlungen geben die einstimmige Ansicht des W3C wieder und sind auch vom Director gebilligt. Das W3C untersucht, ob eine Idee oder Technologie, die in einer Empfehlung behandelt wird, für die breite Anwendung geeignet und den Zielen des W3C förderlich ist.

Das W3C ist keine *Polizei*. Es kontrolliert nicht die Einhaltung der getroffenen Vereinbarungen oder der entworfenen Technologien. Jede beteiligte Partei hat das Recht (das bisweilen auch wahrgenommen wird), die Konzepte zu *erweitern* oder zu *verbessern*.

2 XML-Trainingslager

In diesem Kapitel:

- Die Grundlagen
- Was sind DTD-, XSL- und XML-Dateien?
- Elemente, Entities, RDF, Schemata und mehr

2.1 Überblick

Folgende Ziele hat das W3C in bezug auf XML aufgestellt (die Liste findet sich auch auf der W3C-Website):

- XML soll sich unkompliziert über das Internet verwenden lassen.
- XML soll eine große Bandbreite von Applikationen unterstützen.
- XML soll kompatibel mit SGML sein.
- Programme, die XML-Dokumente verarbeiten können, sollen einfach zu schreiben sein.
- Die Anzahl optionaler Leistungsmerkmale in XML soll auf ein absolutes Mindestmaß beschränkt bleiben, idealerweise Null.
- XML-Dokumente sollen für Menschen lesbar und angemessen verständlich sein.
- Der XML-Entwurf soll zügig abgefasst werden.
- Der XML-Entwurf soll formell und knapp formuliert sein.
- XML-Dokumente sollen leicht zu erstellen sein.
- Knappheit des XML-Markup ist von untergeordneter Bedeutung.

Wir finden, dass hierzu eigentlich jeder Kommentar überflüssig ist. Kernaussage dieser Liste ist, dass XML einfach anzuwenden sein soll, lesbar für Menschen, internetfreundlich und überhaupt das Beste für Alle.

2.2 XML und seine Ableitungen – ein weites Feld

Wie Sie vielleicht schon gesehen haben, ist XML (durch seine Erweiterbarkeit) schon jetzt ein unglaublich facettenreiches und komplexes Themengebiet. Man kann durchaus in einem Bereich oder einer Frage ein absoluter Experte sein und von einem anderen Thema, das gerade aktuell ist, keine Ahnung haben. Fast täglich kommen neue XML-Applikationsserver, -Lösungen, Auszeichnungssprachen und W3C-Empfehlungen heraus. Inmitten dieser Informationsfluten will Ihnen *XML-Programmierung mit VB und ASP* eine Navigationshilfe sein.

Wir werden uns auf die Grundlagen von XML konzentrieren und überlassen es Ihnen, sich die Feinheiten bei Bedarf selbst zu erschließen. Der Schwerpunkt unserer Arbeit soll darauf liegen, XML aus dem Blickwinkel eines Visual-Basic- oder ASP-Entwicklers zu betrachten. Wir werden außerdem versuchen, die XML-Syntax auf ein Mindestmaß zu beschränken und dafür möglichst viele Lösungen und Beispielcodes zu bringen.

XML ist aus SGML hervorgegangen und soll kompatibel damit sein.

Sie fragen sich vielleicht, wie XML entstanden ist. XML ist aus SGML (Structured Generalized Markup Language) hervorgegangen, einer komplexen, flexiblen und in der Anwendung sehr sperrigen Auszeichnungssprache. Wir brauchen wohl nicht zu betonen, dass XML deshalb so erfolgreich ist, weil es einige der besten Seiten von SGML übernommen hat, nicht jedoch die vielen Nachteile (wir hören allerdings förmlich schon, wie all die SGML-Freaks jetzt in die Tasten greifen, um uns sofort per E-Mail zu erklären, warum SGML das Nonplusultra ist).

Wir haben bereits dargestellt, dass XML von Grund auf auf Erweiterbarkeit und unkomplizierte Implementierung ausgelegt ist. Das Resultat dieser Bemühungen um Einfachheit und Flexibilität ist offensichtlich, dass XML in der Informatikbranche breite Anwendung gefunden hat. Leider sorgen genau diese Flexibilität und Erweiterbarkeit für eine verwirrende Vielfalt von Anwendungsmöglichkeiten, sodass die zahlreichen Alternativen und Lösungen sich schließlich zu überschneiden beginnen und in Konkurrenz zu treten drohen.

2.2.1 Weiterführende Informationen zur XML-Syntax

Wenn Sie die XML-Syntax genauer kennen lernen möchten, empfehlen wir Ihnen John E. Simpsons Buch *Just XML*, erschienen bei Prentice Hall.

In diesem Buch werden wir zwar in einiger Tiefe auf die technischen Einzelheiten eingehen, sodass Sie auf jeden Fall mehr als einen ersten Eindruck gewinnen, dennoch empfehlen wir, dass Sie zusätzlich ein Referenzwerk zur XML-Syntax heranziehen.

Wenn Sie die Syntax von XML im Einzelnen kennen lernen möchten, empfehlen wir das Buch *Just XML* von John E. Simpson.

2.2.2 Die Dateien der Akte X(ML)

In XML gibt es drei Grundtypen von Dateien: XML, DTD und XSL.

Die meisten XML-Lösungen bestehen aus drei Dateien, wie in *Abbildung 2.1* dargestellt:

1. eine XML-Datei, die die Daten enthält
2. eine DTD- oder Schema-Datei, die die Struktur der XML-Datei beschreibt (optional)
3. eine XSL-Datei, die das *Erscheinungsbild* oder die Benutzeroberfläche der XML-Datei festlegt (optional)

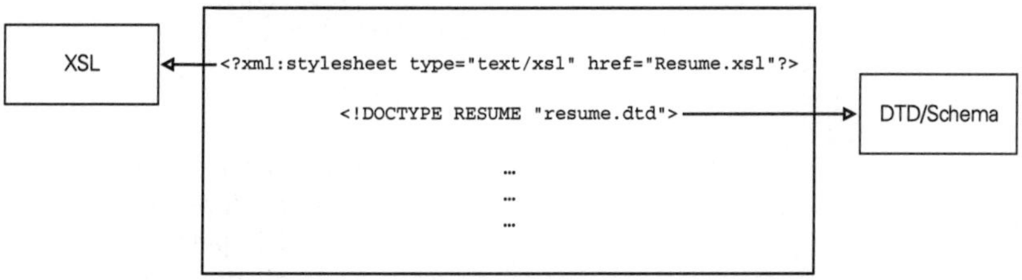

Abbildung 2.1: Drei Grundtypen von Dateien

Wir sind noch nicht darauf eingegangen, was DTDs, Schemata und XSL sind, werden das aber bald nachholen. *Abbildung 2.1* soll Ihnen nur einen ersten Überblick geben. Prägen Sie sich ein, dass XML-Dateien nicht zwingend DTD- und XSL-Dateien haben müssen, sondern dass diese optional sind und verschiedene Funktionen im Zusammenhang mit der XML-Hauptdatei erfüllen. In den Beispielen dieses Buchs werden jedoch jeweils alle drei Dateien erstellt.

Betrachten wir nun die drei Schritte, mit denen Sie eine einfache XML-Datei für Ihre aktuellen Daten aufbauen können. Hierfür stehen viele Herangehensweisen zur Wahl, aber sie lassen sich auf die folgenden drei einfachen Schritte reduzieren:

1. Struktur der Daten erkennen (oder festlegen)
2. eine XML-Datei erstellen, die die Daten enthält
3. die XSL-Formatierung anwenden (oder definieren)

2.2.3 1. Schritt: Die Struktur offen legen

Dies ist der erste Schritt zur Erstellung eines XML-Dokuments. Die Daten müssen betrachtet und der gedankliche Aufbau herausdestilliert werden. Stellen Sie sich dazu die Frage, welcher gedankliche Gehalt in jedem Abschnitt oder Satz steckt. So bauen Sie im Prinzip ein Vokabular auf, das Sie für ähnliche Dokumente wiederverwenden können. Zur Veranschaulichung soll jetzt ein Muster-Lebenslauf oder -Bewerbungsschreiben erstellt werden. Mit dieser Art von Schriftstücken ist wohl jeder bestens vertraut!

Zuerst gilt es zu überlegen, welche Stichwörter enthalten sein sollen, dann werden diese hierarchisch angeordnet. Dieses Vokabular soll keine eigentlichen Daten enthalten, sondern nur die Datenstruktur beschreiben. Das Vokabular kann natürlich eine Fülle von Wörtern enthalten, aber wir beschränken uns zunächst auf eine einfache Struktur. Das Vokabular für ein XML-Dokument, das ein Bewerbungsschreiben enthält, könnte folgendermaßen aussehen:

```
Name

Telephone number

Company (bestehend aus:)

Company name

Contact person

Contact telephone number

Contact email

Position

Description
```

Wenn man weiß, dass in XML-Dateien die eigentlichen Daten immer zwischen einem öffnenden und einem schließenden Tag (korrekt als Elementtypen bezeichnet) stehen, wird auch klar, warum es sinnvoll ist, die Struktur von den Daten zu trennen. Wie bereits angedeutet, können dadurch viele verschiedene XML-Dateien dieselbe Strukturdatei verwenden. Diese Strukturdatei wird als DTD bezeichnet (Dokumenttypdefinition).

DTDs: Typische Strukturen Ihrer Daten und Ihrer Branche wiederverwenden

Mit steigender Verbreitung von XML wird Ihr Verband oder Ihr Unternehmen vermutlich eine oder mehrere DTDs herausgebracht haben, die Sie verwenden und auf die Sie verweisen können. Die DTDs definieren Tags für Elemente, die bei Ihnen üblicherweise häufig gebraucht werden. Sie müssen diese DTDs nicht reproduzieren – Sie verweisen einfach in Ihrer XML-Datei darauf und halten bei der Erstellung des XML-Dokuments die entsprechende Struktur ein.

> Schemata sind als Strukturdokumente für den branchenweiten Datenaustausch besser geeignet als DTDs. Schemata bieten mehr Möglichkeiten in Bezug auf Datentypen, und sie werden in Dokumenten-Repositories wie `http://www.biztalk.org` bereits verwendet.

Weiter oben wurde bereits deutlich, wie XML und DTDs den Informationsfluss zwischen verschiedenartigen Quellen erleichtern. Zusätzlich bedeutet die zunehmende Verbreitung von branchenspezifischen DTDs entlang der

Produktionskette, dass Systeme über gemeinsame DTDs Informationen austauschen können, unabhängig von den jeweiligen internen Formaten und der Speicherarchitektur. Wie in *Abbildung 2.2* gezeigt, werden Unternehmen Formate gemeinsam mehrfach nutzen können.

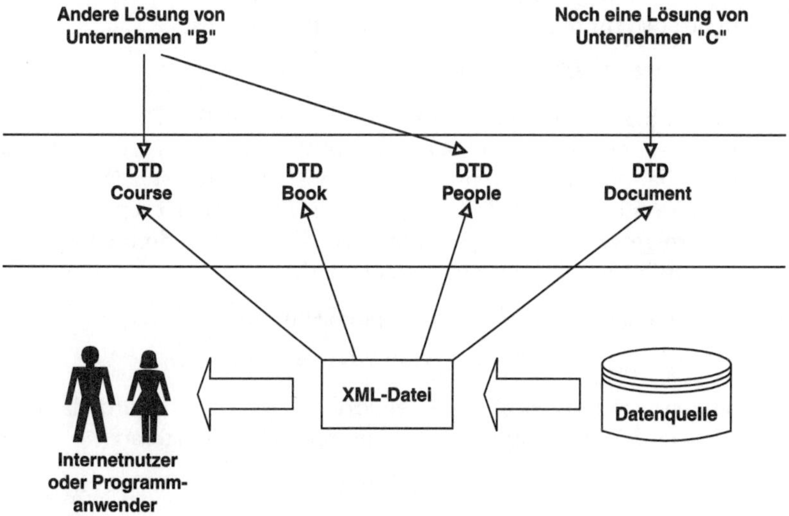

Abbildung 2.2: DTDs liefern Standards

Elemente

Ein Element besteht aus einem Start-Tag, einem End-Tag und allem, was dazwischen steht.

Wie Sie bereits wissen, verwendet XML genau wie HTML Tags, um den Anfang und das Ende jeder Daten- oder gedanklichen Einheit anzuzeigen. Die korrekte Bezeichnung für eine solche Einheit lautet Element. Jedes Element kann beliebig viele andere Elemente enthalten. So enthielt im obigen Beispiel das Element `COMPANY` mehrere andere Elemente, z.B. `CONTACT NAME`, `CONTACT PERSON` und `CONTACT TELEPHONE NUMBER`.

Sehen wir uns das einmal genauer an: Was aus einem Start-Tag, einem End-Tag und den Informationen dazwischen besteht, ist also ein Element:

```
<BOOK>...<TITLE>XML Programming With VB And ASP</TITLE>...</BOOK>
```

`<BOOK>` und `<TITLE>` sind beides Elemente, obwohl sich das Element `<TITLE>` innerhalb von `<BOOK>` befindet.

Attribute

Attribute sind Teile (oder Eigenschaften) von Elementen.

Wenn Elemente Eigenschaften enthalten, werden diese als Attribute bezeichnet. Im folgenden Beispiel ist `BOOK` ein Element und `TITLE` ein Attribut. Der Wert des Attributs ist `XML Programming With VB And ASP`.

```
<BOOK TITLE="XML Programming With VB And ASP">...</BOOK>
```

Attribute sind also Teile, oder Eigenschaften, von Elementen.

Entities

Jede Datei, Zeichendarstellung oder Internetressource, die in eine XML-Datei eingebunden werden kann, ist eine Entity.

Vereinfacht gesagt kann jede Datei, Zeichendarstellung oder Internetressource, die in eine XML-Datei *eingebunden* werden kann, als Entity bezeichnet werden. Als Entity werden auch Vertreter für Sonderzeichen, Texteinheiten und eingebundene Objekte (Includes) bezeichnet.

Hier ein Beispiel für das Ersetzen von Text durch Entities:

```
<!ENTITY BookName "XML Programming With VB And ASP">
```

Jetzt können Sie überall dort im Dokument, wo der Text `XML Programming With VB And ASP` erscheinen soll, kurz die Entity `&BookName;` verwenden. Dies ist vergleichbar mit der Verwendung von Konstanten in Visual Basic. Solche Referenzen in einer DTD zu definieren und die DTD in einer separaten Datei zu speichern gewährleistet außerdem, dass dieselben Definitionen konsistent in all Ihren XML-Dateien verwendet werden.

Angenommen, die DTD enthielte folgende Definition:

```
<!ENTITY Introduction SYSTEM "http://mark/xmlcode/intro.xml">
```

Mit dem Schlüsselwort `SYSTEM` wird angezeigt, dass auf eine DTD-externe Datei verwiesen wird.

Bei jeder Verwendung des Schlüsselwort `&Introduction;` wird dann der XML-Text aus der Datei intro.xml von unserer Website eingesetzt.

Genauso praktisch ist es, Grafiken einbinden zu können. Ein Beispiel:

```
<!NOTATION gif SYSTEM "http://mark/xmlcode/gifviewer.exe">
```

```
<!ENTITY mypic SYSTEM "http://mark/xmlcode/mypic.gif" NDATA gif >
```

Die Grafikdatei mypic.gif würde für jedes Vorkommen des Schlüsselworts `&mypic;` eingesetzt.

Wahrscheinlich fragen Sie sich, was es mit dem Abschnitt `<!NOTATION` auf sich hat. Er bezeichnet den Speicherort eines Hilfsprogramms, mit dem die gif-Datei betrachtet werden kann. Die Anweisung, nach dieser Notation zu suchen, erhält der Parser von dem Zusatz `NDATA gif` am Ende der `!Entity`-Zeile, der darauf hinweist, dass eine Notation für die Grafik beigefügt ist.

»Attributieren oder Elementieren« – das ist hier die Frage!

Eine interessante Parallele zwischen Attributen und Elementen liegt darin, dass einerseits das folgende Element `BOOK` ein Attribut `PUBLISHER` enthält:

```
<Book Publisher="Manning">XML Programming With VB And ASP</Book>
```

Andererseits könnte das Attribut aber auch ebensogut ein eigenes Element sein. Das würde so aussehen:

```
<Publication>
        <Book>XML Programming With VB And ASP</Book>
        <Publisher>Manning</Publisher>
</Publication>
```

Diese beiden Alternativen sehen zwar unterschiedlich aus, gleichen sich aber in vielerlei Hinsicht. Natürlich gibt es feine Unterschiede zwischen Elementen und Attributen. Bei Ihren Überlegungen für die Datenstruktur sollten Sie Folgendes berücksichtigen:

- Die Reihenfolge der Attribute ist nicht steuerbar.
- Es ist nicht möglich, bestimmte Elementtypen vorzugeben, höchstens (in begrenztem Umfang, durch DTDs oder Schemata) den Inhalt eines Elements.
- Sie können ein Attribut als Attribut vom Typ »ID« definieren, auf das dann verschiedene DOM-Methoden zugreifen können.
- Attribute können keine untergeordneten Elemente enthalten; nur Elemente können andere Elemente enthalten.

Intern oder extern?

Die Struktur, oder das Vokabular, ist also in einem DTD-Dokument enthalten – aber wie kann das aufgelistete Vokabular nun genutzt werden? Dazu gibt es mindestens drei Möglichkeiten:

- eine *externe* DTD, die getrennt vom XML-Dokument gespeichert und daher für mehrere Dokumente nutzbar ist,
- eine *interne* DTD, die innerhalb des XML-Dokuments gespeichert ist und daher nur von diesem Dokument verwendet werden kann, oder
- man verzichtet ganz auf die Definition einer DTD (schließlich ist sie ein optionaler Bestandteil) und beschränkt sich auf die XML-Datei selbst.

Im Lösungsvorschlag für das Bewerbungsschreiben verwenden wir externe, wiederverwendbare Strukturen.

Eine einfache DTD (Dokumenttypdefinition)

Da DTDs die Struktur eines XML-Dokuments beschreiben, könnte die Beispiel-DTD folgendermaßen aussehen:

```
<!-- Dies ist ein Kommentar in der Beispieldatei resume.dtd -->
<!ELEMENT MYNAME ANY>
<!ELEMENT MYTELEPHONENUMBER ANY>
<!ELEMENT COMPANY (COMPANYNAME , CONTACTPERSON ,
CONTACTTELEPHONENUMBER , CONTACTEMAIL , POSITION , DESCRIPTION )>
```

```
<!ELEMENT COMPANYNAME (#PCDATA )>
<!ELEMENT CONTACTPERSON (#PCDATA )>
<!ELEMENT CONTACTTELEPHONENUMBER (#PCDATA )>
<!ELEMENT CONTACTEMAIL (#PCDATA )>
<!ELEMENT POSITION (#PCDATA )>
<!ELEMENT DESCRIPTION (#PCDATA )>
```

DTDs können noch weitaus komplexer sein als dieses Beispiel (und sind es meist auch), aber hier sollen Sie auch nur eine erste Vorstellung von ihrer Funktion gewinnen. Es geht einfach darum, die Daten zu strukturieren und die *gedanklichen Bausteine* zu benennen.

Jedes XML-Dokument enthält genau ein Wurzel-Element; in diesem Fall das Element `<RESUME></RESUME>`. Es wird nicht in der DTD mit aufgeführt, aber innerhalb des Wurzel-Elements wird nun ein Datensatzelement `<COMPANY>` definiert, das aus sechs Teilen besteht:

```
<!ELEMENT COMPANY (COMPANYNAME, CONTACTPERSON, CONTACTTELEPHONENUMBER,
CONTACTEMAIL, POSITION, DESCRIPTION)>
```

Nebenbei bemerkt: Für HTML sollen 26 oder noch mehr frei verfügbare DTDs existieren. Näheres zu einer davon erfahren Sie unter `http://www.w3.org/TR/REC-html40/loose.dtd`

Anschließend wird jeder Bestandteil einzeln definiert, um jeweils festzulegen, welche Arten von Informationen er enthalten kann und soll.

Schemata wurden in diesem Buch bisher nur am Rande erwähnt. Jetzt sollen sie näher betrachtet und den DTDs gegenübergestellt werden.

Schemata und DTDs – wo liegt der Unterschied?

Für DTDs sprechen hauptsächlich vier Argumente:

- Sie sind leicht zu erlernen und bereits ein Standard.
- Sie sind ausgereift und werden in Tausenden von Applikationen eingesetzt.
- Heerscharen erfahrener Entwickler verwenden sie bereits seit der Blütezeit von SGML.
- Für die Arbeit mit DTDs sind zahlreiche Tools verfügbar.

Die Schemata sind aus den Unzulänglichkeiten der DTDs hervorgegangen. Einige Beispiele dazu:

- DTDs sind nicht in XML geschrieben, daher ist auch kein Zugriff über das DOM möglich.
- DTDs unterstützen keine Namensräume.
- DTDs sind gut geeignet, Strukturen zu beschreiben, nicht aber die darin enthaltenen Daten – die Typisierung ist nur sehr eingeschränkt möglich. Währungen werden nicht unterstützt und so weiter.

Schemata hingegen:

- sind in XML geschrieben und können daher über das DOM in Visual Basic oder VBScript/ASP verwendet werden,
- unterstützen Datentypen wie float, currency usw.,
- ermöglichen besseren Aufbau von Beziehungen zwischen Elementen,
- erlauben die Einführung benutzerdefinierter Datentypen,
- zeigen Vererbungsbeziehungen und
- unterstützen Namensräume.

Schemata werden zwar zweifellos in der Zukunft Bestandteil jedes Projekts sein, aber derzeit herrscht die einhellige Meinung, dass der endgültige Vorschlag der Arbeitsgruppe für Schemata nicht der gegenwärtigen Implementierung von Schemata in Microsofts IE5 entsprechen wird. Im August 1998 hat sich beispielsweise die Syntax von Schemata grundlegend geändert. Auch wenn der Arbeitsentwurf zu einer Empfehlung wird, ist eine solche Veränderung zu erwarten. Dieses Buch wird daher hauptsächlich DTDs behandeln und auf Schemata nur hinweisen. Weitere Informationen hierzu finden Sie in Kapitel 8, »Schemata, BizTalk und E-Commerce«.

Da Schemata selbst XML-Dokumente sind, sind auch DTDs (oder Schemata) verfügbar, mit denen überprüft werden kann, ob ein Schema selbst gültig ist.

2.2.4 2. Schritt: Die XML-Datei erstellen

Nun geht es daran, die erste XML-Datei zu erstellen. Eine DTD ist bereits definiert, jetzt können wir ein XML-Dokument schreiben, das in seiner Struktur der DTD entspricht.

Vereinfacht gesagt werden wohl die meisten XML-Applikationen Daten aus Datenbanken extrahieren, in XML auszeichnen und dem Benutzer übergeben. Für die Auszeichnungsphase der Datei gibt es viele verschiedene Möglichkeiten, und genauso viele unterschiedliche Dokumente können danach auf dem Client-Browser angezeigt werden.

Das grundsätzliche Ablaufmuster sehen Sie in *Abbildung 2.3*.

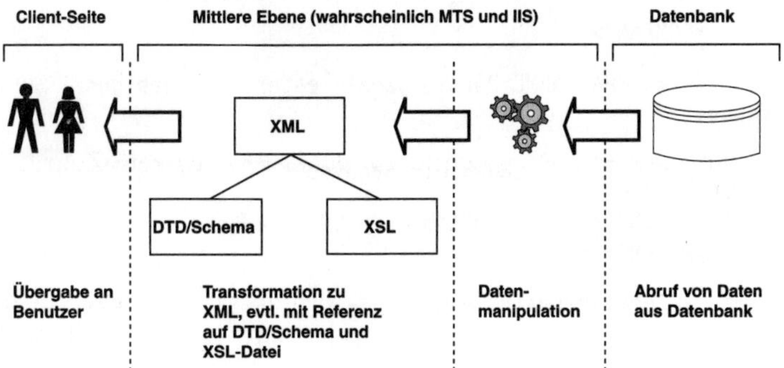

Abbildung 2.3: Typisches Entwicklungsmuster

Nachstehend sehen Sie eine XML-Datei mit Standard-Header, (fiktiven) persönlichen Daten und Angaben zu zwei Unternehmen als unsere (fiktiven) bisherigen Arbeitgeber. Beachten Sie, dass die Tag-Bezeichnungen keine Leerschritte enthalten dürfen, ein Firmenname Company Name wird also zu <COMPANYNAME>. Beachten Sie außerdem, dass das Tag <COMPANY> in sich sechs weitere Tags einschließt (ganz wie es in der DTD steht).

Die Beispiel-Datei resume.xml sieht also folgendermaßen aus:

```
<?xml version="1.0" encoding="UTF-8"?>

<!-- Diese Datei ist ein Muster für die Anwendung 'Resume XML', die
wir erstellen werden -->

<?xml:stylesheet type="text/xsl" href="resume.xsl"?>

<!DOCTYPE RESUME SYSTEM "resume.dtd">

<RESUME>

 <MYNAME>Mark Wilson</MYNAME>

 <MYTELEPHONENUMBER>001 123456</MYTELEPHONENUMBER>

    <COMPANY>

              <COMPANYNAME>Indigo web design</COMPANYNAME>

              <CONTACTPERSON>Sandy Robinson</CONTACTPERSON>

              <CONTACTTELEPHONENUMBER/>

              <CONTACTEMAIL>important@indigoweb.com</CONTACTEMAIL>

              <POSITION>

                 <ROLE>Webmaster</ROLE>

                 <DESCRIPTION>This was an exciting project where we
worked on integrating...</DESCRIPTION>

              </POSITION>

           </COMPANY>

           <COMPANY>

              <COMPANYNAME>Purple people eaters web design</
COMPANYNAME>

              <CONTACTPERSON>Robin Sandyson</CONTACTPERSON>

              <CONTACTTELEPHONENUMBER>(003) 123456</
CONTACTTELEPHONENUMBER>

              <CONTACTEMAIL>important@ppweb.com</CONTACTEMAIL>

              <POSITION>
```

```
            <ROLE>Senior web developer</ROLE>

            <DESCRIPTION>I developed their intranet solution...</
DESCRIPTION>

        </POSITION>

    </COMPANY>

</RESUME>
```

Sicherlich haben die folgenden vier Zeilen im XML-Header Ihre Aufmerksamkeit geweckt:

```
<?XML version="1.0" encoding="UTF-8"?>

<!-- Diese Datei ist ein Muster für die Anwendung 'Resume XML', die
wir erstellen werden -->

<?xml:stylesheet type="text/xsl" href="resume.xsl"?>

<!DOCTYPE RESUME SYSTEM "resume.dtd">
```

Die folgende Zeile informiert den Leser (z.B. den Web-Browser), welche Version von XML Sie verwenden und welchen Zeichensatz (Standard ist UTF-*):

```
<?xml version="1.0" encoding="UTF-8"?>
```

<? und ?> sind Trennzeichen, die den Leser auf eine PI (Processing Instruction) hinweisen, in diesem Fall die verwendete XML-Version.

In der folgenden Zeile wird mit der Zeichenfolge `<!--` ein Kommentar begonnen und mit den Zeichen `-->` beendet.

Mit der Zeichenfolge `<!--` wird ein Kommentar begonnen, mit den Zeichen `-->` beendet.

```
<!-- Diese Datei ist ein Muster für die Anwendung 'Resume XML', die
wir erstellen werden -->
```

Dieser Kommentar wird weder verarbeitet noch angezeigt. Er darf sogar Zeichen wie < oder > enthalten.

Die folgende Zeile verrät dem Leser (z.B. dem Web-Browser), dass ein Stylesheet existiert, dem er entnehmen kann, wie die Datei Resume.xml angezeigt werden soll:

```
<?xml:stylesheet type="text/xsl" href="resume.xsl"?>
```

Eine Version von XSL gehört zum Lieferumfang des IE5, wir weisen jedoch darauf hin, dass zur Zeit der Niederschrift dieses Buchs die XSL-Spezifikation grundlegend verändert wird, und die verschiedenen XSL-Spezifikationen sind noch nicht von W3C-Seite empfohlen worden.

CSS (Cascading Stylesheets) ermöglichen es, das Aussehen mehrerer HTML-Seiten auf einmal festzulegen (z.B. *Alle Überschriften fett und kursiv in Schriftgröße 10 formatieren*). Mit einer externen XSL-Datei (eXtensible Stylesheet Language) ist es ganz einfach, ein Erscheinungsbild für mehr als eine XML-Datei zu definieren.

Die folgende Zeile verrät dem Leser, dass ein Dokument existiert, mit dem die Struktur dieser XML-Datei abgeglichen werden soll:

```
<!DOCTYPE RESUME SYSTEM "resume.dtd">
```

Dieses neue Dokument wird als DTD bezeichnet. Die DTD eines Dokuments muss nicht immer eine externe Datei sein. So kann auch die Beispieldatei resume.xml ihre eigene DTD enthalten. Da aber der Hauptnutzen der DTDs u.a. gerade darin liegt, dass damit eine gemeinsame Dokumentenstruktur in einer ganzen Firma oder Branche genutzt werden kann, ist es sinnvoll, sie in einer externen, also separaten Datei zu speichern. Mit dem Schlüsselwort `SYSTEM` wird signalisiert, dass die DTD außerhalb des aktuellen XML-Dokuments zu finden ist.

Validierung und Parsing

Mit dem Schlüsselwort `SYSTEM` wird signalisiert, dass die DTD außerhalb des aktuellen XML-Dokuments zu finden ist.

Da die Datei resume.xml einen Verweis auf eine DTD enthält, wird ihre Struktur beim Parsen mit der resume.dtd abgeglichen, um sicherzustellen, dass die Struktur einwandfrei ist (natürlich vorausgesetzt, der Parser versucht, die Gültigkeit des Dokuments zu überprüfen). Dieses Vergleichsverfahren wird als Validierung bezeichnet und von einem als Parser bezeichneten Tool durchgeführt.

IE5 führt keine automatische Validierung von HTML-Dateien im Internet durch.

Obwohl die Spezifikation es Programmen vorschreibt, XML-Dateien bei der Anzeige automatisch zu validieren, tut der IE5 dies nicht. Man geht davon aus, dass es den Internetsurfer nicht interessiert, ob die Dateistruktur fehlerhaft ist. Dadurch liegt es natürlich beim Entwickler, vor der Veröffentlichung einer Datei dafür zu sorgen, dass die XML-Implementierung korrekt ist.

Damit IE5 eine XML-Datei validiert, müssen Sie Code oder Skripte einsetzen. Dies Buch behandelt dieses Problem und gibt viele weitere Codebeispiele.

Der Unterschied zwischen wohlgeformten und gültigen Dokumenten

Gültig bedeutet, dass eine XML-Datei keine der für XML geltenden Regeln verletzt und alle externen Referenzen korrekt anwendet – z.B. DTDs.

Bevor wir das Thema weiter vertiefen, möchten wir einen wichtigen begrifflichen Unterschied verdeutlichen, nämlich zwischen *wohlgeformt* und *gültig*. Es gibt zahlreiche Erklärungen für beide Begriffe, aber für unsere Zwecke ist die einfachste Auslegung ausreichend:

> XML-Dateien, die die XML-Standardsyntax befolgen, sind *wohlgeformt*. XML-Dateien, die wohlgeformt sind und zusätzlich die Struktur ihrer DTD fehlerfrei einhalten, werden als *gültig* bezeichnet.

XML und DTDs – Das Wichtigste in Kürze

- XML-Dateien brauchen nicht zwingend DTDs, es sei denn, der Entwickler möchte sicherstellen, dass eine bestimmte Struktur immer eingehalten wird.

»Gültig« ist ein Überbegriff von »wohlgeformt«, die Bedingungen für Wohlgeformtheit sind also einfacher zu erfüllen als für Gültigkeit.

DTDs können auch intern in XML-Dokumenten enthalten sein. Wenn mehrere XML-Dateien die gleiche Struktur erhalten sollen, können Sie die DTD wahlweise extern speichern. Dazu dient das Schlüsselwort `SYSTEM`.

- XML-Dateien, die die XML-Standardsyntax befolgen, sind wohlgeformt.
- XML-Dateien, die wohlgeformt sind und zusätzlich die Struktur ihrer DTD fehlerfrei einhalten, werden als gültig bezeichnet.
- XML ist so konzipiert, dass es zwischen Groß- und Kleinschreibung unterscheidet (auch wenn Tool-Entwickler dies nicht immer berücksichtigen).
- Jedes XML-Dokument enthält nur ein Wurzel-Element.

Wie sieht nun die Syntax aus, wenn die Struktur vielschichtiger ist als im obigen Beispiel? Und wie werden Tags ohne Informationen dazwischen angezeigt?

Die neue Beispiel-Datei resume1.xml sieht folgendermaßen aus. Beachten Sie, dass das Element <POSITION> jetzt die Tags <ROLE> und <DESCRIPTION> enthält.

```
<?XML version="1.0" encoding="UTF-8"?>

<!-- Diese Datei ist ein Muster für die Anwendung 'Resume XML', die
wir erstellen werden -->

<?xml:stylesheet type="text/xsl" href="resume.xsl"?>

<!DOCTYPE RESUME SYSTEM "http://mark/xmlcode/resume.dtd">

<RESUME>

  <MYNAME>Mark Wilson</MYNAME>

  <MYTELEPHONENUMBER>001 123456</MYTELEPHONENUMBER>

     <COMPANY>

        <COMPANYNAME>Indigo web design</COMPANYNAME>

        <CONTACTPERSON>Sandy Robinson</CONTACTPERSON>

        <CONTACTTELEPHONENUMBER/>

        <CONTACTEMAIL>important@indigoweb.com</CONTACTEMAIL>

        <POSITION>

                   <ROLE>Webmaster</ROLE>
```

```
                    <DESCRIPTION>This was an exciting project where we
worked on integrating...</DESCRIPTION>
        </POSITION>
    </COMPANY>
    <COMPANY>
        <COMPANYNAME>Purple people eaters web design</COMPANYNAME>
        <CONTACTPERSON>Robin Sandyson</CONTACTPERSON>
        <CONTACTTELEPHONENUMBER>(003) 123456</CONTACTTELEPHONENUMBER>
        <CONTACTEMAIL>important@ppweb.com</CONTACTEMAIL>
        <POSITION>
                <ROLE>Senior web developer</ROLE>
                <DESCRIPTION>I developed their intranet solution...</
DESCRIPTION>
        </POSITION>
    </COMPANY>
</RESUME>
```

Die Deklaration der DTD erfolgt hier:

```
<!DOCTYPE RESUME SYSTEM "http://mark/xmlcode/resume.dtd">
```

Wie Sie sehen wurde hier das Schlüsselwort `SYSTEM` eingefügt und dazu der Name einer (dokument-)externen DTD angegeben.

So ist eine DTD-Deklaration aufgebaut:

```
<!DOCTYPE name externalDTDpointer [internalDTDsubset]>
```

Ein leeres Element könnte man folgendermaßen darstellen:

```
<CONTACTTELEPHONENUMBER> </CONTACTTELEPHONENUMBER>
```

Aber es gibt auch eine kürzere Möglichkeit:

```
<CONTACTTELEPHONENUMBER/>
```

Außerdem ist folgende neue Zeile zu sehen:

```
<?xml:stylesheet type="text/xsl" href="resume.xsl"?>
```

Bis hierher haben wir uns mit zwei Dateitypen befasst, der XML- und der DTD-Datei, und erfahren, dass die Daten in der XML-Datei und die Strukturen in der DTD enthalten sind. Die Frage, wie diese Daten angezeigt werden, blieb jedoch bisher ausgeklammert. Das ist die Aufgabe der Stylesheets, die etwas später behandelt werden. Zunächst soll eine etwas komplexere DTD für die Datei resume1.xml betrachtet werden.

`SYSTEM` oder nicht `SYSTEM`, das ist hier die Frage! Eine externe Speicherung bedeutet, dass Sie die DTD in mehreren XML-Dateien wieder verwenden können.

CDATA und #PCDATA

Es gibt vielleicht Fälle, in denen Sie mit reservierten Zeichen arbeiten wollen, oder in denen Skript- und HTML-Code direkt weitergegeben werden soll, ohne vom Parser analysiert zu werden. In diesen Fällen stehen Ihnen verschiedene Elementdeklarationen zur Verfügung – auf die zwei meistverwendeten, CDATA und #PCDATA, gehen wir jetzt näher ein.

In den bisherigen Beispielen haben wir das reservierte Zeichen > immer als `>` wiedergegeben und in einen CDATA-Abschnitt platziert.

Auf höchst elegante Weise ist es mit XML gelungen, die Daten von ihrer Struktur und ihrem Erscheinungsbild zu trennen. Die drei Komponenten werden meist in getrennten Dateien gespeichert und können so unternehmens- oder branchenweit wieder verwendet werden.

> Zeichendaten (CDATA):
>
> Diese Abschnitte sollten eigentlich vom Parser ignoriert werden, aber das hängt natürlich vom Parser ab, der nach Vorkommen von `]]>` und anderen in XML reservierten Zeichenfolgen suchen könnte. Der Inhalt wird als Folge von Zeichen angesehen, die so an die Applikation weiterzugeben sind.
>
> Analysierte Zeichendaten (#PCDATA):
>
> `>` beispielsweise wird vom Parser als < ausgegeben (das Rautenzeichen # stellt sicher, dass das Tag nicht als entwicklerdefiniert betrachtet wird).

Namensräume gewährleisten Eindeutigkeit

XML ist bekanntlich eine Sprache für die Erstellung von Auszeichnungssprachen, deren grundlegender Nutzen darin liegt, dass die Anwender zur Charakterisierung ihrer verschiedenen Daten und Dokumente eindeutige Tags definieren können, die aussagekräftiger sind als die immer gleichen HTML-Tags. Das bedeutet auf Anwenderseite einen großen Flexibilitätsgewinn, für den Datenaustausch und die Software-Integration jedoch möglicherweise Probleme. Was geschieht beispielsweise, wenn zwei Dokumente denselben Elementnamen in unterschiedlichem Kontext verwenden?

In Tabelle 2.1 sehen Sie die verfügbaren Elementdeklarationen.

Tab. 2.1: Das XML-Dokumentinhaltsmodell

Typ	Element-deklaration	Beschreibung
Analysierte Zeichendaten	#PCDATA	Inhalt wird normalerweise vom Parser ignoriert.
Zeichendaten	CDATA	Inhalt soll zum Teil in andere Zeichen umgesetzt werden.
Leeres Element	EMPTY	Element kann keine Daten enthalten.
Beliebige Daten	ANY	Element kann jegliche Daten enthalten, die die DTD zulässt.
Gemischt	#PCDATA|x|y|z	Inhalt kann aus einer von mehreren Alternativen bestehen.

Die Definition des W3C für Namensräume finden Sie unter `http://www.w3.org/TR/REC-xml-names/`

Beispielsweise könnte sich innerhalb desselben XML-Dokuments das Tag `<TITLE>` einmal auf die Anrede für den Vorgesetzten beziehen:

```
<CONTACTPERSON>
<TITLE>Dr.</TITLE>
<SURNAME>Andrews</SURNAME>
</CONTACTPERSON>
```

Oder der Titel des Dokuments selbst könnte gemeint sein:

```
<TITLE>Mark Wilson's resume</TITLE>
```

Enthält das Dokument außerdem einen Abschnitt mit Büchern oder Schulungen, könnte dort stehen:

```
<COURSESANDBOOKS>
<TITLE>Book1</TITLE>
<TITLE>Course1</TITLE>
<TITLE>Course2</TITLE>
<TITLE>Book2</TITLE>
</COURSESANDBOOKS>
```

Es muss also geklärt werden, wie sich ein Vorkommen des Tags `<TITLE>` von einem anderen unterscheidet. Wie kann man der Software ermöglichen, diesen Unterschied zu erkennen? Hier liegt auch der Hauptgrund dafür, warum Suchmaschinen gegenwärtig noch nicht perfekt sind – sie müssen raten, welcher Kontext zu welchen Wörtern gehört.

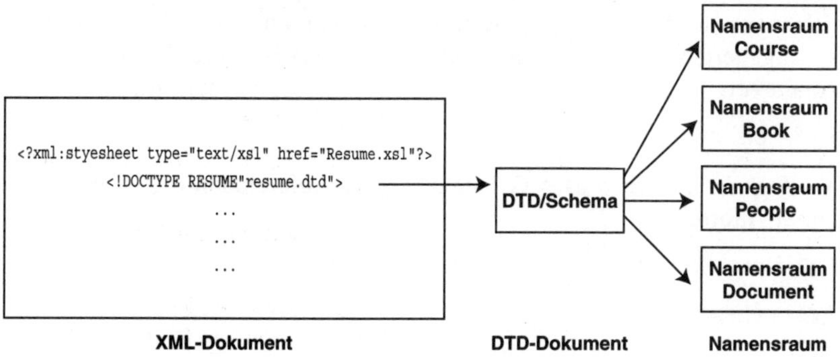

Abbildung 2.4: Namensräume gewährleisten Eindeutigkeit

Daher ist die Einführung von XML-Namensräumen erforderlich. Mit Namensräumen können Tags wie <TITLE> wieder eindeutig werden, und jedes Vorkommen von <TITLE> erhält einen spezifischen Kontext. Wenn danach auf ein bestimmtes <TITLE>-Tag verwiesen werden soll, referenzieren Sie einfach auch den Kontext. Ermöglicht wird die Eindeutigkeit durch den Verweis auf einen URI (Universal Resource Indicator), der mit einem URL vergleichbar, jedoch begrifflich weiter gefasst ist. Weil jeder URI eindeutig ist, macht der Verweis darauf auch den Namensraum eindeutig.

Es ist wichtig, sich zu vergegenwärtigen, dass der URI keine »Adresse« bezeichnet, unter der tatsächlich ein Dokument gespeichert wäre. Der URI hat einfach nur die Aufgabe, Eindeutigkeit für jedes Vorkommen eines Tags zu gewährleisten.

Während der menschliche Leser durchaus die verschiedenen Bedeutungen der <TITLE> genannten Elemente erkennen kann, fehlt dem Computerprogramm zu dieser Unterscheidung der Kontext. Eine Lösung für dieses Problem besteht darin, jedem Tag-Namen einen Namensraum voranzustellen. Die verschiedenen Titel könnten beispielsweise so dargestellt werden (vgl. Abbildung 2.4):

```
<BookInfo:TITLE>Eating Mr. Bigglesworth</BookInfo:TITLE>

<AuthorInfo:TITLE>Mini me</AuthorInfo:TITLE>
```

Der Namensteil vor dem Doppelpunkt ist die Bezeichnung des Namensraums, die dafür sorgt, dass identisch benannte Elemente nicht verwechselt werden können. Jetzt können sowohl Menschen also auch Computer erkennen, auf welche Art von <TITLE> Bezug genommen wird.

Sie können auch am Anfang des XML-Dokuments einen Namensraum als Standard deklarieren; alle Tags ohne Präfix werden dann dem Standard-Namensraum zugerechnet.

In der DTD unseres Beispieldokuments können wir ebenfalls Namensräume referenzieren. Standardmäßig wird ein Namensraum für alle Elemente des Geltungsbereichs deklariert. Im nachstehenden Beispiel reicht der Geltungsbereich von

`<BOOK>` bis `</BOOK>`

Alle Tags innerhalb dieses Geltungsbereichs referenzieren den genannten Namensraum:

```
<?XML version="1.0" encoding="UTF-8"?>

<BOOK xmlns="urn:BookLovers.org:BookInfo">

<TITLE>Book1 </TITLE>

  <PRICE currency="US Dollar">34.95</PRICE>

</BOOK>
```

Aber das ist noch zu simpel. In diesem letzten Beispiel sind ja keine zwei `<TITLE>`-Elemente enthalten! Die Aufgabe besteht also darin, mehrere Namensräume zu deklarieren und sie irgendwie innerhalb der Elemente zu verwenden. Im folgenden Beispiel werden `BK` und `COURSE` als Abkürzung für ihren jeweiligen Namensraum deklariert. So können Elemente den gleichen Namen haben, jedoch auf unterschiedliche Namensräume verweisen!

> Die Definition des W3C für XML-Namensräume lautet: Ein XML-Namensraum ist eine durch einen URI identifizierte Sammlung von Namen, die in XML-Dokumenten als Elementtypen und Attributnamen verwendet werden. XML-Namensräume unterscheiden sich von den in der Informatik ansonsten gebräuchlichen Namensräumen darin, dass die XML-Version eine interne Struktur besitzt und keine Menge im mathematischen Sinne ist.

Folgende Tags können wir jetzt im XML-Dokument verwenden, nachdem die Namensräume in die DTD aufgenommen sind:

```
<?XML version="1.0" encoding="UTF-8"?>

<BOOK xmlns:bk="urn:BookLovers.org:BookInfo"

       xmlns:COURSE="urn:Training.org:Courses">

<COURSE:TITLE>Learning XML</COURSE:TITLE>

<bk:TITLE>Book1</bk:TITLE>
```

```
<bk:TITLE>Dr.No</bk:TITLE>
<bk:TITLE>My resume</bk:TITLE>
</BOOK>
```

In diesem Beispiel ist nun also je ein Namensraum bk und COURSE innerhalb des Wurzel-Elements BOOK definiert. Ein Element <TITLE> hat jetzt den Namensraum-Präfix COURSE, das andere <TITLE>-Element gehört zum Namensraum bk. So können Mensch und Computer problemlos die Elemente voneinander unterscheiden.

2.2.5 3. Schritt: Struktur wird durch Stil erst schön

XSL ist eine Sprache für die Beschreibung von Formatvorlagen, oder Stylesheets. Bisher wurden solche CSS für die Bestimmung des äußeren Erscheinungsbild von HTML-Dokumenten im Internet eingesetzt. Die neuen CSS2 unterstützen jedoch auch *seitenorientierte Medien*, wie vor allem Papier und Folien. Während die CSS sich weiter in diese Richtung entwickeln und viele XML-Cracks ihnen immer noch den Vorzug vor XSL geben, wird dieses Buch sich ausführlich XSL als Stylesheet der Wahl widmen.

Den XSL-Arbeitsentwurf des W3C finden Sie unter http://www.w3.org/TR/WD-xsl

Bevor wir ausführlich auf Microsofts XSL-Implementierung eingehen, möchten wir darauf hinweisen, dass die Spezifikation für XSL seit der Auslieferung des IE5 und seiner Objekte bereits erweitert und verändert worden ist. Sie können die Sprache im Microsoft IE5 zwar verwenden, aber sie wird beim W3C derzeit gründlich überarbeitet, was das Konsortium als »Modularisierung« bezeichnet. Bevor wir also auf die XSL-Implementierung eingehen, wie Sie sie in den XML-Objekten im Microsoft IE5 vorfinden, sollen die Änderungen durch das W3C beschrieben werden, die für die Zukunft zu erwarten sind.

Aktuelle Informationen über den Arbeitsentwurf an einem der Module der neuen CSS3 finden Sie unter http://www.w3.org/TR/CSS3-selectors

XSL kann auf zwei Arten verwendet werden: zur Transformation (als XSLT oder XSL Transformations bezeichnet) und zur Wiedergabe (durch Verwendung von XSL-Formatierungsobjekten). Zwar stehen hierfür immer mehr Tools zur Verfügung, aber zum Zeitpunkt der Niederschrift existiert keine Browser-Implementierung für reines XML/XSL. Beim IE5 zum Beispiel müssen alle XML-Dokumente zuerst in HTML konvertiert werden (mit CSS oder XSL), bevor der IE5 sie anzeigen kann. Für den Netscape 6.0 (auch Mozilla genannt) besteht große Hoffnung, dass der Browser mit reinem XML arbeitet und die Standards vollständig einhält.

XSLT: Ein Transformations-Stylesheet

XSLT ist ein modularer Bestandteil von XSL, für den es eine gesonderte Spezifikation gibt. Beide sind Teil der *Stylesheets*-Aktivitäten des W3C, und man rechnet mit der Empfehlung für XSLT noch vor der für XSL. XSLT ist keine Allzweck-Anzeigesprache wie XSL, sondern eher für die Umwandlungsaufgaben konzipiert, die anfallen, wenn ein XML-Dokument in ein anderes XML- oder HTML-Dokument transformiert werden soll.

> Wenn Sie sich für Mozilla interessieren, können Sie spaßeshalber auf `http://www.mozillazine.org` bei den Entwicklern vorbeischauen, einen Blick auf die Diskussionen und die originellen Anwendungen werfen, die für XML ausprobiert werden, z.B. erweiterbare und selbst definierbare Benutzeroberflächen. Die neueste Entwicklungsversion von Mozilla können Sie unter `http://www.mozilla.org` herunterladen.

Den aktuellen Arbeitsentwurf für XSLT finden Sie unter `http://www.w3.orgTR/xslt`

Hier wird auch die Absicht hinter XSLT deutlich. Wie Sie vielleicht wissen, werden XML-DOM-Objekte auch als *Baum* bezeichnet. In dieser Analogie besteht die Rolle von XSLT darin, Regeln zur Transformation eines Ausgangs-Baums zu einem Ergebnis-Baum zu beschreiben. Ein *Muster* wird auf den Ausgangs-Baum angewendet und daraus entsteht der Ergebnis-Baum. Beide sind dabei völlig unabhängig voneinander. Das ist das Entscheidende – ein vollkommen eigenständiger Baum soll entstehen, dessen Struktur ganz anders sein kann als die des Ausgangs-Baums. Das angewendete Muster kann die Struktur für den neuen Ergebnis-Baum filtern, neu ordnen oder strukturieren.

Zusammenfassend kann man sagen, dass XSLT primär auf die Transformationsaufgaben ausgelegt ist, die anfallen, wenn ein XML-Dokument in ein anderes XML- oder HTML-Dokument transformiert werden soll. Es ist nicht wie XSL eine Allzwecksprache für die Beschreibung der Anzeige oder Wiedergabe eines XML-Dokuments.

> Informationen zu den Stylesheets-Aktivitäten des W3C finden Sie unter `http://www.w3.org/Style/Activity`

Microsofts XSL-Implementierung

XSLT ist nicht in Microsofts IE5-Objekten implementiert, da dieser Vorschlag erst vorgelegt wurde, als der Browser bereits auf dem Markt war. Die gute Nachricht ist aber, dass die Microsoft IE5-Objekte den gesamten Funktionsumfang bieten, den man sich wünschen kann.

Noch eine gute Nachricht ist, dass dieses Buch den Schwerpunkt nicht auf die erst in der Entwicklung begriffenen XSL-Standards des W3C legt, sondern auf Microsofts IE5-Implementierung von XSL als Objekte. Das bedeutet für Sie, dass Sie das Buch lesen, aus den Beispielen lernen und sofort loslegen können, unabhängig von eventuellen Änderungen der zugrunde liegenden Spezifikationen. Die Microsoft IE5-Objekte bieten eine Fülle von Methoden für Ihr nächstes Projekt, und hier lernen Sie, wie Sie sie einsetzen.

2.2.6 RDF (Resource Description Framework)

Die Stärke von RDF liegt darin, dass es eine Möglichkeit bietet, Komplexität und komplexe Daten (Metadaten) auszudrücken.

RDF wird gelegentlich als *Anwendung* von XML beschrieben, als *API* für XML oder als Möglichkeit, alles, was einen URI oder eine Internetadresse hat, mit Metadaten zu verknüpfen.

Auf jeden Fall übernimmt es alle Vorzüge von XML und geht noch einen Schritt weiter, indem es *maschinenlesbare* Beschreibungen von Objekten liefert. Wenn eines Tages sämtliche Internetressourcen in oder mit RDF beschrieben werden, und danach auch noch die Beziehungen zwischen Objekten, wird das ein wahres Fest für alle Suchmaschinen!

Die Stärke von RDF liegt darin, komplexe Beziehungen und Daten (Metadaten) auszudrücken und künftig den Austausch von Metadaten zwischen Applikationen zu ermöglichen. RDF ist beispielsweise auf folgende Einsatzbereiche ausgelegt: Beschreibung von Internetressourcen, Site-Maps, Ratings für Website-Inhalte, E-Commerce, EDI, Kooperationsanwendungen und -Dienstleistungen.

Informationen zu den RDF-Aktivitäten des W3C finden Sie unter `http://www.w3.org/Metadata/Activity`. Das Dokument »Dublin Core for A Simple Content Description Model for Electronic Resources« finden Sie unter `http://purl.oclc.org/dc/for`.

2.2 Resource Description Framework

3 Wozu braucht die Geschäftswelt XML?

In diesem Kapitel:

- Die Vorteile von XML für ein Unternehmen
- Überlegungen zur Gestaltung
- Szenarios

3.1 Überblick

Stellen Sie sich ein Unternehmen namens »Resumes R Us!« vor, ein Internet-Startup und Einmannbetrieb. Seine Geschäftsidee lautet, Bewerbungsunterlagen von Softwareentwicklern zu sammeln und die Informationen über das Internet zu verteilen. Der besondere Wettbewerbsvorteil soll die auf den Benutzer zugeschnittene Aufbereitung und sofortige Bereitstellung der Daten sein.

3.2 Die Herausforderung

Die Daten aus den Unterlagen müssen unterschiedlichen Kunden in unterschiedlichen Formaten bereitgestellt werden. Einige Kunden wählen sich über Modem ein und können keine Grafiken abrufen, andere wünschen vollständig formatierte Informationen zum Ausdrucken. Wieder andere Auftraggeber möchten die Informationen einfach als Datenbestand zugesandt haben, den sie regelmäßig in ihre Datenbank einpflegen können.

Einige Benutzer können nicht ausschließlich Programme verwenden, die in Java, Visual Basic, HTML oder einer anderen Sprache geschrieben sind, sie müssen die Antworten auch über Medien wie E-Mail, HTML oder sogar über Telefon abfragen und abrufen können. Wieder andere Kunden stellen die Informationsanfragen gar nicht selbst, sondern lassen die Daten in unregelmäßigen Abständen durch Programme automatisch abholen, sodass die Informationen dann sofort im gewünschten Format bereitstehen müssen.

An Resumes R Us! stellt die Abdeckung dieser breiten Bedarfsvielfalt beträchtliche technologische und logistische Anforderungen. Da es sich derzeit noch um ein Einmann-Startup handelt, müssen die angebotenen Dienstleistungen automatisiert und flexibel sein. Eine ideale Lösung wäre es, wenn die Kunden ihre Lösungen selbst konzipieren und das kleine Unternehmen so entlasten könnten. Auch dürfen keinesfalls die Programme des Kunden instabil werden, wenn Resumes R Us! sein Informationsangebot je nach Verfügbarkeit erweitert.

Wie kann XML zu diesen hoch gesteckten Zielen beitragen?

3.3 Anwenderszenarios

Hier möchten wir eine Auswahl von Szenarios vorstellen, in denen unsere XML-orientierten Lösungskonzepte die Anforderungen des Kunden erfüllen.

3.3.1 Szenario 1 – Bandbreiten und benutzerspezifische Anpassung

Der Kunde möchte bestimmte Daten in einem bestimmten Format abrufen. In einer Visual-Basic-Applikation oder auf einer Internetseite trifft er seine Wahl und klickt auf 'Absenden'. Die Antwort soll schnell und im gewünschten Format zurückgegeben werden.

Die Herausforderung für Resumes R Us! liegt darin, dass als Format eine enorme Vielfalt von Farben, Größen und Bandbreiten möglich ist – vielleicht möchte der Kunde zusammenfassende Finanzberichte, Tabellen, Grafiken, Farben oder einfachen Text zum sofortigen Ausdrucken. Vielleicht möchte er auch über einen schnellen Internetzugang voll formatierte Daten (mit allen Grafiken und Einzelheiten) online ohne eigenen Datenbankzugriff aufrufen, oder aber bei geringer Bandbreite, ebenfalls ohne Datenbankzugriff, weniger umfangreiche Informationen ohne Grafiken.

Hinter den Kulissen werden die Standard-XML-Daten mit XSL *on-the-fly* transformiert. Das bedeutet, dass ein Datensatz ohne Verzögerung in zahlreichen unterschiedlichen Formaten ausgegeben werden kann. Resumes R Us! kann nun also die verfügbare Bandbreite und die benutzerspezifischen Anforderungen jedes Auftraggebers feststellen und für jeden das geeignete XSL-Stylesheet bereitstellen, das dem Bedarf genau entspricht.

3.3.2 Szenario 2 – Sofort nutzbare Daten mit hoher Verlässlichkeit

Der Kunde hat bei sich auf dem Server ein Programm eingerichtet, das in Intervallen automatisch Daten anfordern wird. Die Daten sollen in einem Paket zurückgegeben werden, das vom entgegennehmenden Programm unmittelbar entpackt und genutzt werden kann. In diesem Szenario kommt es hauptsächlich auf die Robustheit und Stabilität der Anwendung an.

Die Herausforderung für Resumes R Us! liegt darin, dass sich der Inhalt der Datenbank häufig ändern wird, daher ist es von größter Bedeutung, dass die schließlich entwickelte Lösung mit diesen Änderungen umgehen kann. Darüber hinaus muss auch die Software des Kunden die gewünschten und erwarteten Felder abrufen können, ohne abzustürzen, wenn sie auf Felder trifft, die sie nicht erwartet hatte.

Hinter den Kulissen gibt es für das Datenausgabeformat folgende Möglichkeiten:

- XML-Textdatei mit DTD (wahlweise intern eingebettet oder mit externem Verweis) und / oder
- persistent gespeicherte ADO-2.1-Recordsets

Microsoft ADOs sind Datenbestände mit ähnlicher Funktionalität wie bei RDO und DAO.

Wenn die Lösung XML-Dateien verwendet, kann das entgegennehmende Programm die DTD lesen und der XML-Datei die gewünschten Daten entnehmen. Dadurch entfällt das Problem, dass Programme bestimmte Datenformate, genau platzierte Zeichen oder konsistente Spalten im kommagetrennten Format zwingend erwarten. Die Daten sind außerdem sofort nutzbar. Wird für die Lösung der Ansatz der persistent gespeicherten ADO-2.1-Recordsets gewählt, wird die Datei aus XML zurück in ein ADO-2.1-Recordset geladen und steht sofort zur Nutzung als DataSource-Objekt zur Verfügung.

3.3.3 Szenario 3 – Neue Layouts

Der Kunde erneuert regelmäßig das Layout seiner Daten und braucht die Informationen von Resumes R Us! jeweils umgehend im neuen Format. Jede Verzögerung bei der Umsetzung würde sich negativ auf die Kundenbeziehung auswirken.

Die Herausforderung ist hier, dass Resumes R Us! nicht die Zeit hat, die vorhandene Visual-Basic-Programmierung entsprechend zu erweitern, andererseits aber nicht den Eindruck erwecken will, als würden die individuellen Kundenwünsche ignoriert.

Hinter den Kulissen könnte es so aussehen: Der Kunde entwickelt sein eigenes Layout mit XSL und verwendet eine Website oder ein kleines Visual-Basic-Programm, um (über FTP) die neue XSL-Datei auf den Server aufzuspielen. Sobald die neue XSL-Datei bei Resumes R Us! angekommen ist, ist sie sofort als Layout einsatzbereit und kann die Informationen für den Kunden im gewünschten Format ausgeben.

> Dass ADO-Objekte Datensätze als XML speichern können, ist eine neue Funktion in ADO 2.1. Solange diese Datei nicht verändert wird, kann ein anderes Programm mit Hilfe von ADO 2.1 die Recordset-Datei wieder in die ursprüngliche XML-Textdatei entpacken.

3.3.4 Szenario 4 – Neue Anforderungen

Hin und wieder entwickelt Resumes R Us! neue Möglichkeiten, Bewerbungsinformationen aus der Datenbank abzurufen. So spielt das Unternehmen mit dem Gedanken, die Kunden per E-Mail über eine spezielle Durchwahl-Telefonnummer zu informieren, auf der sie die neuesten Bewerbungsdaten abhören können. Dieser Service soll garantiert aktuelle und nicht vorgefertigte Sprachnachrichten bieten.

Hier liegt die Herausforderung für Resumes R Us! in dem Zeitaufwand und den Kosten für den Aufbau dieser neuen Lösung. Gerade für diese Lösung kommt eine vorgefertigte Aufnahme nicht in Frage, sondern die Nachrichten müssen dynamisch und in Echtzeit generiert werden, um auf dem aktuellen Stand zu sein.

Hinter den Kulissen kann Resumes R Us! mit XSL die Daten praktisch in jedem Format, das ein XML-fähiges textbasiertes Programm lesen kann, an den Kunden zurückgeben. Ein geeigneter Einsatzbereich für das Auslesen von XML-Dateien wäre beispielsweise eine Applikation im Callcenter-Management.

Abbildung 3.1: XML bietet unerschöpfliche Möglichkeiten

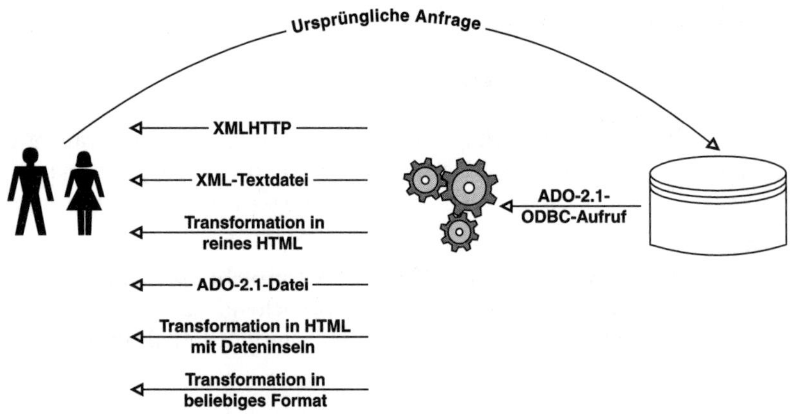

3.4 Die Lösung des Problems – mit XML und XSL

Einer der zentralen Aspekte des bisher Gesagten ist die Möglichkeit, mit XML in Verbindung mit XSL dieselben Daten in vielen unterschiedlichen Formen zur Verfügung zu stellen. Hier liegt ein Hauptvorteil von XML, denn als Textdatei kann es, wie in Abbildung 3.1 dargestellt, völlig plattformunabhängig gelesen, bearbeitet und ausgetauscht werden.

Langsam muss es sich für Sie so anhören, als sei XML eine Art eierlegende Wollmilchsau der Informatikbranche! Das ist es zwar leider nicht, aber es bringt der Computerwelt doch nützliche neue Möglichkeiten. Lesen Sie weiter und erfahren Sie, wie Sie es in Ihren Applikationen und Lösungen einsetzen können.

4 Programmieren mit XML

In diesem Kapitel:

- Die ersten Schritte in ASP und VB
- XML im Microsoft IE5
- Ein Ausflug zu den Dateninseln
- XML über das Internet versenden und empfangen
- Arbeiten mit dem DOM
- Unterschiedliche Versionen von ADO

4.1 Überblick

In diesem Kapitel gehen wir gründlich auf den grundlegenden XML-bezogenen Code ein, den Sie brauchen, um XML-DOM-Dokumente oder XML-Dateien zu erstellen, zu öffnen, zu lesen, zu schließen und zu bearbeiten. Einige dieser Beispiele sind in ASP geschrieben, andere in VB. Da die Syntax bei beiden so ähnlich ist, sollte es möglich sein, Erlerntes von einem auf das andere zu übertragen.

4.2 Das W3C Document Object Model

Nachdem das Akronym DOM nun schon mehrfach in diesem Buch aufgetaucht ist, wird es Zeit, sich diese Objekte und ihre Methoden zur Manipulation von XML-Dateien genauer anzusehen. Was verrät der Name? DOM ist die Abkürzung für Document Object Model – wie können also Dokumente als Objekt behandelt und aus Code heraus Informationen extrahiert, Änderungen vorgenommen und Abfragen durchgeführt werden? Genau darum geht es in diesem Buch: Methoden zum Manipulieren all der genannten Objekte (und mehr) – das ist das wirklich Interessante. Genau Bescheid zu wissen über XML, DTDs und Schemata ist schön und gut, aber Sie wollen schließlich wissen, wie Sie all das in Ihren VB-Programmen und ASP-Skripten nutzen können!

W3C-Aktivitäten zum DOM sind beschrieben unter `http://www.w3.org/DOM/Activity`

Die Methoden, die letztlich für alle W3C-Objekte und die aktuellen Microsoft Objekte vorgeschlagen werden, könnten stark vom aktuellen Stand abweichen.

Das W3C-DOM soll für Programmierer ein Objektmodell sein, mit dem Programme und Skripte in standardisierter Form und plattform- und sprachunabhängig auf die Inhalte, die Struktur und das Layout von Dokumenten zugreifen und sie aktualisieren können. Durch die Schaffung einer Standard-DOM-Schnittstelle werden Scripting und Softwareentwicklung über verschiedene Softwaresysteme hinweg ermöglicht.

Das W3C-DOM soll für Programmierer ein Objektmodell sein, mit dem Programme und Skripte in standardisierter Form und plattform- und sprachunabhängig auf die Inhalte, die Struktur und das Layout von Dokumenten zugreifen und sie aktualisieren können.

Um zu verstehen, was ein Dokument-Objektmodell ist, soll der HTML-Code für eine Tabelle zunächst in der herkömmlichen Form dargestellt und danach aus der DOM-Perspektive beleuchtet werden:

```
<TABLE>
<TBODY>
<TR>
<TD>XML Programming With VB And ASP</TD>
<TD>Mark Wilson</TD>
</TR>
<TR>
<TD>Another book </TD>
<TD>Someone Else</TD>
</TR>
</TBODY>
</TABLE>
```

Dieser Code würde auf einer HTML-Seite als schnöde, herkömmliche in HTML erstellte Tabelle angezeigt werden. Die Tabelle hat keinen Rahmen, keine Kopfzeile oder andere Extras und sieht folgendermaßen aus:

XML Programming With VB And ASP	Mark Wilson
Another book	Someone Else

Aus der DOM-Perspektive betrachtet würde sich die Tabelle jedoch anders darstellen als aus Benutzersicht, nämlich als Reihe von miteinander verknüpften Objekten, wie in Abbildung 4.1 gezeigt.

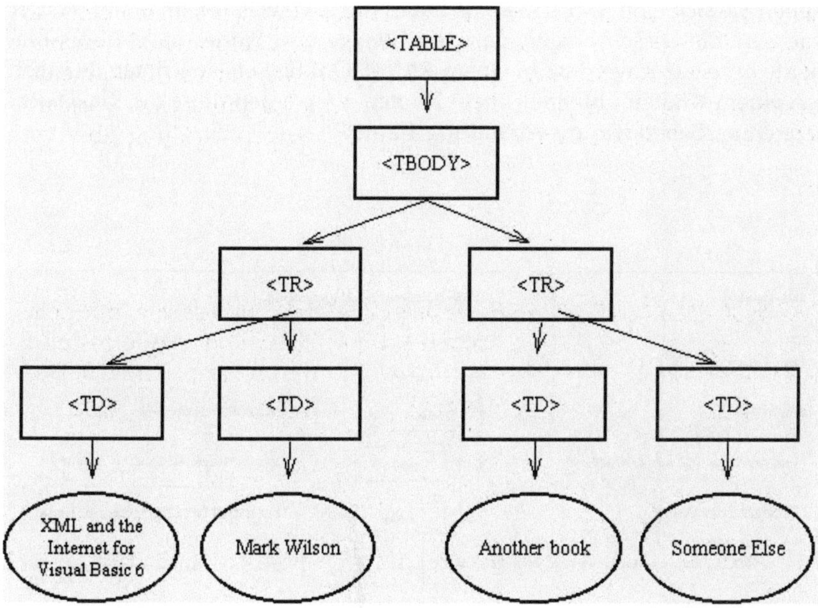

Abbildung 4.1: DOM für eine HTML-Tabelle

Wenn man mit VBScript- oder VB-Code die Tabelle in einer Schleife durchlaufen lässt, stellt man fest, dass die Tabelle `TABLE` einen Körper `TBODY` mit zwei Zeilen `TR` (table rows) enthält. Jede `TR` enthält eine Tabellenspalte `TD` (table column), und jede `TD` hält einen Wert. So sieht also eine HTML-Tabelle aus DOM-Sicht aus – betrachten wir als nächstes eine XML-Datei und ihre DOM-Entsprechung.

Wie sieht XML aus DOM-Sicht aus? Genau wie die HTML-Tabelle nur ein `<TABLE>`-Objekt als Wurzel enthält, gibt es auch in XML nur eine Wurzel, auch als Wurzel-Knoten bezeichet. In diesem Fall heißt der Knoten `<RESUME>`. Zugegeben, das mag etwas verwirrend klingen. Also: Wir hatten ja festgestellt, dass alle Teile eines XML-Dokument-DOMs Elemente sind. Sie werden aber auch als Knoten bezeichnet, weil sie auch weitere Informationen wie Tag-Namen, Werte und Kind-Elemente enthalten können.

Stellen Sie sich eine XML-Datei als Baum mit Zweigen vor, an denen Blätter wachsen, oder stellen Sie sich die XML-Daten als Eltern und Kinder vor. In jedem Fall gibt es einen Wurzel-Knoten, von dem alles andere abhängt.

Die DTD-Deklaration und die Verknüpfung zum XSL-Stylesheet sind Knoten unterhalb des Wurzel-Knotens, die noch vor dem Wurzel-Element stehen.

Stellen Sie sich eine XML-Datei als Baum mit Zweigen vor, an denen Blätter wachsen. Sie wissen bereits, dass die Zweige und Blätter in XML als Elemente bezeichnet werden. In einem XML-DOM heißen sie Knoten. Hängen von einem Knoten untergeordnete Knoten ab, werden diese als *Kindknoten* bezeichnet. Sehen wir uns Abbildung 4.2 an.

Abbildung 4.2: Eine XML-Datei und ihre DOM-Entsprechung

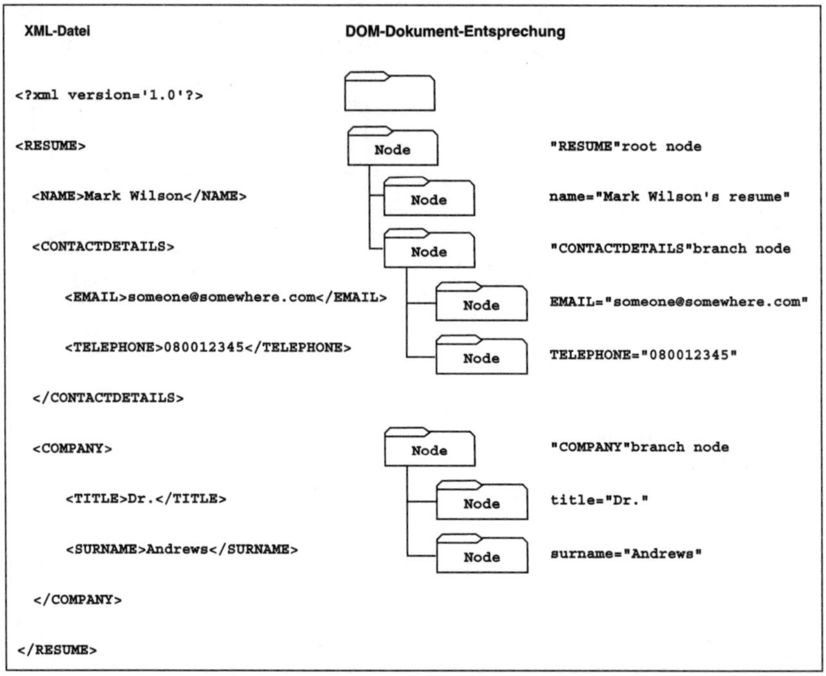

Falls Ihnen etwas noch unklar ist, haben Sie noch einen kleinen Augenblick Geduld, dann sollte sich alles klären.

4.2.1 Das Konzept der Knoten und Kindknoten

Sehen wir uns in Tabelle 4.1 das XML-Dokument noch einmal genauer an.

Tab. 4.1: XML-Dokument mit Beschreibungen

XML-Zeile	Beschreibung
<?xml version="1.0"?>	Dies ist die Eröffnungszeile eines XML-Dokuments.
<RESUME>	Dies ist der Wurzel-Knoten.
<NAME>Mark Wilson</NAME>	Dies ist ein Knoten vom Typ (nodeType) »element«.

XML-Zeile	Beschreibung
<CONTACTDETAILS>	Der Knoten CONTACTDETAILS hat zwei Kindknoten, EMAIL und TELEPHONE.
<EMAIL>someone@somewhere.com</EMAIL>	Der Knoten EMAIL enthält keine Kindknoten.
<TELEPHONE>080012345</TELEPHONE>	Das Tag für diesen Knoten (dieses Element) lautet TELEPHONE, der Wert »080012345«.
</CONTACTDETAILS>	Hiermit wird das Tag oder Element CONTACTDETAILS geschlossen.
</RESUME>	Hiermit wird der Wurzel-Knoten geschlossen.

Aus Tabelle 4.1 wird ersichtlich, dass jede Zeile in einem XML-Dokument ein Element ist. Zugleich ist sie, aus der DOM-Perspektive betrachtet, ein Knoten. Manche Knoten enthalten Kindknoten, manche nicht. Die Eigenschaften von Knoten, mit denen Sie mit der größten Wahrscheinlichkeit arbeiten werden, sind *tag* und *value*.

Microsoft hat in den IE5 einige sehr nützliche Objekte integriert, die aus jeder Programmiersprache verwendbar sind, die mit COM-Objekten arbeiten kann. In unserem Fall werden wir uns auf VBScript (für ASP-Textdateien) und VB konzentrieren.

4.3 Navigieren im Microsoft XML DOM

Da XML-Dateien reine Textdateien sind, haben Sie sich vielleicht schon Gedanken darüber gemacht, wie Sie wohl all diese Textdateien systematisch generieren oder bearbeiten sollen. Glücklicherweise verfügen alle Programmiersprachen schon jetzt oder in naher Zukunft über eine Reihe von Objekten, in die die Textdatei bereits eingekapselt ist.

Microsofts XML-Objekte geben Entwicklern die Methoden und Eigenschaften an die Hand, alle Elemente, Knoten, Tags, Werte und sonstige XML-Syntax darzustellen, die sie für die Arbeit mit XML brauchen. Zu den XML-Dokumenten, mit denen wir uns bisher befasst haben, gibt es jeweils eine programmatische Entsprechung in Form des DOM, an dessen Standardisierung das W3C und seine Mitglieder mit großem Aufwand arbeiten.

Im Quellcode dieses Buchs werden wir uns ausschließlich mit Microsoft Objekten befassen, die dem W3C-DOM entsprechen. Sie werden sicherlich gerne hören, dass die Unterschiede relativ gering sind, und auf der Microsoft Website wird mehrfach beteuert, dass diese Unterschiede in Zukunft ganz beseitigt werden sollen.

Um Code oder Beschreibungen zum DOM zu verstehen, stellen Sie sich ein XML-Dokument am besten als einen Baum vor, oder, ein anderer nützlicher Vergleich, als Eltern und ihre Kinder.

In Abbildung 4.3 sehen Sie, wie das Microsoft DOM XML-Dokumente strukturiert.

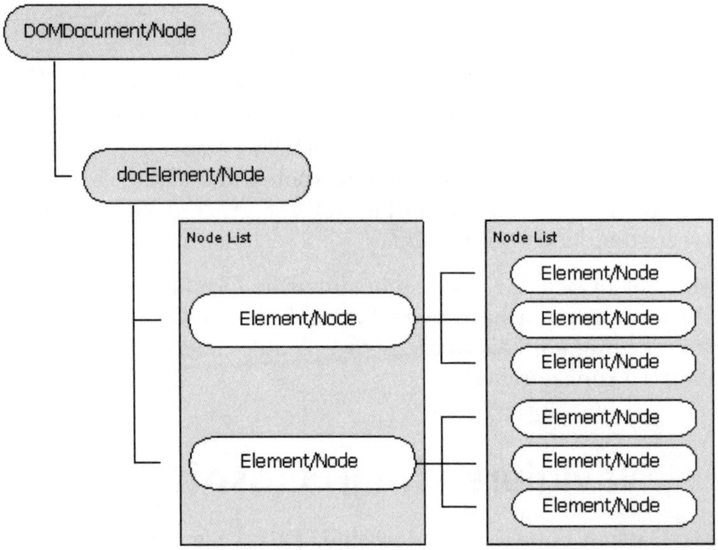

Abbildung 4.3: Nodes (Knoten) und NodeLists (Knotenlisten) im DOM-Objekt

In Kapitel 7, »Die Microsoft DOM-Objekte im Einzelnen«, finden Sie detaillierte Beschreibungen der Objekte, Eigenschaften und Methoden.

Wie Sie sehen, enthält das Objekt eine Wurzel namens DOMDocument, die auch als Knoten bezeichnet wird. Die eigentlichen Elemente sind im `documentElement` enthalten, einem weiteren Knoten. Das `documentElement` enthält die eigentlichen Elemente und Knoten mit den Daten. Wie ein Baum kann sich ein Knoten in weitere Elemente verzweigen.

Nun ist es an der Zeit zu betrachten, wie Sie XML in der Praxis einsetzen können. Wir vertiefen uns nicht gleich in die Feinheiten von VB- oder ASP-Code. Zuerst soll eine ganz einfache Art dargestellt werden, wie XML innerhalb von IE5-Internetseiten in HTML verwendet werden kann. Diese Methode wird als Dateninseln bezeichnet.

4.4 Dateninseln – Erste Schritte mit XML

Der Einsatz von Dateninseln bietet einen einfachen Einstieg, um die Verwendungsmöglichkeiten von XML in Ihren Internet-Entwicklungsprojekten zu erkunden. Dateninseln sind im Prinzip nichts anderes als XML-Code, der in HTML-Seiten für Microsoft IE5 enthalten ist, ohne dass das `<OBJECT>`-Tag verwendet wurde.

Dateninseln entsprechen nicht dem Standard-HTML, sondern sind ein Microsoft IE5-spezifisches Feature.

Dateninseln werden bisweilen auch als DSOs (Data Source Objects) bezeichnet, da sie Quellen von Daten sind. Fast alles, was in einem wohlgeformten XML-Dokument stehen kann, passt auch in eine Dateninsel. Ein sehr nützlicher Aspekt von Dateninseln ist, dass das XML-Fragment *in* der HTML-Seite enthalten ist und Textfelder, Tabellen und andere IE5-DHTML-Objekte daran bindet. In Abbildung 4.4 ist dies dargestellt.

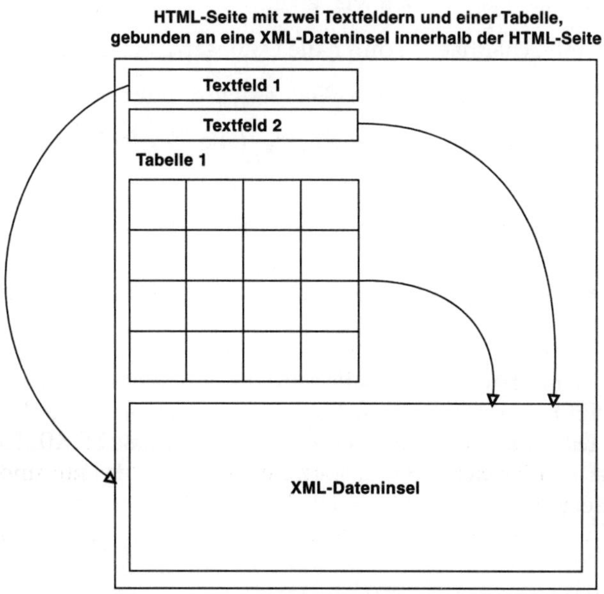

Abbildung 4.4: Dateninsel innerhalb einer HTML-Seite

Ein anderer sehr interessanter Aspekt von Dateninseln liegt darin, dass den Entwicklern vieles an diesem DHTML-XML-Objektmodell bereits aus VB vertraut ist. Wer sich mit HTML auskennt, wird es sicherlich erstaunlich finden, dass man HTML-Tabellen an Datenquellen anbinden kann, und geradezu unglaublich, dass die Tabellen ein Objektmodell offenlegen, mit dem man arbeiten kann. Dateninseln geben Datensätze aus, mit allen bekannten Eigenschaften und Methoden, die Sie bereits aus VB-Applikationen kennen, wie `movefirst()`, `movelast()` oder `addnew()`.

Eine hervorragende Lösung, wenn Sie den Code an die Client-Seite übergeben müssen: Anstatt für jede Datenabfrage den Server ansprechen zu müssen, bekommt der Kunde einfach die Daten geschickt, kann Teile davon anzeigen oder manipulieren und schließlich die veränderten Informationen als Datensätze zur Aktualisierung Ihrer Datenbank zurücksenden. Und einfach durchzuführen ist das Ganze obendrein! Es gibt nur eine große Einschränkung: Umfangreiche XML-Dateien können nicht ohne Verzögerung manipuliert werden. Selbst wenn der Kunde einen extrem schnellen Internetzugang hat, oder über Ihr Intranet, dauert das Laden einer XML-Datei von 3,8 MB auf einem Rechner mit P266-Prozessor und 64 MB RAM acht bis zehn Sekunden.

Da Sie aber vermutlich in einer solchen Lösung keine vergleichbar großen Dateien verwenden würden, werden Sie Dateninseln als sehr sinnvolles Feature der Microsoft IE5-Implementierung von XML für kleinere Datenlösungen zu schätzen wissen. Als nächstes geht es auf eine Rundreise zu den verschiedenen Einsatzmöglichkeiten von Dateninseln auf einer HTML-Seite. Anhand von Beispielen werden wir sehen:

- wie man mit Schaltflächen durch die Datensätze navigiert
- wie man nur eine Teilmenge der Datensätze anzeigt
- wie man HTML-Steuerungselemente (wie Textfelder oder Tabellen) bindet
- wie man Dateninseln neue Datensätze hinzufügt

4.4.1 Wie funktionieren Dateninseln?

Im folgenden Beispiel wird eine HTML-Tabelle von fünf Spalten Breite und fünf Zeilen Höhe erstellt. Die Tabelle selbst ist normales HTML, aber mit den Microsoft IE5-Erweiterungen wird sie an eine Dateninsel als Datenquelle gebunden. Die folgenden Zeilen sind der ganz normale HTML-Dokument-Header (der dem Browser signalisiert, die Inhalte als HTML und nicht als XML anzuzeigen):

```
<HTML>

<HEAD> <TITLE>List of people example</TITLE>

</HEAD>

<BODY>
```

Beginnen Sie die Dateninsel mit dem Fragment `<XML ID=xmlPeople>`. Später bei der Anbindung des DSO wird das ID-Attribut verwendet, also sollte ein aussagekräftiger Name gewählt werden – in diesem Fall *xmlPeople*:

```
<XML ID=xmlPeople>
```

Fügen Sie den Standard-Header für XML ein:

```
<?xml version="1.0" ?>
```

Öffnen Sie den Wurzel-Knoten und setzen Sie die XML-Elemente ein:

```
<PEOPLE>
<PERSON>
<NAME>Mark Wilson</NAME>
<ADDRESS>911 Somewhere Circle, Canberra, Australia</ADDRESS>
<TEL>(++612) 12345</TEL>
<FAX>(++612) 12345</FAX>
<EMAIL>Mark.Wilson@somewhere.com</EMAIL>
</PERSON>
<PERSON>
<NAME>Tracey Wilson</NAME>
<ADDRESS>121 Zootle Road, Cape Town, South Africa</ADDRESS>
<TEL>(++2721) 531 9090</TEL>
<FAX>(++2721) 531 9090</FAX>
<EMAIL>Tracey.Wilson@somewhere.com</EMAIL>
</PERSON>
<PERSON>
<NAME>Jodie Foster</NAME>
<ADDRESS>30 Animal Road, New York, USA</ADDRESS>
<TEL>(++1) 3000 12345</TEL>
<FAX>(++1) 3000 12345</FAX>
<EMAIL>Jodie.Foster@somewhere.com</EMAIL>
</PERSON>
<PERSON>
<NAME>Lorrin Maughan</NAME>
<ADDRESS>1143 Winners Lane, London, UK</ADDRESS>
<TEL>(++94) 17 12345</TEL>
<FAX>++94) 17 12345</FAX>
<EMAIL>Lorrin.Maughan@somewhere.com</EMAIL>
```

```
</PERSON>
<PERSON>
<NAME>Steve Rachel</NAME>
<ADDRESS>90210 Beverly Hills, California, USA</ADDRESS>
<TEL>(++1) 2000 12345</TEL>
<FAX>(++1) 2000 12345</FAX>
<EMAIL>Steve.Rachel@somewhere.com</EMAIL>
</PERSON>
```

Schließen Sie den Wurzel-Knoten des XML-Fragments:

```
</PEOPLE>
```

Schließen Sie die XML-Dateninsel:

```
</XML>
```

Erstellen Sie dann die HTML-Tabelle, aber fügen Sie mit dem Ausdruck `DATASRC=#xmlPeople` die Microsoft IE5-Erweiterung ein, mit der die Datenquelle `xmlPeople` integriert wird:

```
<TABLE DATASRC=#xmlPeople>
```

Dann soll auch eine Tabellenkopfzeile eingefügt werden, in der steht, welche Spalte welche Informationen enthält:

```
<THEAD>
  <TR>
<TH>NAME</TH>
<TH>ADDRESS ID</TH>
<TH>TEL</TH>
<TH>FAX</TH>
<TH>EMAIL</TH>
  </TR>
</THEAD>
```

Als nächstes folgt die `<TR>` (die table row oder Tabellenzeile):

```
<TR>
<TD><DIV datafld="NAME"></DIV></TD>
<TD><DIV datafld="ADDRESS"></DIV></TD>
<TD><DIV datafld="TEL"></DIV></TD>
```

```
<TD><DIV datafld="FAX"></DIV></TD>
<TD><DIV datafld="EMAIL"></DIV></TD>
</TR>
</TABLE>

</BODY>
</HTML>
```

Das Entscheidende ist hierbei die Angabe der Datenquelle (Attribut `DATASRC`) für die Tabelle. In diesem Beispiel ist die Datenquelle natürlich die XML-Dateninsel `xmlPeople`. Die Tabelle wird jetzt mit dem Inhalt der Dateninsel gefüllt, unabhängig davon, ob die Dateninsel innerhalb oder außerhalb der HTML-Datei gespeichert ist.

Bildschirmausgabe des Codes

Abbildung 4.5 zeigt die Bildschirmausgabe des Quellcodes.

NAME	ADDRESS ID	TEL	FAX	EMAIL
Mark Wilson	911 Somewhere Circle, Canberra, Australia	(++612) 12345	(++612) 12345	Mark.Wilson@somewhere.com
Tracey Wilson	121 Zootle Road, Cape Town, South Africa	(++2721) 531 9090	(++2721) 531 9090	Tracey.Wilson@somewhere.com
Jodie Foster	30 Animal Road, New York, USA	(++1) 3000 12345	(++1) 3000 12345	Jodie.Foster@somewhere.com
Lorrin Maughan	1143 Winners Lane, London, UK	(++94) 17 12345	++94) 17 12345	Lorrin.Maughan@somewhere.com
Steve Rachel	90210 Beverly Hills, California, USA	(++1) 2000 12345	(++1) 2000 12345	Steve.Rachel@somewhere.com

Abbildung 4.5: Dateninsel – Anzeigen der Datensätze

Der vollständige Quellcode:

Um diesen Beispielcode ausführen zu können, brauchen Sie

- den Internet Explorer 5 (IE5)
- einen Texteditor zur Erstellung der HTML-Datei

Um dieses Beispiel live zu sehen, geben Sie den vollständigen Code (s. u.) in eine Textdatei ein, speichern sie als myfile.htm und öffnen sie in IE5.

```
<HTML>
<HEAD> <TITLE>List of people example</TITLE>
</HEAD>
<BODY>
<XML ID=xmlPeople>
<?xml version="1.0" ?>
<PEOPLE>
```

```
<PERSON>
  <NAME>Mark Wilson</NAME>
  <ADDRESS>911 Somewhere Circle, Canberra, Australia</ADDRESS>
  <TEL>(++612) 12345</TEL>
  <FAX>(++612) 12345</FAX>
  <EMAIL>Mark.Wilson@somewhere.com</EMAIL>
</PERSON>
<PERSON>
  <NAME>Tracey Wilson</NAME>
  <ADDRESS>121 Zootle Road, Cape Town, South Africa</ADDRESS>
  <TEL>(++2721) 531 9090</TEL>
  <FAX>(++2721) 531 9090</FAX>
  <EMAIL>Tracey.Wilson@somewhere.com</EMAIL>
</PERSON>
<PERSON>
  <NAME>Jodie Foster</NAME>
  <ADDRESS>30 Animal Road, New York, USA</ADDRESS>
  <TEL>(++1) 3000 12345</TEL>
  <FAX>(++1) 3000 12345</FAX>
  <EMAIL>Jodie.Foster@somewhere.com</EMAIL>
</PERSON>
<PERSON>
  <NAME>Lorrin Maughan</NAME>
  <ADDRESS>1143 Winners Lane, London, UK</ADDRESS>
  <TEL>(++94) 17 12345</TEL>
  <FAX>++94) 17 12345</FAX>
  <EMAIL>Lorrin.Maughan@somewhere.com</EMAIL>
</PERSON>
<PERSON>
  <NAME>Steve Rachel</NAME>
  <ADDRESS>90210 Beverly Hills, California, USA</ADDRESS>
```

```
  <TEL>(++1) 2000 12345</TEL>
  <FAX>(++1) 2000 12345</FAX>
  <EMAIL>Steve.Rachel@somewhere.com</EMAIL>
</PERSON>
</PEOPLE>
</XML>

<TABLE DATASRC=#xmlPeople>
<THEAD>
<TR>
<TH>NAME</TH>
<TH>ADDRESS ID</TH>
<TH>TEL</TH>
<TH>FAX</TH>
<TH>EMAIL</TH>
</TR>
</THEAD>
<TR>
<TD><DIV datafld="NAME"></DIV></TD>
<TD><DIV datafld="ADDRESS"></DIV></TD>
<TD><DIV datafld="TEL"></DIV></TD>
<TD><DIV datafld="FAX"></DIV></TD>
<TD><DIV datafld="EMAIL"></DIV></TD>
</TR>
</TABLE>

</BODY>
</HTML>
```

4.4.2 Wie mögen Sie HTML am liebsten: geDIVt oder geSPANt?

Der HTML-Code in den bisherigen Beispielen ist recht einfach. Daten werden einem Element zugewiesen oder Elemente werden an DSOs gebunden. Meist war das Element in einem DIV- oder SPAN-Tag enthalten. Falls Sie sich gefragt haben, was das ist, hier eine kurze Erklärung:

Wenn Sie nicht oft Code schreiben, der zur Ansicht im Internet Explorer 4 oder 5 (und höher) gedacht ist, können Sie diesen Abschnitt überspringen.

In normalem HTML sind diese Tags nutzlos:

```
<SPAN>...</SPAN>
```

In DHTML für IE5 hingegen sind sie Gold wert! Das <SPAN>-Tag dient als Container-Tag für Text, Grafiken oder andere Medien. Das Besondere am <SPAN>-Tag ist, dass es ein internes Element ist, es entsteht also kein Bruch vor oder nach dem Tag (im Gegensatz zum DIV-Tag).

Mit dem SPAN-Tag können Sie Daten direkt in den Text einer Seite einbinden, ohne ihn zu unterbrechen. Das folgende Paar HTML-Tags ist ebenfalls sehr nützlich in IE5 DHTML:

```
<DIV>...</DIV>
```

Genau wie <SPAN> ist das <DIV>-Tag ein Container-Tag, das sich aber eher wie die <P>...</P>-Tags verhält – es erzeugt also im HTML-Code einen Zeilenumbruch vor und nach dem <DIV>-Abschnitt.

Sowohl DIV als auch SPAN können (immer noch in IE5 DHTML) an DSO-Datensätze gebunden werden.

4.4.3 Anbinden anderer HTML-Elemente an Datenbestände aus Dateninseln

Hier sehen Sie, welche HTML-Elemente im IE5 integriert werden können. Aus der Tabelle 4.2 geht außerdem hervor, dass all diese Elemente zwar integrierbar, aber nicht unbedingt auch aktualisierbar sind. Weitere Informationen über diese HTML-Elemente finden Sie auf der Microsoft Website.

Tab. 4.2: HTML-Elemente, die an Dateninseln gebunden werden können

Element	Aktualisierbar	Eigenschaft nach Einbindung
A	Nein	href
APPLET	Ja	property value via PARAM
BUTTON	Nein	innerText, innerHTML
DIV	Nein	innerText, innerHTML
FRAME	Nein	src
IFRAME	Nein	src
IMG	Nein	src
INPUT TYPE=CHECKBOX	Ja	checked

Element	Aktualisierbar	Eigenschaft nach Einbindung
INPUT TYPE=HIDDEN	Ja	value
INPUT TYPE=LABEL	Ja	value
INPUT TYPE=PASSWORD	Ja	value
INPUT TYPE=RADIO	Ja	checked
INPUT TYPE=TEXT	Ja	value
LABEL	Nein	innerText, innerHTML
MARQUEE	Nein	innerText, innerHTML
SELECT	Ja	obj.options(obj. selectedIndex).text
SPAN	Nein	innerText, innerHTML
TEXTAREA	Ja	value

Einbinden eines Textfelds

Um uns das Leben etwas leichter zu machen, werden wir uns hier auf Tabellen und Textfelder (in HTML: TEXTAREA) beschränken. Zuerst soll der Code aus dem letzten Beispiel in der letzten Spalte um ein Textfeld EMAIL ergänzt werden.

Der Code zum Anbinden eines Textfelds an das EMAIL-Feld lautet:

```
<TABLE DATASRC='#xmlPeople' BORDER CELLPADDING=3>
<THEAD>
<TR>
<TH>NAME</TH>
<TH>ADDRESS ID</TH>
<TH>TEL</TH>
<TH>FAX</TH>
<TH>EMAIL</TH>
</TR>
</THEAD>
<TR>
  <TD><SPAN DATAFLD="NAME"></SPAN></TD>
  <TD><SPAN DATAFLD="ADDRESS"></SPAN></TD>
  <TD><SPAN DATAFLD="TEL"></SPAN></TD>
  <TD><SPAN DATAFLD="FAX"></SPAN></TD>
```

Und jetzt kommt der Clou! In das normale HTML-Textfeld (in HTML erzeugt durch den Code `INPUT TYPE=text)` geben Sie einfach ein `DATAFLD="EMAIL"` ein, und schon ist das Textfeld in das `EMAIL:`-Feld eingebunden!

```
<TD>EMAIL: <INPUT TYPE=TEXT DATAFLD="EMAIL"></TD>

  </TR>

</TABLE>
```

Der entscheidende Unterschied ist der Code-Ausschnitt `EMAIL: <INPUT TYPE=TEXT DATAFLD="EMAIL">`, der das Textfeld `(INPUT TYPE=TEXT)` an das `EMAIL`-Feld `(DATAFLD="EMAIL")` der Dateninsel anbindet, die ihrerseits mit der Tabelle verbunden ist. Was geschieht jedoch, wenn Sie das Textfeld außerhalb einer Tabelle einfügen, die ein DSO definiert, oder zwar in eine Tabelle, die aber kein DSO definiert? Sollte vielleicht jedes HTML-Textfeld sein eigenes DSO bekommen? Kein Problem. Sie können einfach innerhalb des HTML-Codes eins definieren:

```
<INPUT TYPE=TEXT DATASRC=#xmlPeople DATAFLD=EMAIL>
```

Ist doch gar nicht so schwer!

4.4.4 Bildschirmausgabe des Quellcodes

Abbildung 4.6 zeigt die Bildschirmausgabe des Quellcodes.

Abbildung 4.6: Dateninseln – Einbinden von Textfeldern

NAME	ADDRESS ID	TEL	FAX	EMAIL
Mark Wilson	911 Somewhere Circle, Canberra, Australia	(++612) 12345	(++612) 12345	Mark.Wilson@somewhe
Tracey Wilson	121 Zootle Road, Cape Town, South Africa	(++2721) 531 9090	(++2721) 531 9090	Tracey.Wilson@somew
Jodie Foster	30 Animal Road, New York, USA	(++1) 3000 12345	(++1) 3000 12345	Jodie.Foster@somewhe
Lorrin Maughan	1143 Winners Lane, London, UK	(++94) 17 12345	++94) 17 12345	Lorrin.Maughan@somew
Steve Rachel	90210 Beverly Hills, California, USA	(++1) 2000 12345	(++1) 2000 12345	Steve.Rachel@somewh

4.4.5 Der vollständige Quellcode

```
<TABLE DATASRC='#xmlPeople' BORDER CELLPADDING=3>

<THEAD>

<TR>

<TH>NAME</TH>

<TH>ADDRESS ID</TH>

<TH>TEL</TH>

<TH>FAX</TH>
```

```
<TH>EMAIL</TH>
</TR>
</THEAD>
<TR>
  <TD><SPAN DATAFLD="NAME"></SPAN></TD>
  <TD><SPAN DATAFLD="ADDRESS"></SPAN></TD>
  <TD><SPAN DATAFLD="TEL"></SPAN></TD>
  <TD><SPAN DATAFLD="FAX"></SPAN></TD>
  <TD>EMAIL: <INPUT TYPE=TEXT DATAFLD="EMAIL"></TD>
</TR>
</TABLE>
```

4.4.6 Zugriff auf extern gespeicherte Dateninseln

Ist die Dateninsel außerhalb der HTML-Seite gespeichert, muss ein SRC-Attribut im XML-Tag des HTML-Dokuments darauf verweisen.

Liegen die Daten im Netzwerk oder im Internet vor, sieht das beispielsweise folgendermaßen aus:

```
<XML ID=xmlPeople SRC="http://mark/xmlcode/people.xml"></XML>
```

Liegen die Daten lokal vor, kann eine Referenz folgender Art verwendet werden:

```
<XML ID=xmlPeople SRC="people.xml"></XML>
```

Dann kann die DATASRC für die Tabelle auf das ID-Attribut mit dem vorangestellten # verweisen (in diesem Fall #xmlPeople, wie im nachstehenden Beispielcode gezeigt).

4.4.7 Der vollständige Quellcode

```
<XML ID=xmlPeople SRC="people.xml">
</XML>


<TABLE DATASRC=#xmlPeople>
<TR>
<TD><DIV datafld="NAME"></DIV></TD>
<TD><DIV datafld="ADDRESS"></DIV></TD>
```

```
<TD><DIV datafld="TEL"></DIV></TD>
<TD><DIV datafld="FAX"></DIV></TD>
<TD><DIV datafld="EMAIL"></DIV></TD>
</TR>
</TABLE>
```

4.4.8 Speichern der Änderungen an der Dateninsel

Wenn ein Benutzer beispielsweise in das `E-Mail`-Textfeld einen neuen Wert eingibt, wird diese Änderung automatisch in der daran gebundenen Dateninsel-DSO aktualisiert. Um die neuen Daten nun zur Speicherung an den Server zurückzugeben, duplizieren Sie mit der folgenden Code-Zeile das Dokument in die Variable `objDOMDocument`:

```
set objDOMDocument = xmlPeople.cloneNode(true)
```

Das `objDOMDocument`-Objekt kann nun an den Server zurückgeschickt und in der Datenbank gespeichert werden.

4.4.9 Beschränkung der Anzahl und Durchblättern der Datensätze

Angenommen die Dateninsel enthält 100 Zeilen – wenn sie in die Tabelle geladen wird, füllt das mehrere Bildschirmseiten. Das ist weder für Sie noch für den Benutzer sehr sinnvoll. Wünschenswert wäre also eine Möglichkeit, die Anzahl der angezeigten Datensätze zu begrenzen und natürlich durch die nicht sichtbaren Datensätze zu blättern – vielleicht über eine Vor- und Zurück-Schaltfläche.

Hätten wir es mit reinem HTML zu tun, wäre daran natürlich noch nicht einmal im Traum zu denken. Im IE5 aber gibt es DHTML (das wiederum nicht das gleiche ist wie Netscapes DHTML). Schauen wir einmal, was dabei herauskommt, wenn man mit DHTML (und seinen Erweiterungen für Tabellen) arbeitet und das Ganze noch mit einer Dateninsel aufpeppt ... !

Um auf die Microsoft IE5-Erweiterungen zugreifen und die HTML-Tabelle (wohlgemerkt nicht die Dateninsel) besser nutzen zu können, soll diese zunächst einen Namen bekommen. Im nächsten Beispiel wird die `<TABLE...`-Zeile um folgenden Ausdruck ergänzt:

```
"ID=tblPeople"
```

Um die Anzahl der angezeigten Datensätze zu beschränken, wird außerdem eingefügt

```
"DATAPAGESIZE=10"
```

Jetzt zeigt die Tabelle die ersten zehn Datensätze der Dateninsel an, an die sie gebunden ist! Wenn Sie den Quellcode so verwenden, wie er hier wiedergegeben ist, vergessen Sie nicht, an dieser Stelle die Dateninsel `xmlPeople` einzufügen, gefolgt von:

Wenn Sie den Quellcode so verwenden, wie er hier wiedergegeben ist, vergessen Sie nicht, die Dateninsel `xmlPeople` einzubinden.

```
<TABLE ID=tblPeople DATASRC='#xmlPeople' BORDER =1 CELL-
PADDING=3 DATAPAGESIZE=10>

<THEAD>

<TR>

<TH>NAME</TH>

<TH>ADDRESS ID</TH>

<TH>TEL</TH>

<TH>FAX</TH>

<TH>EMAIL</TH></TR>

</THEAD>

<TR>

  <TD><SPAN DATAFLD="NAME"></SPAN></TD>

  <TD><SPAN DATAFLD="ADDRESS"></SPAN></TD>

  <TD><SPAN DATAFLD="TEL"></SPAN></TD>

  <TD><SPAN DATAFLD="FAX"></SPAN></TD>

  <TD><INPUT DATAFLD="EMAIL"

  id=text1 name=text1></TD>

  </TR></TR>

</TABLE>
```

Nun soll noch ein Textfeld eingebaut werden, in dem der Benutzer angeben kann, wie viele Datensätze angezeigt werden sollen. Beachten Sie das Code-Fragment `onblur="tblPeople.dataPageSize = this.value` – es setzt die Eigenschaft »`datasize`« der Tabelle `tblPeople` auf den Wert, den der Benutzer in das Textfeld eingibt. Die Tabellen werden automatisch aktualisiert, sobald der Benutzer das Textfeld verlässt.

```
<INPUT TYPE=TEXT VALUE=10 onblur="tblPeople.dataPageSize =
this.value;">
```

Damit der Benutzer außerdem vorwärts, rückwärts, zum ersten und zum letzten Datensatz blättern kann, erstellen wir noch Schaltflächen wie `cmdfirstPage`. Beim Anklicken dieser Schaltfläche wird folgender Code ausgeführt, der zum ersten Datensatz führt:

```
<BUTTON ID=cmdfirstPage onclick="tblPeople.firstPage()">&lt;&lt;</
BUTTON>
```

Zur vorigen Seite zurückzublättern funktioniert ganz ähnlich. Hier bewirkt die Funktion `tblPeople.previousPage()`, dass die Tabelle eine Seite zurückgeblättert wird. Beachten Sie, dass der Wert von DataPageSize genau festlegt, um wie viele Datensätze hier zurückgeblättert wird:

```
<BUTTON ID=cmdpreviousPage onclick="tblPeople.previousPage()">&lt;</
BUTTON>
```

Auch das Weiterblättern zur nächsten Seite ist ähnlich. Hier bewirkt die Funktion `tblPeople.nextPage()`, dass die Tabelle eine Seite vorwärts geblättert wird. Auch hier bestimmt der Wert von DataPageSize, um wie viele Datensätze vorwärts geblättert wird.

```
<BUTTON ID=cmdnextPage onclick="tblPeople.nextPage()">&gt;</BUTTON>
```

Gleiches gilt für das Blättern zum letzten Datensatz. Die aufgerufene Funktion ist `tblPeople.lastPage()`:

```
<BUTTON ID=cmdlastPage onclick="tblPeople.lastPage()">&gt;&gt;</
BUTTON>
```

4.4.10 Bildschirmausgabe des Quellcodes

In dem hier verwendeten Beispielcode sind insgesamt fünf Datensätze enthalten. Die Tabelle kann jedoch zehn Datensätze auf einmal anzeigen. Wenn Sie die Anzahl angezeigter Datensätze auf zwei herabsetzen, können Sie zwischen den Datensätzen hin- und herblättern (s. Abbildung 4.7).

Abbildung 4.7: Dateninseln – Durchblättern der Datensätze

NAME	ADDRESS ID	TEL	FAX	EMAIL
Mark Wilson	911 Somewhere Circle, Canberra, Australia	(++612) 12345	(++612) 12345	Mark.Wilson@somewhe
Tracey Wilson	121 Zootle Road, Cape Town, South Africa	(++2721) 531 9090	(++2721) 531 9090	Tracey.Wilson@somewh
Jodie Foster	30 Animal Road, New York, USA	(++1) 3000 12345	(++1) 3000 12345	Jodie.Foster@somewhe
Lorrin Maughan	1143 Winners Lane, London, UK	(++94) 17 12345	++94) 17 12345	Lorrin.Maughan@somew
Steve Rachel	90210 Beverly Hills, California, USA	(++1) 2000 12345	(++1) 2000 12345	Steve.Rachel@somewh

Change the number of records viewed here: 10

Move backwards << < > >> and forwards.

Falls Sie die Anzahl von Datensätzen, die von der Tabelle angezeigt werden, auf eine niedrigere Zahl setzen als Datensätze im Datenbestand vorhanden sind, können Sie Schaltflächen zum Vor- und Zurückblättern durch die restlichen Datensätze erstellen.

4.4.11 Der vollständige Quellcode

Wenn Sie den Quellcode so verwenden, wie er hier wiedergegeben ist, vergessen Sie nicht, die Dateninsel `xmlPeople` einzufügen, gefolgt von:

```
<TABLE ID=tblPeople DATASRC='#xmlPeople' BORDER =1 CELL-

PADDING=3 DATAPAGESIZE=10>

<THEAD>

<TR>

<TH>NAME</TH>

<TH>ADDRESS ID</TH>

<TH>TEL</TH>

<TH>FAX</TH>

<TH>EMAIL</TH></TR>

</THEAD>

<TR>

  <TD><SPAN DATAFLD="NAME"></SPAN></TD>

  <TD><SPAN DATAFLD="ADDRESS"></SPAN></TD>

  <TD><SPAN DATAFLD="TEL"></SPAN></TD>

  <TD><SPAN DATAFLD="FAX"></SPAN></TD>

  <TD><INPUT DATAFLD="EMAIL"></TD>

  </TR></TR>

</TABLE>


<p>Change the number of records viewed here:

<INPUT TYPE=TEXT VALUE=10 STYLE="width:20"

                                onblur="tblPeople.dataPageSize =
this.value;">

</p>

<p>

Move backwards 

<BUTTON ID=cmdfirstPage onclick="tblPeople.firstPage()">&lt;&lt;</
BUTTON>
```

```
<BUTTON ID=cmdpreviousPage onclick="tblPeople.previousPage()">&lt;</
BUTTON>

<BUTTON ID=cmdnextPage onclick="tblPeople.nextPage()">&gt;</BUTTON>

<BUTTON ID=cmdlastPage onclick="tblPeople.lastPage()">&gt;&gt;</
BUTTON>

 and forwards.

</p>

<p>Add another record here (move off the record to save it):

<INPUT ID="add" TYPE=BUTTON VALUE="Add Employee"
onClick="xmlid.recordset.addNew()">

</p>
```

4.4.12 Hinzufügen neuer Datensätze zu Dateninseln

In diesem Beispiel werden Textfelder verwendet, um Daten anzuzeigen und einen neuen Datensatz hinzuzufügen.

Enthalten ist der HTML-Code für eine Beschriftung und das dazugehörige Textfeld (Textfelder sind in HTML Input-Felder):

```
<P>Name: <INPUT TYPE=TEXT DATASRC=#xmlPeople DATAFLD=NAME></P>

<P>ADDRESS: <INPUT class=regText DATASRC=#xmlPeople
DATAFLD="ADDRESS"></P>

<P>TEL: <INPUT class=regText DATASRC=#xmlPeople DATAFLD="TEL"></P>

<P>FAX: <INPUT TYPE=TEXT class=regText DATASRC=#xmlPeople
DATAFLD="FAX"></P>

<P>EMAIL: <INPUT TYPE=TEXT DATASRC=#xmlPeople DATAFLD=EMAIL><P>
```

Der *move first*-Trick ist ja eigentlich altbekannt, aber jetzt ändert sich ein wichtiges Detail: Wenn Sie sich den `<TABLE...`-Code ansehen, stellen Sie fest, dass die `DATASRC` für die gesamte Tabelle definiert ist. Diesmal ist aber das Input-Feld nicht in einer Tabelle enthalten, daher müssen wir in den Angaben zum Input-Feld sowohl die `DATASRC` als auch das `DATAFLD` definieren.

Und da auf die `DATASRC` nicht über das Tabellenobjekt zugegriffen wird, müssen wir, damit alle Textfelder einen Datensatz vor oder zurück geblättert werden, den darunter liegenden Datenbestand manipulieren, der von der `xmlPeople`-Dateninsel wiedergegeben wird.

Das nächste Codefragment zeigt die erste von vier Schaltflächen. Sie heißt `first`. Beim Anklicken wird der Code `onClick="xmlPeople.recordset.moveFirst()"` ausgeführt. Sie erkennen, dass der Datenbestand `xml People` navigiert wird.

```
</P><INPUT ID="first" TYPE=button VALUE="<<"
onClick="xmlPeople.recordset.moveFirst()"></P>
```

Gleiches gilt für die Manipulation des Dateninsel-Datenbestands mit der Methode `.movePrevious()`:

```
<INPUT ID="prev" TYPE=button VALUE="<" onClick="if
(xmlPeople.recordset.absoluteposition > 1)
xmlPeople.recordset.movePrevious()">
```

Ebenso erfolgt die Manipulation des Dateninsel-Datenbestands mit der Methode `.moveNext()`:

```
<INPUT ID="next" TYPE=button VALUE=">" onClick="if
(xmlPeople.recordset.absoluteposition <
xmlPeople.recordset.recordcount) xmlPeople.recordset.moveNext()">
```

Und auch mit der Methode `.moveLast()` wird der Dateninsel-Datenbestand entsprechend manipuliert:

```
<INPUT ID="last" TYPE=button VALUE=">>"
onClick="xmlPeople.recordset.moveLast()">
```

Um dem Recordset neue Datensätze hinzufügen zu können, soll noch die Schaltfläche `add` erstellt werden, deren Beschriftung `Add Person` lautet und die dem Datenbestand die Anweisung `addNew()` gibt.

```
<INPUT ID="add" TYPE=BUTTON VALUE="Add Person" onClick="xml-

People.recordset.addNew()">
```

4.4.13 Bildschirmausgabe des Quellcodes

Abbildung 4.8 zeigt die Bildschirmausgabe des Quellcodes.

Abbildung 4.8: Dateninseln – Hinzufügen neuer Datensätze

4.4.14 Der vollständige Quellcode

Wenn Sie den Quellcode so verwenden, wie er hier wiedergegeben ist, vergessen Sie nicht, an dieser Stelle die Dateninsel `xmlPeople` einzufügen, gefolgt von:

```
<P>Name:

<INPUT TYPE=TEXT DATASRC=#xmlPeople DATAFLD=NAME>

<P>ADDRESS:

<INPUT class=regText DATASRC=#xmlPeople DATAFLD="ADDRESS">

<P>TEL:

<INPUT class=regText DATASRC=#xmlPeople DATAFLD="TEL">

<P>FAX:

<INPUT TYPE=TEXT class=regText DATASRC=#xmlPeople DATAFLD="FAX">

<P>EMAIL:

<INPUT TYPE=TEXT DATASRC=#xmlPeople DATAFLD=EMAIL>

<BR>

<BR>

<INPUT ID="first" TYPE=button VALUE="<<" onClick="xml-

People.recordset.moveFirst()">

<INPUT ID="prev" TYPE=button VALUE="<" onClick="if (xml-

People.recordset.absoluteposition > 1)
xmlPeople.recordset.movePrevious()">

<INPUT ID="next" TYPE=button VALUE=">" onClick="if (xml-

People.recordset.absoluteposition < xmlPeople.recordset.recordcount)
xmlPeople.recordset.moveNext()">

<INPUT ID="last" TYPE=button VALUE=">>"
onClick="xmlPeople.recordset.moveLast()">

<BR><BR>

<INPUT ID="add" TYPE=BUTTON VALUE="Add Employee"
onClick="xmlPeople.recordset.addNew()">
```

4.4.15 Abrufen eines ADO-Recordsets aus XML-Dateninseln

Sobald Sie eine Dateninsel erstellt haben, können Sie damit ADO-Recordsets abrufen. Angenommen, Sie hätten ein ADO-Recordset `rsPEOPLE` und eine Dateninsel `PEOPLE`, wäre Folgendes möglich:

```
set rsPEOPLE = PEOPLE.recordset
```

Und das ist natürlich ziemlich praktisch, wenn man mit RDS arbeitet! (RDS ist eine im IE5-Browser ohne Verbindung ausführbare Form von ADO.)

4.5 So holen Sie die Microsoft XML-Objekte auf Ihren PC

Um in Ihrem Projekt die Codebeispiele verwenden zu können, die mit Microsoft XML-Objekten arbeiten (z.B. mit dem DOMDocument), müssen Sie zunächst einen Verweis auf das »Microsoft XML 2.0«-Objekt in das Projekt einfügen. Dazu müssen diese Objekte natürlich sowohl auf dem System installiert sein, auf dem Sie die Applikation entwickeln, als auch auf dem Zielsystem, auf dem sie laufen soll. Es gibt zwei einfache Wege, an die Microsoft XML-Objekte zu kommen. Entweder installieren Sie den IE5, oder Sie erweitern den IE4 um die frei verfügbare XML-Software, die auf der Microsoft Website zum Download bereitsteht.

Den frei verfügbaren Microsoft XML-Parser können Sie unter folgender Adresse herunterladen: `http://msdn.microsoft.com/downloads/tools/xmlparser/xmlparser.asp`

4.6 Erstellen von Objekten

ASP-Entwickler verwenden die folgende Syntax, um ein neues XMLDOM-Document zu programmieren. Es handelt sich um die gleiche `CreateObject()`-Syntax, die auch für die Erstellung anderer Objekte verwendet wird:

```
<%

Dim objXmlDoc

Set objXmlDoc = CreateObject("Microsoft.XMLDOM")

%>
```

VB-Programmierer können entweder den oben dargestellten `CreateObject()`-Code verwenden oder einen Verweis auf das Objekt *Microsoft XML Version 2.0* in das Projekt einfügen, gefolgt von:

```
Dim objXmlDoc As DOMDocument

Set objXmlDoc = new DOMDocument
```

Dadurch wird eine neue Instanz des DOMDocument erzeugt, die sofort verwendet werden kann.

Für sämtliche in diesem Buch enthaltenen Beispiele für die Arbeit mit XML-Dateien wird der Code zur Manipulation dieser Objekte entweder in VB oder in ASP / VBScript bereitgestellt.

Wie eben dargestellt, kann VB-Code mit Hilfe der Anweisungen `CreateObject()` und `Set` als VBScript verwendet werden. Um umgekehrt ASP-Code in VB umzuwandeln, müssen Sie `CreateObject()` entfernen, einen Verweis auf das Objekt einfügen und die `DIM`-Anweisung verwenden.

4.7 Synchrones Laden von Dateien

Wenn das Programm und der Code erst ausgeführt werden sollen, wenn das Laden des XML-Dokuments (in ein DOMDocument) abgeschlossen ist, ist das Dokument über folgenden VB-Code synchron zu laden:

```
Private Sub LoadXMLFile_Click()

Dim objXmlDoc As DOMDocument


'dann das XML-Dokument mit folgender Methode laden:

objXmlDoc.async = False

objXmlDoc.Load ("http://mark/xmlcode/people.xml")


End Sub
```

4.8 Asynchrones Laden von Dateien

Wenn das Programm schon einmal an einer anderen Aufgabe arbeiten soll (eine animierte Grafik laden, einen Balken mit prozentualem Fortschritt anzeigen oder im Hintergrund Berechnungen durchführen), während das XML-Dokument lädt, ist asynchrones Laden des XML-Dokuments zu empfehlen. Dazu geben Sie mit einer `WithEvents`-Anweisung den Zugriff auf die Ereignisse des DOMDocuments frei, um die Funktion des asynchronen Ladens nutzen zu können.

4.8.1 Arbeiten mit WithEvents in VB

Mit diesem Beispiel können Sie die Verwendung von `WithEvents` in Ihrem Code ausprobieren. Geben Sie in den `General Declaration`-Abschnitt des VB-Formulars folgenden Code ein:

```
Dim WithEvents objXmlDoc As DOMDocument
```

Unterlegen Sie eine Formularschaltfläche `Command1` mit diesem Code. Er lädt eine XML-Datei in das DOMDocument, das wir im `General Declarations`-Abschnitt angelegt haben.

```
Private Sub Command1_Click()

Dim objXmlDoc As DOMDocument


'Instanz des DOMDocument erzeugen

Set objXmlDoc = New DOMDocument

'dann das XML-Dokument mit folgender Methode laden

objXmlDoc.async = True

objXmlDoc.Load ("http://mark/xmlcode/people.xml")


End Sub
```

Nun soll natürlich noch eine Benachrichtigung erfolgen, wenn das DOMDocument die XML-Datei vollständig geladen hat. An dieser Stelle kommt `WithEvents` ins Spiel. Es gäbe auch noch weitere Etappen, z.B. wenn der Ladevorgang zu einem bestimmten Anteil erfogt ist, oder wenn der gesamte Vorgang abgeschlossen ist. Für den Augenblick soll jedoch nur darauf eingegangen werden, wie die Benachrichtigung bei abgeschlossenem Ladevorgang erfolgt.

Wenn Sie mit der `WithEvents`-Anweisung arbeiten, können Sie die Ereignisse für das Objekt verwenden, für das Sie Ereignisse *auffangen*. Das bedeutet, dass stattfindende Ereignisse innerhalb Ihres Programms stattfinden und Sie Code in diese Ereignisse schreiben können.

Im nächsten Beispiel werden für das Objekt `objXmlDoc` die Ereignisse des DOMDocuments mit der `WithEvents`-Anweisung aufgefangen. Beim Ereignis `onreadystatechange` können wir die DOMDocument-Eigenschaft `ready State` abfragen und prüfen, ob die XML-Datei bereits vollständig geladen ist. Ebenso können andere Variablen und Eigenschaften im Programmcode überprüft werden.

Öffnen Sie im VB-Code-Editor das Formular, in dem Sie das Objekt DOMDocument instanziert haben. Im Dropdown-Kombinationsfeld mit allen für den Code verfügbaren Steuerelementen finden Sie das neue Objekt `objXml Doc`. Wählen Sie dieses Element aus und dann aus der Liste der Ereignisse im rechten Kombinationsfeld das Ereignis, das Sie verwenden wollen. In diesem Fall soll es `onReadyStateChange()` sein. Wenn Sie dieses Ereignis auswählen, wird es automatisch in den Code eingefügt.

Um nun den Code zum `onreadystatechange()`-Ereignis von `objXmlDoc` zu schreiben, also um zu erfahren, wann das Dokument vollständig geladen ist, führen Sie folgende Schritte aus. Verwenden Sie in dem neuen Ereignis folgenden VB-Code:

```
Private Sub objXmlDoc_onreadystatechange()

  'sobald die Eigenschaft readyState den Wert COMPLETE hat, soll ein
  'Meldungsfeld angezeigt werden

  If (objXmlDoc.readyState = 4) Then

      MsgBox "Completed!"

  End If

End Sub
```

4.9 Ein Überblick über die Kombination von DOM-Objekt und Strukturansicht

Das nächste Beispiel ist ein einfaches VB-Projekt, in dem mit Hilfe des DOM-Objekts eine Strukturansicht (TreeView) mit Daten aus einer XML-Datei gefüllt werden soll. Danach sollen DOM-Objekt-Einträge hinzugefügt und gelöscht werden. Das Beispiel ist bewusst einfach gehalten, da die Grundbefehle für das DOM-Objekt einmal von Anfang bis Ende vorgeführt werden sollen. Abbildung 4.9 zeigt dieses Projekt in der Bildschirmansicht

Klicken Sie nach dem Laden des Formulars auf die Befehlsschaltfläche `Populate People`, um den Inhalt der XML-Datei zu laden und anzuzeigen. Beim Anklicken eines Namens in der Strukturansicht füllt sich das Textfeld rechts mit Informationen zum angeklickten Element. Abgefragt werden die Daten über das DOM-Objekt.

Das Formular enthält auch ein Browser-Steuerelement, damit Sie die Änderungen an der XML-Datei beim Hinzufügen und Löschen neuer Elemente verfolgen können. Um ein neues Element hinzuzufügen, klicken Sie auf die Schaltfläche `Clear Items for new Person`, geben die gewünschten Daten in die Textfelder ein und klicken auf `Save New Person`. Dadurch wird das neue `PERSON`-Element gespeichert und in die XML-Datei eingefügt.

Um ein Element zu löschen, klicken Sie in der Strukturansicht auf die betreffende Person. Klicken Sie dann auf die Schaltfläche `Delete Person`. Dadurch wird das ausgewählte Element automatisch gelöscht und aus der Strukturansicht, dem DOM-Objekt und der XML-Datei entfernt.

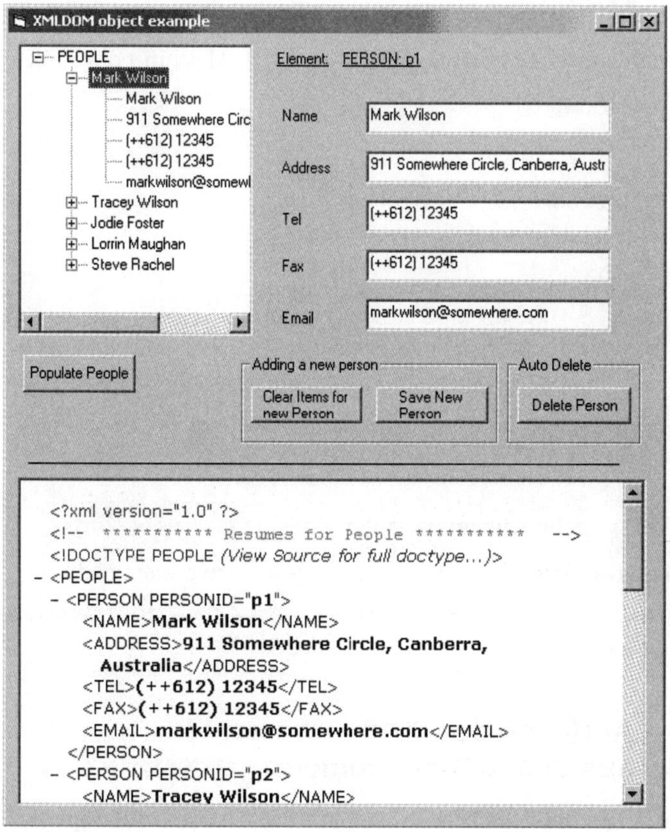

Abbildung 4.9: Beispiel-DOM-Screenshot

4.9.1 Vor dem Ausführen des Beispiels

Führen Sie nach dem Download des Quellcodes von `http://www.vbxml .com` folgende Schritte aus:

- Erstellen Sie das Verzeichnis C:\ \ dev.
- Kopieren Sie die Dateien people2.xml und people2.dtd in dieses Verzeichnis (die VB-Eigenschaft `App.Path` kann hier nicht verwendet werden, da die DTD in der XML-Datei deklariert werden muss und diese Eigenschaft schreibgeschützt ist).
- Achten Sie darauf, dass auf die Microsoft XML 2.0-dll installiert ist.

Sowohl im DOM-Dokument als auch in der Strukturansicht heißen die einzelnen Objekte »Node"/"Knoten«. Wir haben daher besonders darauf geachtet, in unserem Text zwischen beiden zu differenzieren.

Sehen wir uns jetzt den Code genauer an.

4.9.2 Modulvariablen

Diese Variablen stehen im `General Declarations`-Abschnitt des Projekts:

```
General_Declarations

Option Explicit

Private m_objDOMPeople As DOMDocument ❶
Private m_blnItemClicked As Boolean ❷

Const XMLPATH As String = "c:\dev\people2.xml" ❸
ch04014
```

❶ Mitgliedsvariable, die im gesamten Projekt verwendet wird.

❷ Mitgliedsvariable, die im gesamten Projekt verwendet wird.

❸ Konstante, die im gesamten Code zum Speichern des Dokuments verwendet wird.

4.9.3 Auffüllen der Strukturansicht aus dem DOMDocument

Beim Anklicken der Schaltfläche `Populate People` wird mit folgendem Code die Strukturansicht mit dem Inhalt des DOMDocument gefüllt:

```
Private Sub cmdPopulate_Click()

Dim objPeopleRoot As IXMLDOMElement
Dim objPersonElement As IXMLDOMElement
Dim tvwRoot As Node

Set m_objDOMPeople = New DOMDocument
```

`ResolveExternals` legt fest, ob das `m_objDOMPeople`-Objekt nach externen Dateien wie in diesem Fall people2.dtd sucht. Setzen Sie den Wert auf `True`, wenn der Parser die externen Dateien finden soll:

```
m_objDOMPeople.resolveExternals = True
```

`ValidateOnParse` legt fest, ob das `m_objDOMPeople`-Objekt die XML-Datei gegen people.dtd validiert. Setzen Sie diese Eigenschaft auf den Wert `True`, wenn eine Validierung erfolgen soll:

```
m_objDOMPeople.validateOnParse = True
```

Zuerst muss die XML-Datei in das DOMDocument (hier `m_objDOMPeople`) geladen werden. Asynchrones Laden der Datei soll hier vermieden werden, daher wird die Eigenschaft `async` vor dem Laden auf `False` gesetzt:

```
m_objDOMPeople.async = False
```

Das Laden der XML-Daten in das DOMDocument erfolgt über einen String, der den XML-Speicherort enthält:

```
Call m_objDOMPeople.Load(XMLPATH)
```

Überprüfen Sie, ob das XML-Dokument erfolgreich geladen wurde:

```
If m_objDOMPeople.parseError.reason <> "" Then
```

In dem geladenen XML ist ein Fehler aufgetreten. Zeigen Sie den Grund an:

```
MsgBox m_objDOMPeople.parseError.reason

  Exit Sub

End If
```

Gehen Sie zum Wurzel-Element des XML-Codes, und übergehen Sie Kommentare und PIs:

```
Set objPeopleRoot = m_objDOMPeople.documentElement
```

Sobald das Wurzel-Element (`documentElement`) erreicht ist, sind die Daten aus der XML-Datei zur Nutzung bereit. Als Erstes soll der Strukturansicht der Name des Wurzel-Elements der XML-Datei, also `<PEOPLE>`, hinzugefügt werden. Dann soll die Strukturansicht weitere Kindknoten erhalten.

Um nun aus dem DOMDocument das Strukturansicht-Steuerelement aufzufüllen, legen Sie dessen Eigenschaften fest:

```
tvwPeople.LineStyle = tvwRootLines

tvwPeople.Style = tvwTreelinesPlusMinusText

tvwPeople.Indentation = 400
```

Prüfen Sie, ob die Strukturansicht bereits mit Daten gefüllt wurde. Entfernen Sie, wenn bereits vorhanden, die Wurzel und damit die gesamten Daten:

```
If tvwPeople.Nodes.Count > 0 Then

  tvwPeople.Nodes.Remove 1

End If
```

Fügen Sie dem Wurzel-Knoten der Strukturansicht einen Kindknoten hinzu:

```
Set tvwRoot = tvwPeople.Nodes.Add()
```

Nun müssen nur noch die `childNodes` (Kindknoten) der `<PEOPLE>`-Elemente des DOMDocuments durchlaufen werden. Der Prozess gibt fünf `<PEOPLE>`-Elemente zurück. Dies erfolgt durch die `For Each`-Schleife, und damit sind wir beim Code der Methode `populateTreeWithChildren()`.

Die Struktur wird gefüllt, indem jedes `<PERSON>`-Element des DOM durchlaufen wird und von jedem Element (`objPersonElement`) wiederum alle Kindknoten, um deren Datenebene zu erfassen:

```
For Each objPersonElement In objPeopleRoot.childNodes
  populateTreeWithChildren objPersonElement
  Next

  webTarget.Navigate XMLPATH
  cmdDelete.Enabled = True
  cmdClear.Enabled = True

End Sub
```

Der vollständige Quellcode:

```
Private Sub cmdPopulate_Click()

Dim objPeopleRoot As IXMLDOMElement
Dim objPersonElement As IXMLDOMElement
Dim tvwRoot As Node

Set m_objDOMPeople = New DOMDocument

m_objDOMPeople.resolveExternals = True

m_objDOMPeople.validateOnParse = True

m_objDOMPeople.async = False
Call m_objDOMPeople.Load(XMLPATH)
```

```
If m_objDOMPeople.parseError.reason <> "" Then
  MsgBox m_objDOMPeople.parseError.reason
  Exit Sub
End If
tvwPeople.LineStyle = tvwRootLines
tvwPeople.Style = tvwTreelinesPlusMinusText
tvwPeople.Indentation = 400

If tvwPeople.Nodes.Count > 0 Then tvwPeople.Nodes.Remove 1
End If

Set tvwRoot = tvwPeople.Nodes.Add()

For Each objPersonElement In objPeopleRoot.childNodes
  populateTreeWithChildren objPersonElement
Next

webTarget.Navigate XMLPATH
cmdDelete.Enabled = True
cmdClear.Enabled = True

End Sub
```

populateTreeWithChildren

Dieser Code wird aus dem Klick-Ereignis `cmdPopulate` aufgerufen. Für jeden in der Strukturansicht angelegten `parentNode` (Elternknoten) wird ein Drilldown auf die Ebene des ihm übergebenen DOMElement durchgeführt und die Strukturansicht mit den Daten der DOMElement-Kindknoten gefüllt.

Der Parameter `objDOMNode` entspricht dem gegenwärtig durchlaufenen Kindknoten der `documentElement`-Eigenschaft des DOMDocument:

```
Dim objNameNode As IXMLDOMNode
Dim objAttributes As IXMLDOMNamedNodeMap
```

```
Dim objAttributeNode As IXMLDOMNode
Dim intIndex As Integer


Dim tvwElement As Node
Dim tvwChildElement As Node
```

Der aktuelle Knoten der Strukturansicht soll außerdem eine Überschrift bekommen, z.B. PERSON: Jodie Foster. Dazu wird der oberste Kindknoten des Elements (<NAME>) als Kopfzeile für die Strukturansicht dieses Abschnitts aufgenommen. Verwenden Sie die Methode selectSingleNode(), um den ersten gefundenen Knoten mit dem nodeName NAME zurückgeben zu lassen:

```
Set objNameNode = objDOMNode.selectSingleNode("NAME")
```

Fügen Sie der Strukturansicht den parentNode, nodeName und Wert des des NAME-Elements hinzu.

```
Set tvwElement = tvwPeople.Nodes.Add(1, tvwChild)
tvwElement.Text = objNameNode.parentNode.nodeName & ": " _
& objNameNode.nodeTypedValue
```

Fügen Sie in die Tag-Eigenschaft des Strukturansicht-Nodes die ID ein. Das Attribut ID, das im Tag als Identitätskennung abgelegt werden soll, ist im Elementknoten enthalten. Also brauchen wir zuerst den Knoten, um an seinen Wert zu gelangen.

```
Set objAttributes = objDOMNode.Attributes
```

Bekanntlich haben wir ja die ID-Kennzeichnung PERSONID genannt, also kann NameNodeListMap diesen Knoten mit Hilfe der Methode getNamedItem() abrufen. Dazu ist zuerst zu prüfen, ob Attribute vorhanden sind:

```
If objAttributes.length > 0 Then


Set objAttributeNode = objAttributes.getNamedItem("PERSONID")
```

Dieser Wert soll im Tag der Strukturansicht abgelegt werden:

```
tvwElement.Tag = objAttributeNode.nodeValue
End If


tvwElement.EnsureVisible
intIndex = tvwElement.Index
```

Dann soll der aktuelle Strukturansicht-Knoten mit Daten aus dem aktuellen DOM-Elementknoten (objDOMNode) gefüllt werden, indem die Kindknoten

(Elemente) von `objDOMNode` erneut durchlaufen werden. Die `childNodes`, die dem DOMNode übergeben wurden, sollen durchlaufen werden und die Strukturansicht mit den Daten der Kindknoten füllen:

```
For Each objPersonElement In objDOMNode.childNodes
  Set tvwChildElement = tvwPeople.Nodes.Add(intIndex, tvwChild)
  tvwChildElement.Text = objPersonElement.nodeTypedValue
Next


End Sub
```

Der vollständige Quellcode:

```
Private Sub populateTreeWithChildren(objDOMNode As IXMLDOMElement)


Dim objNameNode As IXMLDOMNode
Dim objAttributes As IXMLDOMNamedNodeMap
Dim objAttributeNode As IXMLDOMNode
Dim intIndex As Integer


Dim tvwElement As Node
Dim tvwChildElement As Node


Set objNameNode = objDOMNode.selectSingleNode("NAME")


Set tvwElement = tvwPeople.Nodes.Add(1, tvwChild)
tvwElement.Text = objNameNode.parentNode.nodeName & ": " _
                  & objNameNode.nodeTypedValue


Set objAttributes = objDOMNode.Attributes


If objAttributes.length > 0 Then


  Set objAttributeNode = objAttributes.getNamedItem("PERSONID")
```

```
  tvwElement.Tag = objAttributeNode.nodeValue
End If

tvwElement.EnsureVisible
intIndex = tvwElement.Index

For Each objPersonElement In objDOMNode.childNodes
  Set tvwChildElement = tvwPeople.Nodes.Add(intIndex, tvwChild)
  tvwChildElement.Text = objPersonElement.nodeTypedValue
Next

End Sub
```

Damit ist unser Überblick über das Auffüllen der Strukturansicht aus dem DOMDocument abgeschlossen.

Auffüllen von Textfeldern aus dem DOMDocument

Als Nächstes sollen beim Anklicken der Strukturansicht Daten aus dem DOMDocument abgerufen werden, die die Textfelder rechts auf dem Bildschirm füllen:

```
Private Sub tvwPeople_Click()

Dim objSelNode As Node
```

Der nächste Ausschnitt führt ein paar kleine VB-Checks durch und prüft auf unerwünscht ausgelöste Ereignisse. Falls der Code z.B. gerade ein Erweitern und Ausblenden hinter sich hat, führen Sie ihn nicht aus, sondern ignorieren ihn einfach.

```
If m_blnItemClicked = True Then
  m_blnItemClicked = False
  Exit Sub
End If

Set objSelNode = tvwPeople.SelectedItem
```

Rufen Sie die Prozedur zum Auffüllen von Textfeldern auf:

```
populatePeopleDetails objSelNode

End Sub

Private Sub populatePeopleDetails(objSelNode As Node)
```

Diese Prozedur füllt die Textfelder des Formulars mit Daten aus dem ihr übergebenen DOMDocument des Node-Objekts (`objSelNode`). Der Parameter `objDOMNode` entspricht dabei dem gerade angeklickten Knoten der Strukturansicht:

```
Dim objPersonElement As IXMLDOMElement
Dim objChildElement As IXMLDOMElement

If objSelNode Is Nothing Then Exit Sub
```

Wenn eine andere Stelle der Strukturansicht angeklickt wurde als der `PERSON`-Knoten, soll die Auswahl ignoriert werden:

```
If Trim(objSelNode.Tag) <> "" Then
```

Der übergebene Knoten der Strukturansicht oder der Tag-Wert seines Elternknotens müssen gefunden werden, um den `PERSONID`-Attributwert entnehmen zu können. Im nächsten Schritt muss der Knoten mit dem passenden Attribut zum Wert des abgelegten Tags gefunden werden:

```
Set objPersonElement = m_objDOMPeople.nodeFromID(objSelNode.Tag)

lblElement.Caption = objPersonElement.nodeName & ": ID = " & _
  objPersonElement.Attributes(0).nodeValue
```

Nachdem der Knoten (`objPersonElement`) gefunden ist, werden seine Kindknoten einmal mehr durchlaufen, um die Textfelder mit Daten zu füllen. Um die zu behandelnden Elemente herauszufiltern, wird eine `Select Case`-Anweisung verwendet:

```
For Each objChildElement In objPersonElement.childNodes
```

Stellen Sie an dieser Stelle sicher, dass der betreffende Knoten wirklich ein Elementknoten ist und nicht, was ja auch möglich wäre, z.B. eine PI. Füllen Sie jetzt das Textfeld mit Text aus dem DOM-Knoten:

```
If objChildElement.nodeType = NODE_ELEMENT Then
  Select Case UCase(objChildElement.nodeName)
  Case "NAME"
```

```
      txtName.Text = objChildElement.nodeTypedValue
   Case "ADDRESS"
      txtAddress.Text = objChildElement.nodeTypedValue
   Case "TEL"
      txtTel.Text = objChildElement.nodeTypedValue
   Case "FAX"
      txtFax.Text = objChildElement.nodeTypedValue
   Case "EMAIL"
      txtEmail.Text = objChildElement.nodeTypedValue
       End Select
    End If
  Next objChildElement
End If
'jetzt den Objektspeicher leeren:
  Set objChildElement = Nothing
  Set objPersonElement = Nothing
End Sub
```

Der vollständige Quellcode:

```
Private Sub tvwPeople_Click()

Dim objSelNode As Node

If m_blnItemClicked = True Then
  m_blnItemClicked = False
  Exit Sub
End If

Set objSelNode = tvwPeople.SelectedItem
populatePeopleDetails objSelNode

End Sub
```

```
Private Sub populatePeopleDetails(objSelNode As Node)

Dim objPersonElement As IXMLDOMElement
Dim objChildElement As IXMLDOMElement

If objSelNode Is Nothing Then Exit Sub

If Trim(objSelNode.Tag) <> "" Then

  Set objPersonElement = m_objDOMPeople.nodeFromID(objSelNode.Tag)

  lblElement.Caption = objPersonElement.nodeName & ": ID = " & _
                      objPersonElement.Attributes(0).nodeValue

  For Each objChildElement In objPersonElement.childNodes

    If objChildElement.nodeType = NODE_ELEMENT Then
      Select Case UCase(objChildElement.nodeName)
      Case "NAME"
          txtName.Text = objChildElement.nodeTypedValue
      Case "ADDRESS"
          txtAddress.Text = objChildElement.nodeTypedValue
      Case "TEL"
          txtTel.Text = objChildElement.nodeTypedValue
      Case "FAX"
          txtFax.Text = objChildElement.nodeTypedValue
      Case "EMAIL"
          txtEmail.Text = objChildElement.nodeTypedValue
      End Select
    End If
```

```
  Next objChildElement
End If

Set objChildElement = Nothing
Set objPersonElement = Nothing
End Sub
```

Hinzufügen einer neuen Person zum DOMDocument

Hier sollen die Textfelder rechts auf dem Bildschirm mit Daten gefüllt und der Inhalt im DOMDocument gespeichert werden.

Das umfasst zwei Schritte: Zuerst werden die Textfelder geleert, dann der neue Inhalt gespeichert. Klar, das ist nicht wirklich *cooles* Programmieren, aber es soll auch nur der Benutzerfreundlichkeit halber die Grundlagen des Codierens mit dem DOMDocument veranschaulichen.

So werden die Textfelder geleert:

```
Private Sub cmdClear_Click()

lblElement.Caption = ""
txtName.Text = ""
txtAddress.Text = ""
txtTel.Text = ""
txtFax.Text = ""
txtEmail.Text = ""
cmdAdd.Enabled = True
End Sub
```

Nach dem Ausfüllen der Textfelder klicken Sie auf `cmdAdd` und speichern so die neue `PERSON` im DOMDocument:

```
Private Sub cmdAdd_Click()
  saveNewPerson
  cmdAdd.Enabled = False
End Sub

Private Sub saveNewPerson()
```

Auf dem Bildschirm wird sichtbar, dass diese Methode ein neues Element erstellt und es mit seinen Kindelementen dem DOM-Objekt hinzufügt:

```
Dim objPerson As IXMLDOMElement

Dim objNewChild As IXMLDOMElement
```

Nun brauchen wir nur noch einen neuen `PERSON`-Kindknoten (`objperson`) für den `documentElement`-Knoten (`PEOPLE`):

```
Set objPerson = m_objDOMPeople.createElement("PERSON")
```

Bevor es weitergehen kann, braucht der `PERSON`-Knoten auch ein `PERSONID`-Attribut. Diesen ID-String soll die `getNewID()`-Methode zurückgeben. Dieser Schritt ist erforderlich, weil das Attribut in der DTD auf *Required* gesetzt ist. Wir verwenden dazu die Methode `setAttribute()` und fügen diesen Attributknoten noch dem Elementknoten hinzu, für den er erforderlich ist:

```
objPerson.setAttribute "PERSONID", getNewID

m_objDOMPeople.documentElement.appendChild objPerson
```

Dem neuen `PERSON`-Kindknoten sollen noch dessen Kindknoten hinzugefügt werden (`NAME, ADDRESS` usw.). Hier haben wir dazu die Methode `create Element()` gewählt, Sie können jedoch auch die Methode `createNode()` wählen, das ist reine Geschmackssache.

```
Set objNewChild = m_objDOMPeople.createElement("NAME").

objNewChild.Text = txtName.Text
```

Bevor es weitergehen kann, müssen noch die Kindknoten an den aktuellen `PERSON`-Knoten angefügt werden (`append`):

```
objPerson.appendChild objNewChild


Set objNewChild = m_objDOMPeople.createElement("ADDRESS")

objNewChild.Text = txtAddress.Text

objPerson.appendChild objNewChild


Set objNewChild = m_objDOMPeople.createElement("TEL")

objNewChild.Text = txtTel.Text

objPerson.appendChild objNewChild


Set objNewChild = m_objDOMPeople.createElement("FAX")

objNewChild.Text = txtFax.Text

objPerson.appendChild objNewChild
```

```
Set objNewChild = m_objDOMPeople.createElement("EMAIL")
objNewChild.Text = txtEmail.Text
objPerson.appendChild objNewChild
```

Noch einmal wird die `populateTreeWithChildren()`-Methode eingesetzt, um bei Änderungen am DOMDocument die Strukturansicht zu synchronisieren:

```
populateTreeWithChildren objPerson
```

Sie können das neue Element dem DOMDocument hinzufügen, aber auf die Quelle wirkt sich das erst beim nächsten Speichern des Dokuments aus:

```
m_objDOMPeople.save XMLPATH


webTarget.Refresh
Set objPerson = Nothing
Set objNewChild = Nothing


End Sub
```

Der vollständige Quellcode:

```
Private Sub cmdClear_Click()


lblElement.Caption = ""
txtName.Text = ""
txtAddress.Text = ""
txtTel.Text = ""
txtFax.Text = ""
txtEmail.Text = ""
cmdAdd.Enabled = True
End Sub


Private Sub cmdAdd_Click()
  saveNewPerson
  cmdAdd.Enabled = False
```

```
End Sub

Private Sub saveNewPerson()

Dim objPerson As IXMLDOMElement
Dim objNewChild As IXMLDOMElement

Set objPerson = m_objDOMPeople.createElement("PERSON")
objPerson.setAttribute "PERSONID", getNewID
m_objDOMPeople.documentElement.appendChild objPerson

Set objNewChild = m_objDOMPeople.createElement("NAME")
objNewChild.Text = txtName.Text
objPerson.appendChild objNewChild

Set objNewChild = m_objDOMPeople.createElement("ADDRESS")
objNewChild.Text = txtAddress.Text
objPerson.appendChild objNewChild

Set objNewChild = m_objDOMPeople.createElement("TEL")
objNewChild.Text = txtTel.Text
objPerson.appendChild objNewChild

Set objNewChild = m_objDOMPeople.createElement("FAX")
objNewChild.Text = txtFax.Text
objPerson.appendChild objNewChild

Set objNewChild = m_objDOMPeople.createElement("EMAIL")
objNewChild.Text = txtEmail.Text
objPerson.appendChild objNewChild
populateTreeWithChildren objPerson
```

```
m_objDOMPeople.save XMLPATH


webTarget.Refresh

Set objPerson = Nothing

Set objNewChild = Nothing


End Sub
```

Löschen einer Person aus dem DOMDocument

Durch Anklicken der Schaltfläche `Delete` kann der Benutzer einen Node aus dem DOMDocument löschen.

```
Private Sub cmdDelete_Click()

deleteSelectedPerson tvwPeople.SelectedItem

End Sub


Private Sub deleteSelectedPerson(objSelNode As Node)
```

Der folgende Code entfernt den ausgewählten Node aus der Strukturansicht und das Element aus dem DOMDocument. Der Parameter `objSelNode` entspricht dabei dem Knoten der Strukturansicht, der gerade geöffnet wurde.

```
Dim objPersonElement As IXMLDOMNode
```

Wenn kein Strukturansicht-Node ausgewählt war, soll die Prozedur beendet werden:

```
If objSelNode Is Nothing Then Exit Sub
```

Auch hier muss die ID ermittelt werden, die im ausgewählten Strukturansicht-Node oder in der Tag-Eigenschaft des Elternknotens abgelegt ist, um den Knoten löschen zu können:

```
If Trim(objSelNode.Tag) = "" Then

  If Trim(objSelNode.Parent.Tag) <> "" Then

    Set objSelNode = objSelNode.Parent

  End If

End If
```

Sobald die ID bekannt ist, kann mit der `nodeFromID()`-Methode des DOM Document der zu löschende DOMDocument-Knoten zurückgegeben werden. Den DOMDocument-Knoten finden Sie über den Tag-Wert im ausgewählten Knoten des Strukturansicht-Tags.

```
If Trim(objSelNode.Tag) <> "" Then

Set objPersonElement = m_objDOMPeople.nodeFromID(objSelNode.Tag)
```

Ist der entsprechende DOMDocument-Knoten vorhanden, verwenden Sie die `removeChild()`-Methode, z.B. über die `documentElement`- Eigenschaft des DOMDocument:

```
m_objDOMPeople.documentElement.removeChild objPersonElement
```

Das DOMDocument muss gespeichert werden, damit der Kindknoten dauerhaft gelöscht ist. Auch die Strukturansicht muss nach dem Löschen synchronisiert werden:

```
m_objDOMPeople.save XMLPATH

  tvwPeople.Nodes.Remove objSelNode.Index

  webTarget.Refresh

  End If


End Sub
```

Der vollständige Quellcode:

```
Private Sub cmdDelete_Click()

deleteSelectedPerson tvwPeople.SelectedItem

End Sub


Private Sub deleteSelectedPerson(objSelNode As Node)


Dim objPersonElement As IXMLDOMNode


If Trim(objSelNode.Tag) = "" Then

  If Trim(objSelNode.Parent.Tag) <> "" Then

    Set objSelNode = objSelNode.Parent

  End If

End If
```

```
If Trim(objSelNode.Tag) <> "" Then

  Set objPersonElement = m_objDOMPeople.nodeFromID(objSelNode.Tag)

  m_objDOMPeople.documentElement.removeChild objPersonElement
  m_objDOMPeople.save XMLPATH
  tvwPeople.Nodes.Remove objSelNode.Index
  webTarget.Refresh
End If

End Sub
```

4.10 Speichern von XML-Dokumenten als Datei in ASP

Wenn Sie ein XMLDOMDocument erstellt haben, ist das Speichern ganz einfach. Fügen Sie nur Ihrem Projekt einen Verweis auf das `File System Object` (FSO) hinzu, einem der Objekte von Windows Scripting Host. In ASP könnte das z.B. so aussehen:

```
<%
```

Erstellen Sie an dieser Stelle zuerst das DOMDocument-Objekt.

Laden Sie dann das DOMDocument-Objekt mit den relevanten Strings.

Anschließend können Sie den XML-Code in den String `savedxml` laden:

```
SAVEDXML = objDOMDocument.xml
```

Dann soll eine Instanz des FileSystemObject erzeugt werden:

```
Set FSO = CreateObject("Scripting.FileSystemObject")
```

Eine Textdatei wird erstellt:

```
Set CUSTFILE = FSO.CreateTextFile(Server.MapPath("resume.xml"), True)
```

Und der String wird in der XML-Datei gespeichert:

```
CUSTFILE.WriteLine (SAVEDXML)
```

Schließen Sie dann die Datei:

```
CUSTFILE.Close
%>
```

Mit der `save()`-Methode und dem DOMDocument lässt sich XML auch mit einer einzigen Zeile Code speichern (sowohl in VB als auch in VBScript):

```
objXmlDoc.save(Server.MapPath("resume.xml"))
```

4.11 Fehlerroutinen und Debugging

Auf die einfachste Art lassen sich Fehler beseitigen, indem Sie die XML-Eigenschaft eines DOMDocument aufrufen und sehen, ob das Dokument fehlerfrei geladen wurde. Wenn hier nichts zurückgegeben oder angezeigt wird, ist beim Laden ein Fehler aufgetreten. In dem Fall lassen Sie sich den letzten Fehler anzeigen.

Davon ausgehend, dass Sie bereits ein DOMDocument `objXmlDoc` erstellt und ein Dokument oder Strings zu laden versucht haben, finden Sie den letzten Fehler in der `parseError`-Auflistung:

```
objXmlDoc.parseError.reason
```

4.12 Mit ASP auf XML zugreifen

Wenn ein DOMDocument XML enthalten soll, können Sie in ASP folgenden Code verwenden:

```
Response.Write(objXmlDoc.xml)
```

Oder in VB:

```
MsgBox objXmlDoc.xml
```

4.13 Daten zurück an den Benutzer senden

In den meisten XML-Applikationen extrahieren Sie Daten aus Datenbanken und übergeben sie dem Benutzer. *Wie* genau Sie die Daten verpacken und versenden, ist Ihnen freigestellt.

Die Möglichkeiten sind vielfältig, aber wir konzentrieren uns hier auf die Grundlagen – eine VB- oder Internetseite stellt eine Datenanfrage und erhält Daten zurück. Die Anfrage wird an eine ASP-Seite losgeschickt, diese greift auf die Datenbank zu und gibt die Daten im gewünschten Format aus.

Dieses Ausgabeformat könnte XML sein, HTML, HTML mit Dateninseln, XML mit XSL, ADO-persistent gespeicherte XML-Dateien oder andere ausgefeilte Format-Alternativen, die wir hier nicht bedacht haben.

4.13.1 Aus relationalen Datenbanken XML auf dem Server generieren

Aus ASP-Dateien lassen sich auf die gleiche Weise XML-Datenquellen erzeugen wie HTML-Seiten. Der einzige wesentliche Unterschied besteht darin, dass die Grundstruktur der Seite eben nicht mehr die einer HTML-Seite ist, sondern die einer XML-Datenquelle.

Nun wollen wir endlich zur Tat schreiten und eine ASP-Datei erstellen, die eine Liste aller Mitarbeiter zurückgibt, die ihre Bewerbungsdaten auf unserem System gespeichert haben. Das Ausgabeformat soll XML sein. Dazu öffnen Sie zuerst eine ASP-Datei (und übergeben möglicherweise zusätzliche Informationen), diese ASP-Datei kommuniziert mit der Datenbank und gibt eine XML-Datei mit der Liste aller Mitarbeiter mit Bewerbungsinformationen zurück. Einen Vorschlag für den möglichen Aufbau sehen Sie in Abbildung 4.10.

Abbildung 4.10: Abfragen einer XML-Mitarbeiterliste aus der Datenbank

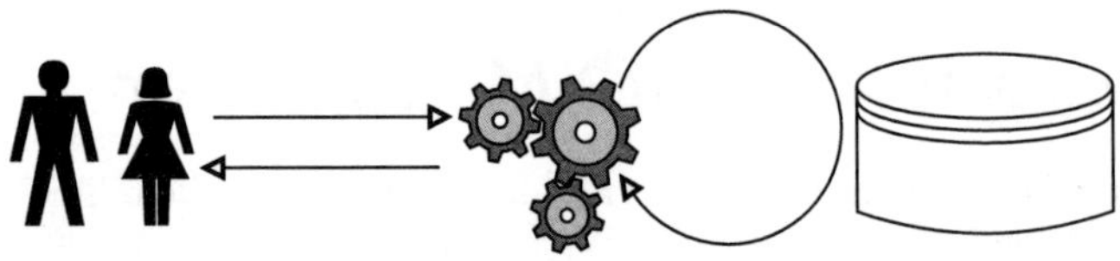

Der erste Schritt ist die Deklaration, dass auf der ASP-Seite VBScript verwendet wird:

```
<% @Language=VBScript %>
```

Dann folgt die XML-Header-Information:

```
<?xml version="1.0"?>
```

Der XML-Wurzel-Knoten wird geöffnet:

```
<PEOPLE>
```

Dann wird eine Verbindung zur Datenbank hergestellt. Dieses Codebeispiel setzt voraus, dass eine gültige ODBC-Verbindung mit der Bezeichnung *VBXML* verfügbar ist.

```
<%
   Set ObjConn = Server.CreateObject("ADODB.Connection")
   ObjConn.Open "VBXML"
```

Im nächsten Schritt werden die Daten abgefragt. Dieses Codebeispiel setzt voraus, dass eine Tabelle »People« vorhanden ist, auf die über die ODBC-Verbindung VBXML zugegriffen werden kann:

```
Set PEOPLE = ObjConn.Execute("select * from People")
```

Nun können die Datensätze durchlaufen werden:

```
Do While Not PEOPLE.EOF
%>
```

Im nächsten Schritt sollen die Elemente, die die Daten aus der Tabelle enthalten werden, strukturiert werden. Die Tabelle »People« umfasst fünf Felder: Name, Adresse, Tel., Fax, und E-Mail. In XML sollen die Felder folgendermaßen aussehen:

```
<NAME></NAME>
<ADDRESS></ADDRESS>
<TEL></TEL>
<FAX></FAX>
<EMAIL></EMAIL>
```

Wenn die Felder in dieser Form zurückgegeben werden, sind die Informationen nicht strukturiert, und es ist nicht ersichtlich, wo die Angaben zu einer Person aufhören und die zur nächsten Person anfangen. Die Informationen sollen noch in Tags wie `<PERSON>` und `</PERSON>` eingeschlossen werden. Danach sieht die XML-Struktur folgendermaßen aus:

```
<PERSON>
<NAME></NAME>
<ADDRESS></ADDRESS>
<TEL></TEL>
<FAX></FAX>
<EMAIL></EMAIL>
</PERSON>
```

Um die XML-Datei nun mit Daten zu füllen, muss noch VBScript-Code geschrieben werden, der die Daten aus der Datenbank abruft und in das gewünschte XML-Format einfügt.

Die folgende Zeile Code extrahiert das Feld NAME aus dem PEOPLE-Datenbestand und liest es zwischen den XML-Tags <NAME> und </NAME> aus:

```
<NAME><%=People("Name")%></NAME>
```

Der VBScript-Code, der in die Datei zu schreiben ist, damit auch die restlichen Daten aus dem Bestand extrahiert und zwischen die XML-Tags gesetzt werden, sieht so aus:

```
<PERSON>

<NAME><%=People("Name")%></NAME>

<ADDRESS><%=People("Address")%></ADDRESS>

<TEL><%=People("Tel")%></TEL>

<FAX><%=People("Fax")%></FAX>

<EMAIL><%=People("Email")%>  </EMAIL>

</PERSON>
```

Damit ist das Element PEOPLE fertig aufgebaut, und Sie müssen für eine vollständige Schleife nur noch der ASP-Seite die Anweisung geben, immer zum jeweils nächsten Tabelleneintrag zu gehen:

```
<% People.MoveNext

Loop

%>
```

Dann schließen Sie den Wurzel-Knoten:

```
</PEOPLE>
```

Ausgabe des Quellcodes

Hier sehen Sie, was genau der Quellcode ausgeben würde. Im IE5 wäre die Darstellung farbig und mit Einrückungen, aber im Quellcode sehen Sie, dass es nur Text ist, den die ASP-Datei zurückgegeben hat.

```
<?xml version="1.0" ?>

<PEOPLE>

<PERSON>

<NAME>Mark Wilson</NAME>

<ADDRESS>911 Somewhere Circle, Canberra, Australia</ADDRESS>

<TEL>(++612) 12345</TEL>

<FAX>(++612) 12345</FAX>

<EMAIL>Mark.Wilson@somewhere.com</EMAIL>
```

```
</PERSON>
<PERSON>
<NAME>Tracey Wilson</NAME>
<ADDRESS>121 Zootle Road, Cape Town, South Africa</ADDRESS>
<TEL>(++2721) 531 9090</TEL>
<FAX>(++2721) 531 9090</FAX>
<EMAIL>Tracey.Wilson@somewhere.com</EMAIL>
</PERSON>
<PERSON>
<NAME>Jodie Foster</NAME>
<ADDRESS>30 Animal Road, New York, USA</ADDRESS>
<TEL>(++1) 3000 12345</TEL>
<FAX>(++1) 3000 12345</FAX>
<EMAIL>Jodie.Foster@somewhere.com</EMAIL>
</PERSON>
<PERSON>
<NAME>Lorrin Maughan</NAME>
<ADDRESS>1143 Winners Lane, London, UK</ADDRESS>
<TEL>(++94) 17 12345</TEL>
<FAX>++94) 17 12345</FAX>
<EMAIL>Lorrin.Maughan@somewhere.com</EMAIL>
</PERSON>
<PERSON>
<NAME>Steve Rachel</NAME>
<ADDRESS>90210 Beverly Hills, California, USA</ADDRESS>
<TEL>(++1) 2000 12345</TEL>
<FAX>(++1) 2000 12345</FAX>
<EMAIL>Steve.Rachel@somewhere.com</EMAIL>
</PERSON>
</PEOPLE>
```

Der vollständige Quellcode:

Um diesen Beispielcode ausführen zu können, brauchen Sie:

- eine ODBC-Datenquelle für VBXML mit Datenbankanbindung
- eine Datenbank, die die Tabelle PEOPLE und die erforderlichen Felder enthält
- einen Web-Server, auf dem die ASP-Datei liegen kann (wenn Sie PWS 1.0a verwenden, muss asp.exe installiert sein, um Parsing von ASP-Dateien zu ermöglichen)
- einen Web-Server, der ASP-Dateien verarbeiten kann
- den Internet Explorer 5 (IE5) oder einen anderen XML-fähigen Browser

Der vollständige Code für dieses Beispiel kann in den Editor eingegeben und in einem Verzeichnis des Web-Servers gespeichert werden. Wenn Sie auf Ihrem Server ASP-Skripte ausführen können, wird beim Öffnen der folgende XML-Code zurückgegeben.

```
<% @Language=VBScript %>

<?xml version="1.0"?>

<PEOPLE>

<%

   Set ObjConn = Server.CreateObject("ADODB.Connection")

   ObjConn.Open "VBXML"

   Set PEOPLE = ObjConn.Execute("select * from People")

   Do While Not PEOPLE.EOF

 %>


<PERSON>

<NAME><%=People("Name")%></NAME>

<ADDRESS><%=People("Address")%></ADDRESS>

<TEL><%=People("Tel")%></TEL>

<FAX><%=People("Fax")%></FAX>

<EMAIL><%=People("Email")%> </EMAIL>

</PERSON>
```

```
    <% People.MoveNext
    Loop
    %>

</PEOPLE>
```

4.13.2 Ausgeben von ADO-2.1-Recordsets als XML

Als Microsoft ADO 2.0 herausbrachte, war für das Recordset-Objekt eine neue Methode enthalten: `save()`.

Die `save()`-Methode akzeptiert zwei Argumente, `FileName` und `PersistFormat`. Damals war das einzig verfügbare `PersistFormat` `adPersistADTG`, ein binäres Datenformat.

Wer möchte, kann sich dieses kleine VB-Programm einmal hinzaubern; wir zeigen Ihnen den Code, der unter den zwei Schaltflächen (`Load` und `Save`) liegt. Abbildung 4.11 zeigt, wie das Formular aussehen müsste.

Folgender Code liegt unter der Speichern-Schaltfläche:

```
Private Sub cmdSaveAdoFile_Click()
Dim PEOPLE As ADODB.Recordset
Dim ObjConn As New ADODB.Connection
'jetzt eine vorhandene ODBC-Verbindung zu Ihrer Datenbank öffnen
ObjConn.Open "VBXML"
'eine SQL-SELECT-Anweisung ausführen
Set PEOPLE = ObjConn.Execute("select * from People")
'und die Datensätze im Binärformat speichern
PEOPLE.Save "c:\adodemo.dat", adPersistADTG
End Sub
```

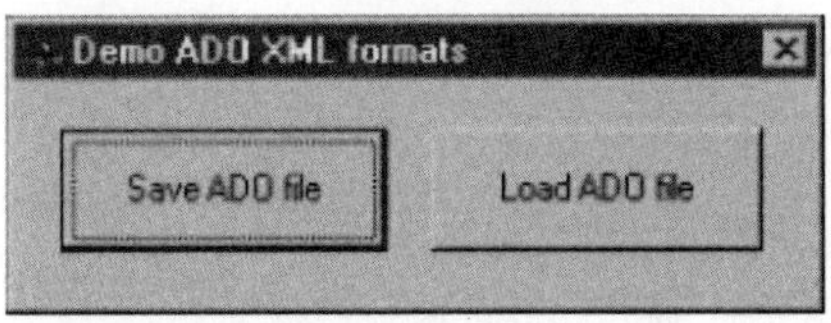

Abbildung 4.11: Speichern von ADO als XML-Applikation

Achten Sie für dieses Beispiel darauf, dass die Applikation den Verweis »Microsoft ActiveX Data Object 2.1 Library« enthält. Für dieses Beispiel reicht auch die »Microsoft ActiveX Data Object 2.0 Library«, aber nicht für das nächste Beispiel, das XML enthält.

Der Parameter adPersistADTG stellt sicher, dass das Datenformat binär ist. Öffnen und betrachten Sie die Datei adoxml.dat. Speichern Sie keine Änderungen!

Der Code für die Laden-Schaltfläche, der die binäre Datei wieder in das ADO-Recordset lädt, lautet:

```
Private Sub cmdLoadAdoFile_Click()

Dim myrecs As ADODB.Recordset

Set myrecs = New ADODB.Recordset


'binäre Datei öffnen und laden

myrecs.Open "c:\adodemo.dat", "Provider=MSPersist"


'jetzt soll sich noch ein Meldungsfeld mit der Anzahl der Datensätze
'öffnen

MsgBox myrecs.RecordCount

End Sub
```

Damit aber genug ADO 2.0! Sehen wir uns lieber an, was ADO 2.1 Schönes zu bieten hat.

Wie wohl unschwer zu erraten war, gibt es ein neues PersistFormat, nämlich adPersistXML. Somit können Recordsets mit folgendem Code als XML gespeichert werden:

Achten Sie für dieses Beispiel darauf, dass Sie ADO 2.1 referenziert haben und nicht ADO 2.0. Werden beide referenziert, kommt es zu Namenskonflikten.

```
Private Sub cmdSaveAdoFile_Click()

Dim PEOPLE As ADODB.Recordset

Dim ObjConn As New ADODB.Connection


'jetzt eine vorhandene ODBC-Verbindung zu Ihrer Datenbank öffnen

ObjConn.Open "VBXML"

'eine SQL-SELECT-Anweisung gegen die Datenbank ausführen

Set PEOPLE = ObjConn.Execute("select * from People")

'Recordset als XML-Datei speichern

PEOPLE.Save "c:\adodemo.xml", adPersistXML

End Sub
```

Richtig, der einzige Unterschied ist der `adPersistXML`-Parameter. Außerdem haben wir die Dateiendung zu .xml geändert, damit Sie die Möglichkeit haben, die vorher erstellte `adodemo.dat`- mit der `adodemo.xml`-Datei zu vergleichen.

Falls Sie das noch nicht getan haben, probieren Sie es einmal aus. Öffnen Sie ein Recordset gegen eine Datenbank, die Sie gerade zur Hand haben, und führen Sie eine Abfrage aus. Speichern Sie dann mit dem oben stehenden Code das Recordset als XML-Datei. Dann öffnen und betrachten Sie die XML-Datei im Windows-Editor. Sie dürfen sich aber nicht erschrecken, diese Datei sieht wahrscheinlich ganz anders aus als die XML-Dateien, die Sie bisher gesehen haben. Verändern Sie aber nichts, sonst können Sie die Datei möglicherweise nicht wieder in ein ADO 2.1-Recordset laden!

Um die XML-Datei nun also aus XML zurück in ein ADO-Recordset zu laden, können Sie für die Laden-Schaltfläche folgenden Code verwenden:

```
Private Sub cmdLoadAdoFile_Click()

Dim PEOPLE As ADODB.Recordset

Set PEOPLE = New ADODB.Recordset


'XML-Datei öffnen und laden

PEOPLE.Open "c:\adodemo.xml", "Provider=MSPersist"


'jetzt soll sich noch ein Meldungsfeld mit der Anzahl der Datensätze
'öffnen

MsgBox PEOPLE.RecordCount

End Sub
```

Ist Ihnen aufgefallen, dass der Code genau derselbe war wie zuvor beim Laden der binären Datei?

Da können Sie mal sehen! In ein paar wenigen Zeilen Code haben Sie ein Recordset in einer binären und einer XML-Datei gespeichert. Die XML-Version ist dabei ein sehr praktisches und flexibles Textformat für die Übertragung von Datenbeständen über das Internet (nur als Beispiel).

4.14 Aus VB mit dem Server über XMLHttpRequest kommunizieren

Eine wirklich feine Sache an XMLHTTP ist die Möglichkeit, darüber XML-Daten an einen oder von einem HTTP-Server zu übertragen.

Das ermöglicht auf unkomplizierte Weise Server- und Plattformunabhängigkeit, denn dem Programm ist es ja egal, wer oder was der HTTP-Server, mit dem es kommuniziert, genau ist oder unter welchem Betriebssystem es läuft. Der HTTP-Server muss nichts weiter können, als HTTP-Aufrufe wie `POST` oder `GET` zu empfangen und an ein wie auch immer geartetes Programm (ASP, CGI, Java-Servlets usw.) weiterzugeben.

Dies trifft allerdings dann nicht ganz zu, wenn auf Ihrem Web-Server benutzerdefinierte Erweiterungen verwendet werden.

Sie können sich also die Kombination von XML und HTTP als eine Art Middleware oder Kitt vorstellen, der zwei Systeme zusammenhält.

In unserem Beispiel öffnen wir jetzt vom PC aus eine Verbindung zum Host-Server (dem Personal Web Server 1.0a) und arbeiten dann mit einer ASP-Datei, die auch die Antwort zurückgibt.

Für den Verbindungsaufbau verwenden wir ein Objekt, das im IE5 enthalten ist: XMLHTTP. Im Prinzip wird eine `POST()`-Verbindung zum Web-Server aufgebaut (also das Alltagsgeschäft eines jeden Web-Browsers!). Über diese Verbindung können Sie mit der PEOPLEVB.ASP-Datei *kommunizieren*, und sie gibt die gewünschte Liste im XML-Format aus.

4.14.1 Empfang eines XML-DOMDocument-Objekts in VB

Im VB-Teil dieses Beispiels lautet der Code für den Verbindungsaufbau zum Web-Server wie folgt:

```
'Objekte erstellen

Dim xmlHttp As new XMLHTTPRequest

Dim objXmlDoc As DOMDocument

Dim sRequest as string


'String-Variable übergeben, um Fehler im HTTPRequest-Objekt zu
'vermeiden

sRequest = "http://mark/xmlcode/demo.asp"

'POST- (oder GET-)Verbindung zum Web-Server mit String-Variabler als
'zweitem Parameter öffnen

xmlHttp.Open "POST", sRequest, False
```

```
'Verbindung aufbauen

xmlHttp.Send


'Antwort empfangen - Hinweis: Es gibt verschiedene Arten von
'Antworten, binäre und Textdaten werden ebenfalls unterstützt

Set objXmlDoc = xmlHttp.responseXML
```

Auf Serverseite soll ASP-Code aus der aufgerufenen Datei `demo.asp` verwendet werden. Achten Sie darauf, dass die serverseitige asp-Datei die Eigenschaft `ContentType` auf `text/xml` setzt. Mit folgendem Code schicken Sie XML-Code zurück an den Client:

```
<%

'variables Objekt erstellen

Dim objXmlDoc


'DOMDocument in das objXmlDoc-Objekt platzieren

Set objXmlDoc = Server.CreateObject("MSXML.DOMDocument")


'jetzt das XML-Dokumentobjekt laden

objXmlDoc.load Server.MapPath("people.xml")


'Inhaltstyp auf XML setzen - Achtung, andere Typen werden ebenfalls
'unterstützt

Response.contenttype = "text/xml"


'jetzt das vorher geladene DOMDocument zurücksenden

response.write objXmlDoc.xml

%>
```

Damit verfügen Sie über eine einfache VB-Applikation, die auf einem Web-Server mit einer asp-Datei kommuniziert und ein DOMDocument zurückerhält.

5 XSL – bringt Format ins XML

In diesem Kapitel:

- Erste Schritte mit XSL
- XSL in Ihrem Browser
- XSL auf Client- und Serverseite
- Sonderfunktionen und Beispiel-Code

5.1 Überblick

In diesem Kapitel gehen wir darauf ein, wie XML-Dokumente mit dem Microsoft DOM und XSL zu manipulieren sind.

Wenn Sie die Entwicklung der XSL-Standards miterleben möchten, können Sie sich bei der Mailingliste majordomo@mulberry-tech.com anmelden. Senden Sie dazu eine E-Mail mit dem Mitteilungstext `subscribe XSL-List-Digest` **an diese Adresse. Beiträge zu den Diskussionen können Sie anschließend an die Listenadresse xsl-list@mulberry-tech.com senden.**

Dazu zunächst der Stand der Dinge: Innerhalb des W3C gibt es Bestrebungen, XSL zu *modularisieren*. Bisher gibt es XSL und XSLT. Aus XSL werden auch noch XSL FO abgeleitet, also XSL-Formatierungsobjekte. Bis zum Erscheinen dieses Buchs hat dieser Prozess vielleicht noch weitere XSL-Module hervorgebracht. Glücklicherweise hindert Sie das nicht daran, mit dem in diesem Buch vorgeschlagenen Code zu arbeiten, denn dessen Grundlage sind nicht die W3C-Standards und ihre in der Entwicklung befindlichen Methoden und Eigenschaften. Der Code in diesem Buch beruht auf den XML-Objekten des Microsoft Internet Explorer 5.

Wenn die eigentliche XML-Datei also da ist – wie bringt man dann Farbe und Format in die langweiligen XML-Textdateien? Vielleicht haben Sie schon einmal überlegt, wie man seine XML-Inhalte optisch aufpeppen kann. Oder vielleicht ist es gar nicht Ihr Ziel, die Daten mit Hilfe von XSL anzuzeigen (und Sie sind glücklich und zufrieden mit CSS), sondern Sie wollen die XML-Dateien in mehrere andere Formate umarbeiten, vielleicht in HTML oder andere XML-Formate.

Wer mit CSS vertraut ist, dem wird auch XSL relativ leicht zugänglich sein. Die Anderen werden an den hier präsentierten Beispielen wahrscheinlich ein wenig zu knabbern haben. XSL bietet beeindruckende Möglichkeiten, aber es ist nicht ganz einfach zu lernen.

XSL umfasst den gesamten Leistungsumfang von CSS und zusätzlich noch die Erweiterbarkeit, die XML so nützlich macht. XSL-Daten sind selbst XML-Dateien und können somit über das DOM manipuliert werden.

Auch die CSS-Freaks dürfen noch hoffen! Mit dem in der Entwicklung befindlichen CSS-Objektmodell (CSS-OM) soll es möglich sein, aus einer Anwendung heraus auf CSS-Regeln, -Eigenschaften, -Werte und -Module zuzugreifen. Werte sollen hinzugefügt, verändert oder entfernt werden können, genau wie beim DOM.

5.2 Was sind die Fähigkeiten von XSL?

XSL ist sehr flexibel. XSL ermöglicht (laut Definition des W3C) die *Transformation* und *Formatierung* von Inhalten. Unterschiedliche Eigenschaften können damit dynamisch und on-the-fly auf XML-Dateien angewendet werden. Einige Beispiele:

- Transformation von XML in HTML, Einfügen von Optionsfeldern, Tabellen und Grafiken
- Transformation von XML in ein anderes XML- (oder HTML-) Format, je nach Eignung für schnellere oder langsamere Internetzugänge
- Sortieren und Filtern (z.B. können Sie die ausgegebenen Ergebnisse auf Datensätze mit einem bestimmten Wert beschränken)
- Datensatzsuche mit *Mustervergleich*
- Verwendung von Scripts (ECMAscript/Javascript/VBScript)

Was XSL-Stylesheets besonders auszeichnet, ist die häufige Verwendung von Namensräumen. In XSL gibt es keine reservierten Elementnamen, daher mussten andere Wege gefunden werden, zwischen Elementen mit XSL-Semantik und anderen Elementen zu unterscheiden. Um dieses Problem zu lösen, wurden Namensräume erfunden!

5.2.1 Welche Fähigkeiten hat Microsofts Implementierung von XSL?

Microsoft hat eine Fülle sinnvoller Zusatzfunktionen implementiert, sodass auch Abfragen des Datenbestands und selektives Anzeigen nur der gewünschten Daten möglich sind. Interessant ist hierbei, dass einige Leistungsmerkmale der Microsoft XSL-Objekte eigentlich in einer anderen Einreichung beim W3C behandelt werden, nämlich in der zu XQL (eXtensible Query Language). In XSL können über hierarchische Beziehungen Abfragen durchgeführt und mit logischen Ausdrücken, Filtern, Mustern usw. nach Knoten oder Elementen gesucht werden.

5.2.2 Wo kann ich mir XSL einmal ansehen?

Wenn Sie sich noch nie eine mit XSL formatierte XML-Datei angesehen haben, können Sie das nun nachholen:

- Öffnen Sie den Windows-Editor und geben Sie eine einfache XML-Datei ein (dieses Buch enthält ja genügend).
- Speichern Sie die Datei unter myxml.xml (oder einem beliebigen anderen Dateinamen mit der Endung .xml).
- Öffnen Sie die Datei im IE5.

Um sich den Code des Standard-Stylesheets anzusehen, das der IE5 verwendet, geben Sie einfach in die Adresszeile des IE5 `res://msxml.dll/DEFAULTSS.XSL` ein und drücken die Eingabetaste. Dann wird der Standard-XSL-Code angezeigt, den der IE5 auf XML-Text anwendet. Um den reinen XML-Code zu sehen, wählen Sie die Quelltext-Ansicht.

Wenn Sie eine bereits vorhandene XML-Datei für dieses Beispiel verwenden, achten Sie darauf, dass sie *nicht* auf eine XSL-Datei verweist, oder entfernen Sie einen solchen Verweis gegebenenfalls. Sorgen Sie also auf jeden Fall dafür, dass die XML-Datei *keine* Zeile wie die folgende enthält, die ein XSL-Dokument referenziert:

```
<?xml:stylesheet type="text/xsl" href="people.xsl"?>
```

Beim Öffnen der XML-Datei im IE5 haben Sie wahrscheinlich ein Listing erwartet, das genau wie im Editor aussieht, da kein Stylesheet vorhanden ist, das das Aussehen des Texts verändern könnte. Der IE5 hat aber das Dokument sehr schön mit Farben und Einrückungen angezeigt, und was noch besser ist, wenn Sie auf öffnende Tags klicken (z.B. `<PEOPLE>`), zeigt der IE5 die Elemente an, die im `<PEOPLE>`-Element enthalten sind!

Und damit haben Sie Ihr erstes XSL-Stylesheet live gesehen: die Standard-XSL-Formatierung des IE5, die der Browser auf alle XML-Dokumente anwendet, die nicht mit einem anderen XSL-Stylesheet verknüpft sind.

5.3 Fehlerbeseitigung im XML- und XSL-Code mit dem IE5

XML-Dokumente im IE5 aufzurufen bietet noch eine Reihe anderer sinnvoller Funktionen, z.B. werden die XML-Dateien in Farbe und als Baumansicht zum Erweitern und Ausblenden angezeigt. Damit verfügen Sie über ein praktisches Instrument, um die Wohlgeformtheit des XML-Codes zu überprüfen. Sie können nämlich prüfen, ob XML-Dateien und ihre externen XSL-Dateien, Schemata und DTDs wohlgeformt und gültig sind, indem Sie sie im Browser öffnen. Fehler werden mit Angabe der Zeilenzahl gemeldet, damit Sie sie finden und beseitigen können, was den IE5 zu einem guten Fehlerbeseitigungs-Tool für XML macht. In Abbildung 5.1 sehen Sie beispielhaft, wie der IE5 eine Fehlermeldung für eine unserer XML-Dateien ausgibt.

Wie Sie im oben stehenden Beispiel sehen, hatten wir den End-Tag nicht mit > geschlossen, und IE5 meldet den Fehler, die Zeile und Zeichenposition, an der er auftritt, und sogar ein Stück Kontext. Zugegebenermaßen werden nicht alle Fehler so perfekt aufbereitet, beispielsweise wenn es um Webklassen geht, dennoch ist dieses Tool zur Fehlerbeseitigung sehr nützlich.

Wir haben den Microsoft IE5 zur Fehlersuche im gesamten XML-Code dieses Buchs verwendet.

XSL sorgt auch dafür, dass die Gestaltungsangaben von den Inhalten getrennt werden. Dadurch können dieselben Daten in mehreren unterschiedlichen Formaten angezeigt werden, oder dasselbe Format kann auf unterschiedliche XML-Dokumente angewendet werden.

Abbildung 5.1: IE5 bei der XML-Fehlerbeseitigung

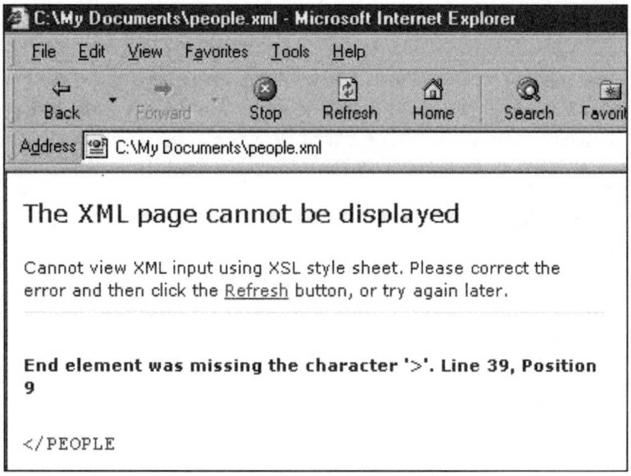

Abbildung 5.2 zeigt, wie dasselbe XML-Dokument in ganz unterschiedlicher Form ausgegeben werden kann, indem man unterschiedliche XSL-Dokumente darauf anwendet. Wie das geht, erklären wir im nächsten Abschnitt.

Abbildung 5.2: XSL bringt XML in Form

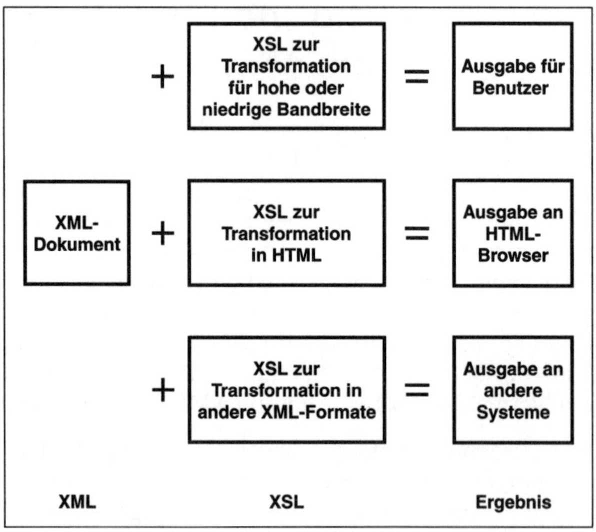

5.3.1 So verknüpfen Sie die XML- und XSL-Dateien

Es gibt mehrere Möglichkeiten, eine XSL- auf eine XML-Datei anzuwenden. Sie können mit der Funktion `transformNode()` jede beliebige XML-Datei mit jeder passenden XSL-Datei transformieren:

```
xmlDOM.transformNode(xslDocument)
```

Oder Sie können die XSL-Datei mit der XML-Datei verknüpfen, indem Sie im XML-Code das XSL-Stylesheet referenzieren.

Für das nächste Beispiel bedeutet das, in den Header der XML-Datei zwischen den Ausdruck `<?xml version="1.0" ?>` und den Start-Tag des Wurzel-Knotens `<PEOPLE>` Folgendes einzufügen:

```
<?xml-stylesheet type="text/xsl" href="people.xsl" ?>
```

(Vorausgesetzt natürlich, dass im gleichen lokalen Verzeichnis wie die XML-Datei auch die XSL-Datei »people.xsl« gespeichert ist.) Der ganze Header der XML-Datei sieht also folgendermaßen aus:

```
<?xml version="1.0" ?>

<?xml-stylesheet type="text/xsl" href="people.xsl" ?>

<PEOPLE>

<PERSON>

usw. ...
```

5.3.2 XML + XSL = HTML im Browser

Im folgenden Beispiel sollen XML-Daten mit Hilfe von XSL für die Anzeige in ein HTML-Dokument transformiert werden. Um diesen Beispielcode ausführen zu können, brauchen Sie:

- einen XML-fähigen Browser, z.B. Microsoft Internet Explorer 5
- einen Texteditor zur Erstellung der HTML-Datei

Dies ist die XML-Datei:

```
<?xml version="1.0" ?>

<PEOPLE>

<PERSON>

<NAME>Mark Wilson</NAME>

<ADDRESS>911 Somewhere Circle, Canberra, Australia</ADDRESS>

<TEL>(++612) 12345</TEL>

<FAX>(++612) 12345</FAX>

<EMAIL>Mark.Wilson@somewhere.com</EMAIL>
```

```
</PERSON>
<PERSON>
<NAME>Tracey Wilson</NAME>
<ADDRESS>121 Zootle Road, Cape Town, South Africa</ADDRESS>
<TEL>(++2721) 531 9090</TEL>
<FAX>(++2721) 531 9090</FAX>
<EMAIL>Tracey.Wilson@somewhere.com</EMAIL>
</PERSON>
<PERSON>
<NAME>Jodie Foster</NAME>
<ADDRESS>30 Animal Road, New York, USA</ADDRESS>
<TEL>(++1) 3000 12345</TEL>
<FAX>(++1) 3000 12345</FAX>
<EMAIL>Jodie.Foster@somewhere.com</EMAIL>
</PERSON>
<PERSON>
<NAME>Lorrin Maughan</NAME>
<ADDRESS>1143 Winners Lane, London, UK</ADDRESS>
<TEL>(++94) 17 12345</TEL>
<FAX>++94) 17 12345</FAX>
<EMAIL>Lorrin.Maughan@somewhere.com</EMAIL>
</PERSON>
<PERSON>
<NAME>Steve Rachel</NAME>
<ADDRESS>90210 Beverly Hills, California, USA</ADDRESS>
<TEL>(++1) 2000 12345</TEL>
<FAX>(++1) 2000 12345</FAX>
<EMAIL>Steve.Rachel@somewhere.com</EMAIL>
</PERSON>
</PEOPLE>
```

Der vorstehende Code-Ausschnitt enthält keinen Verweis auf ein XSL-Dokument.

Praktischerweise ist die Struktur der Datei people.xml insofern relativ simpel, als dasselbe PERSON-Element fünf Mal mit denselben untergeordneten Elementen wiederholt wird. Ebenso praktischerweise haben wir nichts Größeres vor, als eine HTML-Tabelle zu generieren, die eine Kopfzeile und darunter die fünf Zeilen enthält.

5.4 Aufbau der HTML-Datei

Als Nächstes muss also der Aufbau der zu generierenden HTML-Datei konzipiert werden. Was soll sie enthalten – zunächst natürlich den normalen HTML-Header, dann die erste Zeile der Tabelle als einfache Kopfzeile:

```
<HTML>

<BODY>

<TABLE BORDER="2">

<TR>

<TD>Name</TD>

<TD>Address</TD>

<TD>Tel</TD>

<TD>Fax</TD>

<TD>Email</TD>

</TR>
```

Die eigentlichen Daten der einzelnen Felder sollen unter der Kopfzeile der Tabelle erscheinen. Diese Zeile soll für jede Zeile der XML-Datei wiederholt werden, sodass es insgesamt fünf Zeilen sind. Jede Zeile beginnt mit <TR> (table row) und schließt mit </TR> (Ende table row). Die Spalten sind mit <TD> und </TD> gekennzeichnet:

```
<TR>

<TD>Hier sollen die "Name"-Daten stehen</TD>

<TD>Hier sollen die "Adress"-Daten stehen</TD>

<TD>Hier sollen die "Tel"-Daten stehen</TD>

<TD>Hier sollen die "Fax"-Daten stehen</TD>

<TD>Hier sollen die "Email"-Daten stehen</TD>

</TR>

</TABLE>

</BODY>

</HTML>
```

Der gesamte erforderliche HTML-Quelltext

Hier der HTML-Code, der erzeugt werden soll:

```
<HTML>

<BODY>
```

```
<TABLE BORDER="2">
<TR>
<TD>Name</TD>
<TD>Address</TD>
<TD>Tel</TD>
<TD>Fax</TD>
<TD>Email</TD>
</TR>
<TD>Mark Wilson</TD>
<TD>911 Somewhere Circle, Canberra, Australia</TD>
<TD>(++612) 12345</TD>
<TD>(++612) 12345</TD>
<TD>Mark.Wilson@somewhere.com</TD>
</TR>
<TR>
<TD>Tracey Wilson</TD>
<TD>121 Zootle Road, Cape Town, South Africa</TD>
<TD>(++2721) 531 9090</TD>
<TD>(++2721) 531 9090</TD>
<TD>Tracey.Wilson@somewhere.com</TD>
</TR>
<TR>
<TD>Jodie Foster</TD>
<TD>30 Animal Road, New York, USA</TD>
<TD>(++1) 3000 12345</TD>
<TD>(++1) 3000 12345</TD>
<TD>Jodie.Foster@somewhere.com</TD>
</TR>
<TR>
<TD>Lorrin Maughan</TD>
<TD>1143 Winners Lane, London, UK</TD>
```

```
<TD>(++94) 17 12345</TD>
<TD>++94) 17 12345</TD>
<TD>Lorrin.Maughan@somewhere.com</TD>
</TR>
<TR>
<TD>Steve Rachel</TD>
<TD>90210 Beverly Hills, California, USA</TD>
<TD>(++1) 2000 12345</TD>
<TD>(++1) 2000 12345</TD>
<TD>Steve.Rachel@somewhere.com</TD>
</TR>
</TABLE>
</BODY>
</HTML>
```

Der XSL-Code, um XML als HTML anzuzeigen

Hier sehen Sie den erforderlichen XSL-Code, um die XML-Datei als HTML anzuzeigen. Wir zeigen Ihnen zunächst den ganzen Code und gehen ihn dann Schritt für Schritt durch.

```
<?xml version="1.0"?>
<xsl:stylesheet xmlns:xsl="http://www.w3.org/TR/WD-xsl">
<xsl:template match="/">
<HTML>
<BODY>
<TABLE BORDER="2">
<TR>
<TD>Name1</TD>
<TD>Address</TD>
<TD>Tel</TD>
<TD>Fax</TD>
<TD>Email</TD>
</TR>
<xsl:for-each select="PEOPLE/PERSON">
```

```
<TR>
<TD><xsl:value-of select="NAME"/></TD>
<TD><xsl:value-of select="ADDRESS"/></TD>
<TD><xsl:value-of select="TEL"/></TD>
<TD><xsl:value-of select="FAX"/></TD>
<TD><xsl:value-of select="EMAIL"/></TD>
</TR>
</xsl:for-each>
</TABLE>
</BODY>
</HTML>
</xsl:template>
</xsl:stylesheet>
```

Das Resultat zeigt, wie die grundlegenden Transformationsmechanismen von XSL eine XML-Datei »people.xml« mit einer XSL-Datei »people.xsl« zu einem HTML-Dokument zusammenführen.

Erläuterung des XSL-Codes

Da ein XSL-Stylesheet selbst eine XML-Datei ist, beginnt der Code mit der empfohlenen XML-Deklaration `<?xml version="1.0"?>`. Das Element `<xsl:stylesheet>` zeigt an, dass dieses Dokument eine Stylesheet-Datei ist, und bietet Platz für die Deklaration des XSL-Namensraums.

```
<HTML>
<BODY>
<TABLE BORDER="2">
<TR>
<TD>Name</TD>
<TD>Address</TD>
<TD>Tel</TD>
<TD>Fax</TD>
<TD>Email</TD>
</TR>
<xsl:for-each select="PEOPLE/PERSON">
<TR>
```

```
<TD><xsl:value-of select="NAME"/></TD>
<TD><xsl:value-of select="ADDRESS"/></TD>
<TD><xsl:value-of select="TEL"/></TD>
<TD><xsl:value-of select="FAX"/></TD>
<TD><xsl:value-of select="EMAIL"/></TD>
</TR>
</xsl:for-each>
</TABLE>
</BODY>
</HTML>
```

5.4.1 xsl:for-each

Das Element `<xsl:for-each>` lokalisiert eine Gruppe Elemente in den XML-Daten und wendet einen Ausschnitt der Formatvorlage nacheinander auf jede davon an. In diesem Beispiel beginnt das Muster `PEOPLE/PERSON` an der Dokumentwurzel und geht von der Ebene `PEOPLE` auf die darunterliegende Ebene `PERSON`, um jeweils ein Kind-Element auszuwählen. Da dieses Beispiel fünf `PERSON`-Elemente enthält, werden fünf Zeilen zurückgegeben.

5.4.2 xsl:value-of

Das Extrahieren der eigentlichen Daten erfolgt mit `xsl:value-of`. Die Zeile

```
<xsl:value-of select="NAME"/>
```

entnimmt der XML-Datei den Wert im `NAME`-Element. Danach soll das Stylesheet geschlossen werden:

```
<xsl:stylesheet>
```

Und mehr gehört nicht zu einer einfachen XSL-Datei, die nur einfache Transformationen durchführt. Die Vielfalt an syntaktischen Möglichkeiten ist zwar verwirrend, aber gerade sie macht XSL auch so wertvoll. Die Sprache ist flexibel, schlicht und damit mächtig. Sehen wir uns noch ein anderes Beispiel an.

5.4.3 Alle Kind-Elemente verarbeiten

Angenommen, es sollten einfach nur alle Kind-Elemente durchgegeben werden, oder Sie wüssten nicht im Voraus, welche Felder vorhanden sein werden. Tabelle 5.1 zeigt eine weitere einfache XSL-Datei, die sämtliche Kindknoten unterhalb einer angegebenen Ebene verarbeitet.

Tab. 5.1: XSL

XSL-Datei	Beschreibung
`<xsl:template match = "/">`	Der Schrägstrich »/« zu Beginn der XSL-Deklaration zeigt an, dass dieser Knoten sich auf die Wurzel-Ebene des XML-Dokuments bezieht.
`<HTML>`	»XML«-Code, der durchgegeben und als HTML gelesen wird
`<BODY>`	»XML«-Code, der durchgegeben und als HTML gelesen wird
`<xsl:process-children/>`	Anweisung, alle Kind-Elemente zu verarbeiten
`</BODY>`	Passender XML-End-Tag zu <BODY>
`</HTML>`	Passender XML-End-Tag zu <HTML>
`</xsl:template>`	Beendet die Formatvorlage

5.4.4 Der vollständige Quellcode

Sie sehen, wie einfach es ist, HTML-Code durchzugeben – aber denken Sie an die schließenden HTML-Tags. Auf jedes <P> muss ein schließendes </P> folgen, sonst verfehlt das Ergebnis die Kriterien der Wohlgeformtheit.

Hier sehen Sie den Quellcode für die Datei people.xml, die people.xsl aufruft:

XML-Quellcode

```
<?xml version="1.0" ?>
<?xml:stylesheet type="text/xsl" href="people.xsl"?>
<PEOPLE>
<PERSON>
<NAME>Mark Wilson</NAME>
<ADDRESS>911 Somewhere Circle, Canberra, Australia</ADDRESS>
<TEL>(++612) 12345</TEL>
<FAX>(++612) 12345</FAX>
<EMAIL>Mark.Wilson@somewhere.com</EMAIL>
</PERSON>
<PERSON>
<NAME>Tracey Wilson</NAME>
<ADDRESS>121 Zootle Road, Cape Town, South Africa</ADDRESS>
<TEL>(++2721) 531 9090</TEL>
<FAX>(++2721) 531 9090</FAX>
```

```
<EMAIL>Tracey.Wilson@somewhere.com</EMAIL>
</PERSON>
<PERSON>
<NAME>Jodie Foster</NAME>
<ADDRESS>30 Animal Road, New York, USA</ADDRESS>
<TEL>(++1) 3000 12345</TEL>
<FAX>(++1) 3000 12345</FAX>
<EMAIL>Jodie.Foster@somewhere.com</EMAIL>
</PERSON>
<PERSON>
<NAME>Lorrin Maughan</NAME>
<ADDRESS>1143 Winners Lane, London, UK</ADDRESS>
<TEL>(++94) 17 12345</TEL>
<FAX>++94) 17 12345</FAX>
<EMAIL>Lorrin.Maughan@somewhere.com</EMAIL>
</PERSON>
<PERSON>
<NAME>Steve Rachel</NAME>
<ADDRESS>90210 Beverly Hills, California, USA</ADDRESS>
<TEL>(++1) 2000 12345</TEL>
<FAX>(++1) 2000 12345</FAX>
<EMAIL>Steve.Rachel@somewhere.com</EMAIL>
</PERSON>
</PEOPLE>
```

XSL-Quellcode

```
<?xml version="1.0"?>
<xsl:stylesheet xmlns:xsl="http://www.w3.org/TR/WD-xsl">
<xsl:template match="/">
<HTML>
<BODY>
```

```
<TABLE BORDER="2">
<TR>
<TD>Name</TD>
<TD>Address</TD>
<TD>Tel</TD>
<TD>Fax</TD>
<TD>Email</TD>
</TR>
<xsl:for-each select="PEOPLE/PERSON">
<TR>
<TD><xsl:value-of select="NAME"/></TD>
<TD><xsl:value-of select="ADDRESS"/></TD>
<TD><xsl:value-of select="TEL"/></TD>
<TD><xsl:value-of select="FAX"/></TD>
<TD><xsl:value-of select="EMAIL"/></TD>
</TR>
</xsl:for-each>
</TABLE>
</BODY>
</HTML>
</xsl:template>
</xsl:stylesheet>
```

5.4.5 XSL als Dateninsel

Das nächste Code-Beispiel zeigt eine HTML-Datei people.htm, die zwei externe, lokal gespeicherte Dateninseln people.xml und people.xsl referenziert.

Auch ein kurzes Skript ist enthalten, das beim Laden der Seite ausgeführt wird. Das Skript lädt die beiden Dateninseln und transformiert mit der `transformNode()`-Funktion, die von den Dateninseln wiedergegeben wird, den XML-Code in HTML.

Zuerst öffnen Sie den Header des HTML-Dokuments:

```
<HTML>

<HEAD>

<TITLE>Using XSL as a Data Island!</TITLE>

</HEAD>
```

Dann erstellen Sie die beiden Dateninseln. Das Quell-DSO zeigt auf die XML-Datei, das Format-DSO auf die XSL-Datei.

```
<XML id="source" src="people.xml"></XML>

<XML id="style" src="people.xsl"></XML>
```

Das folgende Skript wird ausgeführt, wenn das *Fenster* das `onload`-Ereignis auslöst. Das Skript transformiert dann das XML mit dem XSL und legt das Ergebnis im Objekt `xslPEOPLE.innerHTML` ab:

```
<SCRIPT FOR="window" EVENT="onload">

xslPEOPLE.innerHTML = source.transformNode(style.xmlDocument)

</SCRIPT>
```

Öffnen Sie das HTML-BODY-Tag:

```
<BODY>
```

Verwenden Sie dann das `DIV`-Tag, um das `xslPEOPLE`-Objekt anzuzeigen, in dem ja die transformierten XML-Daten abgelegt sind:

```
<DIV id="xslPEOPLE"></DIV>
```

Danach schließen Sie die BODY- und HTML-Tags wieder:

```
</BODY>

</HTML>
```

Das war schon alles!

Bildschirmausgabe des Quellcodes

Wie Sie wahrscheinlich nicht anders erwartet haben, sieht das Ergebnis im IE5 genauso aus wie im letzten XSL-Beispiel!

Der vollständige Quellcode:

```
<HTML>

<HEAD>

<TITLE>Using XSL as a Data Island!</TITLE>

</HEAD>
```

```
<XML id="source" src="people.xml"></XML>
<XML id="style" src="people.xsl"></XML>

<SCRIPT language="vbscript" FOR="windows EVENT="onload">
xslPEOPLE.innerHTML = source.transformNode(style.xmlDocument);
</SCRIPT>

<BODY>
<DIV id="xslPEOPLE"></DIV>
</BODY>
</HTML>
```

Abbildung 5.3: XSL als Dateninsel

Namel	Address	Tel	Fax	Email
Mark Wilson	911 Somewhere Circle, Canberra, Australia	(++612) 12345	(++612) 12345	Mark.Wilson@somewhere.com
Tracey Wilson	121 Zootle Road, Cape Town, South Africa	(++2721) 531 9090	(++2721) 531 9090	Tracey.Wilson@somewhere.com
Jodie Foster	30 Animal Road, New York, USA	(++1) 3000 12345	(++1) 3000 12345	Jodie.Foster@somewhere.com
Lorrin Maughan	1143 Winners Lane, London, UK	(++94) 17 12345	++94) 17 12345	Lorrin.Maughan@somewhere.com
Steve Rachel	90210 Beverly Hills, California, USA	(++1) 2000 12345	(++1) 2000 12345	Steve.Rachel@somewhere.com

5.4.6 Mit TransformNode zwischen unterschiedlichen Formaten wechseln

Dateninseln sind eine Microsoft IE5-spezifische Lösung, aber die Funktion `trans-form-Node()` ist auch in ASP und VB verfügbar, sodass Sie den folgenden Code auch in Ihren Lösungen verwenden können.

Als Nächstes wagen wir uns an eine etwas größere Herausforderung. Eine HTML-Datei soll zwischen mehreren Formaten wechseln können, ohne zwischendurch erneute Anfragen an den Server zu senden. In anderen Worten: Die Seite soll anders aussehen, ohne dass man darauf warten muss, dass sie neu geladen wird.

Dieses Ziel lässt sich auf vielen unterschiedlichen Wegen erreichen. Um bei den bisherigen Beispielen zu bleiben, werden hier mehrere Dateninseln verwendet, die je ein alternatives XSL-Stylesheet enthalten. Leider ist diese Lösung nur für den Microsoft IE5 geeignet, da Dateninseln verwendet werden, aber die Funktion `transformNode()` wird auch in ASP und VB unterstützt.

Für drei verschiedene Stylesheets soll je eine Schaltfläche zur Verfügung stehen, die der Benutzer anklicken kann, damit das betreffende Stylesheet angewendet wird. Und um die Sache noch interessanter zu machen, soll das dritte Stylesheet die Tabelle nach der `NAME`-Spalte sortieren!

Da sämtliche Stylesheet-Funktionen auf dem Client ausgeführt werden, kann das Dokument eine HTML-Seite sein. Internetseiten müssen nur dann unbedingt ASP-Seiten sein, wenn sie Skripte enthalten sollen, die auf dem Server ausgeführt werden. Die Seite »people.htm« bekommt zuerst die normalen HTML-Header-Tags:

```
<HTML>

<HEAD>

<TITLE>Using XSL as a Data Island!</TITLE>
```

In das `<HEAD>`-Tag soll nun Skript-Code eingefügt werden. Skripte können zwar an jeder beliebigen Stelle in HTML-Dateien stehen, es ist jedoch üblich, sie zwischen die Tags `<HEAD>` und `</HEAD>` zu setzen.

Deklarieren Sie zuerst VBScript als Skriptsprache:

```
<SCRIPT LANGUAGE="VBScript">
```

Erstellen Sie dann drei Funktionen, die über verschiedene Befehlsschaltflächen als `onclick()`-Ereignisse ausgeführt werden:

```
FUNCTION btnTable_onclick()

      xslPEOPLE.innerHTML = source.transformNode(Style-

      Table.xmlDocument)

END FUNCTION
```

Mit jedem `onclick()`-Ereignis wird das jeweilige Ergebnis der Transformation der XML- und XSL-Dateien, die in den StyleTable-Dateninseln enthalten sind, in `xslPEOPLE.innerText` eingesetzt:

`xslPEOPLE` ist hier ein `DIV`-Tag, das das Ergebnis der Transformationen enthält und anzeigt.

```
FUNCTION btnPlain_onclick()

     xslPEOPLE.innerText = source.documentElement.xml

END FUNCTION
```

Bei der ganz schlichten Formatvariante gehen Sie also besonders gerissen vor und verwenden gar kein Stylesheet, sondern zeigen nur den unterlegten XML-Code aus dem Quellobjekt an.

```
FUNCTION btnSortByName_onclick()

      xslPEOPLE.innerHTML = source.transformNode(Sort-

      ByName.xmlDocument)

END FUNCTION
```

In diesem Fall erfolgt die Transformation mit dem XSL-Stylesheet, das in der `SortByName`-Dateninsel enthalten ist, und die Speicherung der Ergebnisse im xslPeople-Objekt, das dann im DIV-Tag angezeigt werden soll. Schließen Sie danach das Skript-Tag:

```
</SCRIPT>
```

Das folgende Skript wird ausgeführt, wenn das Fenster geöffnet wurde:

```
<SCRIPT language="vbscript" FOR="window EVENT="onload">

xslPEOPLE.innerText = source.documentElement.xml

</SCRIPT>
```

Erstellen Sie nun die drei Dateninseln. Um nicht immer wieder denselben Code eingeben zu müssen, sollen sie als externe Dateien referenziert werden. Am Ende dieses Abschnitts finden Sie den Code für das Stylesheet »sortbyname.xsl«, denn es enthält neuen XSL-Code für die Spaltensortierung.

```
<XML id="source" src="people.xml">

</XML>

<XML id="StyleTable" src="people.xsl">

</XML>

<XML id="SortByName" src="sortbyname.xsl">

</XML>
```

Dies sind also die Dateninseln. Wie Sie sehen, verweisen sie auf externe XML- und XSL-Dateien. Als Nächstes schließen Sie den HTML-Header und öffnen das Body-Tag:

```
</HEAD>

<BODY>
```

Dann erstellen Sie die drei HTML-Schaltflächen, die die oben aufgeführten Funktionen aufrufen:

```
<P>Choose which style sheet you want applied:</P>

<P><INPUT id=button1 name=btnPlain type=button value="Plain
text"> 

<INPUT id=button2 name=btnTable style="LEFT: 90px; TOP: 53px"
type=button value=Table> 

<INPUT id=button3 name=btnSortByName style="LEFT: 90px; TOP: 15px"
type=button value="Table - sort by name"> </P>


<P>Current stylesheet:</P>
```

Setzen Sie dann das DIV-Tag xslPEOPLE ein, in dem die drei Funktionen ihre transformierten Daten ablegen:

```
<DIV id="xslPEOPLE"></DIV>
```

Als letzten Schritt schließen Sie noch die HTML-Tags:

```
</BODY>

</HTML>
```

Wie Sie auf der letzten Seite gesehen haben, sind die drei Dateninseln separate, von der HTML-Datei getrennte Dateien. Die Code-Listings für die Dateninseln haben wir im letzten Beispiel nicht gezeigt, um den Code in überschaubarem Umfang zu halten. Allerdings ist an den Dateninseln besonders interessant, dass die dritte eine XSL-Datei ist, die die Tabelle nach der NAME-Spalte sortiert.

Mittlerweile werden Sie ja mit dem Aufbau einer XSL-Datei vertraut sein, deshalb kommen wir ohne Umschweife auf den Kern der Sache: die Zeile `<xsl:for-each select="PEOPLE/PERSON">`. Diese Zeile ist jetzt um die XSL-Schlüsselwörter order-by= erweitert, gefolgt von der Bezeichnung der Spalte, nach der sortiert werden soll.

Denken Sie daran, einer der Tricks bei diesem schicken Beispiel ist die Verwendung von xslPEOPLE (eines DIV-HTML-Tags) zur Anzeige der transformierten Daten. Auf die Weise können Sie geschickt den Code für Funktionen, Texte oder Anderes schön knapp halten. Mit jedem Wechsel der Quelle von xslPEOPLE durch eine neue transformNode()-Aktion ändert der Inhalt des DIV-HTML-Elements sein Aussehen. Das spart Code, und Code sparen ist nie verkehrt!

Bildschirmausgabe des Quellcodes

Abbildung 5.4 zeigt den Code-Output beim ersten Aufruf.

Beim Anklicken der Schaltfläche TABLE wird das Stylesheet StyleTable angewendet. In Abbildung 5.5 sehen Sie ein Beispiel für dieses Format.

Hierfür muss keine neue Anfrage an den Server geschickt und somit auch nicht auf die Rückgabe der nächsten Seite gewartet werden – das spart Zeit!

Warum hat sich die Anzeige geändert? Weil die Transformationsergebnisse in xslPEOPLE abgelegt werden, was wiederum im DIV-HTML-Tag angezeigt wird.

Der vollständige Quellcode:

```
<HTML>

<HEAD>

<TITLE>Using XSL as a Data Island!</TITLE>


<SCRIPT LANGUAGE="VBScript">
```

```
FUNCTION btnPlain_onclick()
     xslPEOPLE.innerText = source.documentElement.xml
  END FUNCTION

  FUNCTION btnTable_onclick()
     xslPEOPLE.innerHTML = source.transformNode(Style-
         Table.xmlDocument)
  END FUNCTION

  FUNCTION btnSortByName_onclick()
     xslPEOPLE.innerHTML = source.transformNode(Sort-
         ByName.xmlDocument)
  END FUNCTION

</SCRIPT>

<SCRIPT FOR="window" EVENT="onload">
xslPEOPLE.innerText = source.documentElement.xml
</SCRIPT>

<XML id="source" src="people.xml">
</XML>

<XML id="StyleTable" src="people.xsl">
</XML>

<XML id="SortByName" src="sortbyname.xsl">
</XML>

</HEAD>
```

```
<BODY>

<P>Choose which style sheet you want applied:</P>
<P><INPUT id=button1 name=btnPlain type=button value="Plain
text"> 
<INPUT id=button2 name=btnTable style="LEFT: 90px; TOP: 53px"
type=button value=Table> 
<INPUT id=button3 name=btnSortByName style="LEFT: 90px; TOP: 15px"
type=button value="Table - sort by name"> </P>

<P>Current stylesheet:</P>

<DIV id="xslPEOPLE"></DIV>

</BODY>
</HTML>
```

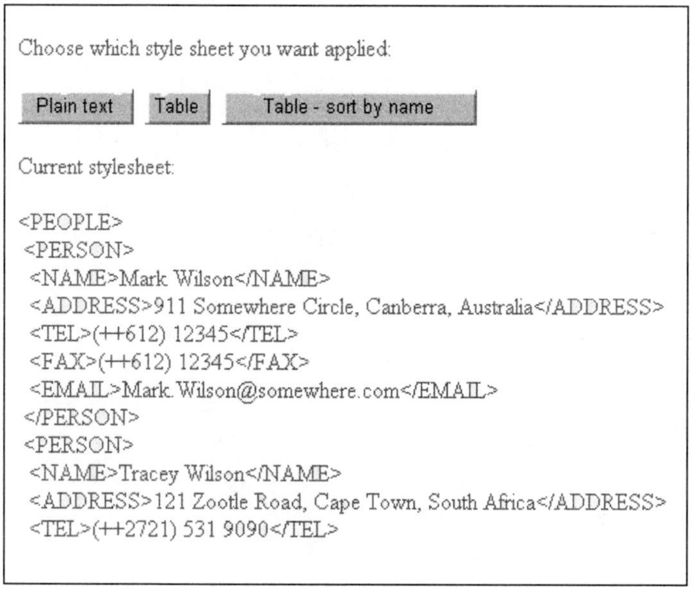

Abbildung 5.4: Reines Textformat

Und hier der Quelltext für das Stylesheet sortbyname.xsl:

```
<?xml version="1.0"?>
<xsl:stylesheet xmlns:xsl="http://www.w3.org/TR/WD-xsl">
<xsl:template match="/">
<HTML>
<BODY>
<TABLE BORDER="2">
<TR>
<TD>Name</TD>
<TD>Address</TD>
<TD>Tel</TD>
<TD>Fax</TD>
<TD>Email</TD>
</TR>
<xsl:for-each select="PEOPLE/PERSON" order-by="NAME">
<TR>
<TD><xsl:value-of select="NAME"/></TD>
<TD><xsl:value-of select="ADDRESS"/></TD>
<TD><xsl:value-of select="TEL"/></TD>
<TD><xsl:value-of select="FAX"/></TD>
<TD><xsl:value-of select="EMAIL"/></TD>
</TR>
</xsl:for-each>
</TABLE>
</BODY>
</HTML>
</xsl:template>
</xsl:stylesheet>
```

Choose which style sheet you want applied:

Plain text | Table | Table - sort by name

Current stylesheet:

Namel	Address	Tel	Fax	Email
Mark Wilson	911 Somewhere Circle, Canberra, Australia	(++612) 12345	(++612) 12345	Mark.Wilson@somewhere.com
Tracey Wilson	121 Zootle Road, Cape Town, South Africa	(++2721) 531 9090	(++2721) 531 9090	Tracey.Wilson@somewhere.com
Jodie Foster	30 Animal Road, New York, USA	(++1) 3000 12345	(++1) 3000 12345	Jodie.Foster@somewhere.com
Lorrin Maughan	1143 Winners Lane, London, UK	(++94) 17 12345	++94) 17 12345	Lorrin.Maughan@somewhere.com
Steve Rachel	90210 Beverly Hills, California, USA	(++1) 2000 12345	(++1) 2000 12345	Steve.Rachel@somewhere.com

Abbildung 5.5: Auswahl des Stylesheets für die Tabelle

5.5 Muster

Wir wollen noch auf weitere fortgeschrittene Funktionen in XSL eingehen – Sortierung, Abfragen, Operatoren, Filter, boolesche Ausdrücke usw.

5.5.1 Sortierung

Mit dem Ausdruck `order-by="NAME"` wird standardmäßig das Feld `NAME` in aufsteigender Sortierung angezeigt. Wenn Sie vor den Sortierschlüssel ein Minuszeichen (-) setzen, wird das Feld `NAME` absteigend sortiert. Das Pluszeichen (+) kann alternativ zur Standardeinstellung verwendet werden, um in aufsteigender Reihenfolge zu sortieren.

> Das W3C verwendet in seinen Dokumenten eine XSL:Sort-Syntax, Sie sollten sich daher der Möglichkeit bewusst sein, dass sich in kommenden Releases des Microsoft IE5 die Sortiersyntax ändert.

5.5.2 Kontext

In XSL-Stylesheets ist der Kontext einer Abfrage jeweils der Quellknoten, der gerade von einem `<xsl:template>`- oder `<xsl:for-each>`-Element verarbeitet wird. Im vorstehenden Beispiel wird durch folgende Code-Zeile auf jedes `PERSON`-Element in people.xml eine Sortierreihenfolge angewendet:

```
<xsl:for-each select="PEOPLE/PERSON" order-by="NAME">
```

Der Kontext dieser Aktion war PEOPLE/PERSON. Ein XSL-Muster (Pattern) beschreibt einen durch Schrägstriche gegliederten Pfad durch die XML-Hierarchie von der Wurzel abwärts durch die Liste der Kind-Elemente.

5.5.3 Operatoren in Mustern

In Tabelle 5.2 sind Operatoren aufgeführt, die in einer XSL-Abfrage verwendet werden können.

Tab. 5.2: Operatoren für XSL-Abfragen

Operator	Beschreibung
/	Wurzel-Knoten oder Wurzel des DOMDocument als Kontext verwenden
./	Explizit den aktuellen Kontext verwenden
//	Sämtliche Hierarchieebenen unterhalb der Wurzel des Dokuments in die Suche einbeziehen
.//	Sämtliche Hierarchieebenen unterhalb des aktuellen Kontexts in die Suche einbeziehen
*	Alle Elemente einbeziehen
@	Bezeichnet das Attribut, mit dem gerade gearbeitet wird
=	Gleich

In Tabelle 5.3 sehen Sie einige dieser Operatoren im Einsatz – hier wird es richtig spannend!

Tab. 5.3: Beispiele für Operatoren in XSL

Beispiel	Erläuterung
PERSON/*	Findet alle Kind-Elemente von PERSON.
PERSON/NAME	Findet alle NAME-Elemente, die Kinder von PERSON-Elementen sind.
PERSON/NAME [@FIRST-NAME]	Dieser Ausdruck lässt sich zwar nicht auf die hier verwendeten Beispiele anwenden, würde aber alle NAME-Elemente finden, die Kinder von PERSON-Elementen sind und ein Attribut FIRST-NAME beinhalten.
PERSON[0]	Findet das erste PERSON-Element (Achtung, die Zählung beginnt bei Null).
PERSON[EMAIL][4]	Findet das fünfte PERSON-Element, das einen Kindknoten EMAIL besitzt.
PERSON[end()]	Findet den letzten PERSON-Knoten.
/*/NAME	Findet alle NAME-Elemente, die Enkel des Wurzel-Elements sind.
/	Findet alle Enkel-Elemente des aktuellen Kontexts.
@*	Findet alle Attribute des aktuellen Kontexts.

Beispiel	Erläuterung
`//NAME`	Findet alle `NAME`-Elemente an beliebiger Stelle im aktuellen DOMDocument.
`COUNTRY/PERSON[end()]`	Dieser Ausdruck lässt sich zwar nicht auf die hier verwendeten Beispiele anwenden, würde aber das letzte `PERSON`-Element in jedem `COUNTRY`-Knoten finden.

Tab. 5.3 Beispiele für Operatoren in XSL (Forts.)

5.5.4 Filter und logische Operatoren

Wenn Ihnen das noch nicht reicht, haben wir noch etwas für Sie! Filtermuster können auch Ausdrücke z.B. mit booleschen Operatoren wie AND, OR oder NOT enthalten.

Microsoft MSXML unterstützt einige zusätzliche Mustererweiterungen. Diese Erweiterungen wurden dem W3C im Rahmen der XQL-Einreichung vorgelegt.

In Tabelle 5.4 sind die Ausdrücke aufgelistet, die Ihnen zur Verfügung stehen.

Beispiel	Erläuterung
AND	logisches Und
OR	logisches Oder
NOT()	Negation
=	Gleich
!=	Ungleich
>	ist größer als
<	ist kleiner als
>=	größer oder gleich
<=	kleiner oder gleich

Tab. 5.4: Logische Operatoren für XSL

In Tabelle 5.5 finden Sie weitere Beispiele für logische Operatoren:

Beispiel	Erläuterung
`PERSON[NAME and EMAIL]`	Findet alle `PERSON`-Elemente, die mindestens ein `NAME`- und ein `EMAIL`-Element enthalten.
`PERSON[(EMAIL or ADDRESS) and NAME]`	Findet alle `PERSON`-Elemente, die mindestens ein `EMAIL`- oder `ADDRESS`-Element und mindestens ein `NAME`-Element enthalten.
`PERSON[TELEPHONE and not(ADDRESS)]`	Das wäre die Syntax, die Sie brauchen, um alle Kunden anzurufen, deren Anschrift (`ADDRESS`) in Ihrer Datenbank fehlt!
`PERSON[NAME != "Mark Wilson"]`	Findet alle `PERSON`-Elemente, bei denen der Wert des Kind-Elements `NAME` nicht gleich »Mark Wilson« ist.

Tab. 5.5: Beispiele für logische Operatoren in XSL

Tab. 5.5: Beispiele für logische Operatoren in XSL (Forts.)

Beispiel	Erläuterung
`PERSON[index() <= 2]`	Findet die ersten drei `PERSON`-Elemente (0, 1, 2).
`PERSON/NAME[@FIRST-NAME != "Mark"]`	Dies ist die korrekte Syntax, um alle `NAME`-Elemente unter `PERSON` zu finden, bei denen das Attribut »`first-name`« nicht den Wert `Mark` besitzt.

In Tabelle 5.6 sehen Sie einige typische Anwendungsbeispiele von XSL-Anweisungen. Wie bei Tabelle 5.5 gilt natürlich auch hier, dass Sie sie für Ihren eigenen Bedarf überarbeiten müssen.

Tab. 5.6: Typische Anwendungsbeispiele für logische Operatoren in XSL

Beispiel	Erläuterung
`FRIEND[NAME = /EMPLOYEE/NAME]`	Sehr praktisch! Wenn Sie (in demselben Kontext) übereinstimmende `NAME`-Werte für die Knoten `FRIEND` und `EMPLOYEE` suchen wollen, können Sie dazu diesen Code verwenden.
`PERSON[BIRTHDATE < date("1985-01-01")]`	Auch ein sehr nützlicher Ausdruck! Damit finden Sie alle `PERSON`-Elemente, bei denen das Geburtsdatum (`BIRTHDATE`) vor dem 1. Januar 1985 liegt.
`PERSON[BIRTHDATE < date(@BEFORE)]`	Wenn das Datum nicht fest codiert eingegeben werden kann, können Sie es dynamisch als Element einfügen und diesen Code verwenden. Damit finden Sie alle `PERSON`-Elemente, bei denen das Geburtsdatum (`BIRTHDATE`) vor dem Datum im Attribut `BEFORE` liegt.
`ancestor(PERSON)`	Findet den nächsten `PERSON`-Vorfahren des aktuellen Elements. Hinweis: Dieser Ausdruck ist wahrscheinlich nur sinnvoll, wenn in besonders vielschichtigen Hierarchien mehrere Ebenen schnell »übersprungen« werden sollen.

Zum Teil wurde diese Syntax im Rahmen des XQL-Vorschlags mit eingereicht. Sie entspricht nicht unbedingt der XSL-Syntax des W3C.

Ist doch gar nicht so schwer – vor allem, wenn man schon mit SQL gearbeitet hat. Aber Vorsicht, diese Syntax entspricht nicht immer der XSL-Syntax des W3C. Microsoft hat die Syntax erweitert, ohne die Annahme der anderen Vorschläge (z.B. XQL) abzuwarten. Da aber sämtliche Microsoft Objekte diese Anweisungen (und etliche mehr!) unterstützen und dieses Buch die Microsoft XML-Objekte behandelt, können Sie unbesorgt sein, dass Ihr Code funktioniert.

5.5.5 Verwendung von Mustern

Vielleicht kam Ihnen am Ende des vorigen Abschnitt ein Gedanke wie »Das ist ja schön einfach, aber wie *verwendet* man denn nun XSL? An welcher *Stelle* stehen denn genau diese Ausdrücke mit booleschen Operatoren und Filtern?«

Angenommen, Sie hätten nachstehende XSL-Datei peopleinfo.xsl. Beachten Sie dabei Folgendes:

- Die XML-Beispieldatei referenziert eine XSL-Datei peopleinfo.xsl.
- Die XML-Beispieldatei enthält diesmal eine zusätzliche Ebene von Unter-Elementen mit den Adressangaben.

```
<?xml version="1.0" ?>
<?xml-stylesheet type="text/xsl" href="peopleinfo.xsl" ?>
<PEOPLE>
<PERSON>
<NAME>Mark Wilson</NAME>
<ADDRESS>
<STREET>911 Somewhere Circle</STREET>
<CITY>Canberra</CITY>
<COUNTRY>Australia</COUNTRY>
<TEL>(++612) 12345</TEL>
<FAX>(++612) 12345</FAX>
</ADDRESS>
<EMAIL>Mark.Wilson@somewhere.com</EMAIL>
</PERSON>
<PERSON>
<NAME>Tracey Wilson</NAME>
<ADDRESS>
<STREET>121 Zootle Road</STREET>
<CITY>Cape Town</CITY>
<COUNTRY>South Africa</COUNTRY>
<TEL>(++2721) 531 9090</TEL>
<FAX>(++2721) 531 9090</FAX>
</ADDRESS>
```

```
<EMAIL>Tracey.Wilson@somewhere.com</EMAIL>
</PERSON>
<PERSON>
<NAME>Jodie Foster</NAME>
<ADDRESS>
<STREET>30 Animal Road</STREET>
<CITY>New York</CITY>
<COUNTRY>USA</COUNTRY>
<TEL>(++1) 3000 12345</TEL>
<FAX>(++1) 3000 12345</FAX>
</ADDRESS>
<EMAIL>Jodie.Foster@somewhere.com</EMAIL>
</PERSON>
<PERSON>
<NAME>Lorrin Maughan</NAME>
<ADDRESS>
<STREET>1143 Winners Lane</STREET>
<CITY>London</CITY>
<COUNTRY>UK</COUNTRY>
<TEL>(++94) 17 12345</TEL>
<FAX>++94) 17 12345</FAX>
</ADDRESS>
<EMAIL>Lorrin.Maughan@somewhere.com</EMAIL>
</PERSON>
<PERSON>
<NAME>Steve Rachel</NAME>
<ADDRESS>
<STREET>90210 Beverly Hills</STREET>
<CITY>LA</CITY>
<COUNTRY>USA</COUNTRY>
<TEL>(++1) 2000 12345</TEL>
```

```
<FAX>(++1) 2000 12345</FAX>

</ADDRESS>

<EMAIL>Steve.Rachel@somewhere.com</EMAIL>

</PERSON>

</PEOPLE>
```

Die XSL-Datei, auf die der vorstehende XML-Code verweist, sieht folgendermaßen aus:

```
<?xml version="1.0"?>

<xsl:stylesheet xmlns:xsl="http://www.w3.org/TR/WD-xsl">
```

Dies sind die typischen Eröffnungszeilen für ein XSL-Stylesheet.

```
<people>

<xsl:for-each order-by="+ name" select="person"

xmlns:xsl="http://www.w3.org/TR/WD-xsl">
```

Der Inhalt dieser Anweisung lautet: die `PERSON`-Kinder des Wurzel-Knotens sollen in aufsteigender Reihenfolge nach dem Wert des Elements `Name` sortiert werden.

Das Element `xsl:for-each` enthält die Vorgaben, wie jedes `PERSON`-Element zu verarbeiten ist.

```
<person>

     <xsl:attribute name="">

        <xsl:value-of select="@bookID"/></xsl:attribute>
```

Diese Anweisungen dienen dazu, denselben XML-Code zu generieren, der im ursprünglichen *person*-Element vorhanden ist. Als Nächstes sollen alle Werte, die im neuen Ausgabetext erscheinen sollen, durchgegeben werden:

```
    <name><xsl:value-of select="name"/></name>

  <address>

      <street><xsl:value-of select="address/street"/></street>

      <apt><xsl:value-of select="address/apt"/></apt>

      <city><xsl:value-of select="address/city"/></city>

      <state><xsl:value-of select="address/state"/></state>

      <zip><xsl:value-of select="address/zip"/></zip>

    </address>

    <birthdate><xsl:value-of select="birthdate"/></birthdate>
```

```
  </person>
</xsl:for-each>
</people>
```

Sie sehen also, wo die Muster, Filter und Operatoren eingesetzt werden:

Das Filtern erfolgt mit dem `select`-Attribut. Und das obige Stylesheet filtert tatsächlich die Daten, auch wenn das nicht so offensichtlich ist, weil kein `person`-Element ausgelassen wird. Das Start-Tag `xsl:for-each` könnte aber auch so aussehen:

```
<xsl:for-each order-by="+ name" select="person [name>'M']"
xmlns:xsl="http://www.w3.org/TR/WD-xsl">
```

In dem Fall werden nur die `people`-Elemente verarbeitet, deren `name`-Element einen Wert unter M enthält. Das bedeutet, dass das ursprüngliche XML-Dokument transformiert wird in ein XML-Dokument, das nur noch Informationen über Elemente enthält, bei denen der Name mit einem Buchstaben zwischen A und M beginnt.

5.6 Erstellung von Hyperlinks

Hier eine wirklich häufig gestellte Frage: Wie erzeugt man Hyperlinks (im HTML-Output) mit XSL?

Der XSL-Code sieht folgendermaßen aus:

```
<?xml version="1.0"?>
<xsl:stylesheet xmlns:xsl="http://www.w3.org/TR/WD-xsl">
<xsl:template match="/">
<HTML>
<BODY>
<TABLE BORDER="2">
<TR>
<TD>View</TD>
</TR>
<xsl:for-each select="PEOPLE/PERSON">
<TR>
<TD>
<A>
```

```
<xsl:attribute name="href"><xsl:value-of select="LINK"/></
xsl:attribute>

<xsl:value-of select="NAME"/>

</A>

</TD>

</TR>

</xsl:for-each>

</TABLE>

</BODY>

</HTML>

</xsl:template>

</xsl:stylesheet>
```

Für diesen XSL-Code ist Voraussetzung, dass es auch ein gültiges Dokument für jeden Link sowie eine XML-Datei wie diese gibt:

```
<?xml version="1.0" ?>

<?xml-stylesheet type="text/xsl" href="7_2 hyperlink.xsl" ?>

<PEOPLE>

<PERSON>

<NAME>Mark Wilson</NAME>

<LINK>Mark.htm</LINK>

</PERSON>

<PERSON>

<NAME>Tracey Wilson</NAME>

<LINK>Tracey.htm</LINK>

</PERSON>

<PERSON>

<NAME>Jodie Foster</NAME>

<LINK>Jodie.htm</LINK>

</PERSON>

<PERSON>

<NAME>Lorrin Maughan</NAME>

<LINK>Lorrin.htm</LINK>
```

```
</PERSON>
<PERSON>
<NAME>Steve Rachel</NAME>
<LINK>Steve.htm</LINK>
</PERSON>
</PEOPLE>
```

5.7 Zusammenfassung

Wie Sie sehen, ist XSL ein äußerst leistungsfähiges Tool zur Manipulation Ihrer Daten und XML-Dateien sowie der äußeren Aufmachung von Dokumenten. Die Einsatzgebiete von XSL werden die hier gezeigten Beispiele noch bei weitem übersteigen. Anwendungen, Geschäftsdokumente und andere Lösungen werden mehr und mehr auf XML und XSL aufbauen, um jederzeit die passende Benutzeroberfläche anzunehmen, statt nur ein durchgängig gleich bleibendes »Anwendererlebnis« zu bieten.

6 XML-Lösungen entwickeln

In diesem Kapitel:

- Einfache ASP-Applikationen
- Komplexe dreischichtige Applikationsarchitektur
- WebClasses, Klassen, Techniken und mehr

6.1 Überblick

In diesem Kapitel erfahren Sie, wie die komplexen Techniken, die wir Ihnen bisher vorgestellt haben, zu unterschiedlichen Anwendungslösungen umgesetzt werden können. Wir verwenden in den Beispielen folgende Objekte und Technologien, die auf einem VB6-System, auf dem auch der IE5 installiert ist, mit großer Wahrscheinlichkeit vorhanden sein dürften:

- das Microsoft IE5-XML-Objekt HTTPRequest für die Kommunikation mit einem Webserver
- das FileSystemObject für die Interaktion mit dem PC-internen Dateisystem
- das XML-Objekt DOMDocument
- den IE5 zur Anzeige von XML-Daten
- eine in VB6 erstellte WebClass

Dies sind wohl die wichtigsten COM-Komponenten und VB-/ASP-Funktionen, die Sie in Ihren künftigen Projekten verwenden werden.

Im Folgenden stellen wir zwei Lösungsvorschläge vor, wie Sie ASP, VB, oder, mit VB-WebClasses, eine Kombination von beidem für Ihre Applikationen als Front-End einsetzen können. Wir zeigen außerdem, wie Sie über HTTPRequest das Front-End und den Web-Server verbinden, und gehen detailliert auf die mittlere Schicht ein, in der die Microsoft XML-DOM-Objekte objektorientiert gekapselt sind. Schließlich erläutern wir auch die ebenfalls objektorientierte Interaktion mit der Datenbank.

UML und XML haben viel gemeinsam. Beide sind unabhängig von der verwendeten Technologie, dem Hersteller und der Plattform.

Im ersten Vorschlag, der eine einfachere Lösung beschreibt als der zweite, wird mit Hilfe von ASP und einer WebClass eine Verbindung zur Mittelschicht auf dem Server hergestellt. Im zweiten Lösungsvorschlag soll gezeigt werden, wie zwischen Front-End und Server zusätzlich XML und HTTPRequest aus einer VB-Applikation eingesetzt werden könnten.

Sie werden feststellen, dass wir eine Reihe von Übersichtsdiagrammen eingefügt haben, um Ihnen den Ablauf des Programms, um das es jeweils geht, zu verdeutlichen. Meist verwenden wir für die Code-Beispiele keine hochspezifischen Diagramme oder Konzepte, sondern wir möchten anhand von Klassen- und Flussdiagrammen zeigen, wie die verschiedenen Teile der Lösung aussehen und wie sie zusammenhängen.

Für diese Diagramme und Konzepte verwenden wir UML (Unified Modeling Language). Dieses Buch will natürlich keinen Kurs in UML geben und auch nicht in objektorientiertem Programmieren. Die hier verwendete UML- und OO-Notation ist einfach und selbsterklärend genug, um sich dem durchschnittlichen Programmierer zu erschließen und Entwickler hoffentlich zur Vertiefung anzuregen.

> Dieses Buch will natürlich keinen Kurs in UML geben und auch nicht in objektorientiertem Programmieren. Wenn Sie mehr über UML erfahren möchten, empfehlen wir das Buch *UML Konzentriert* von Martin Fowler.

6.2 Was wollen wir mit den Beispielen erreichen?

Bisher haben wir in diesem Buch die Konzepte, die Technik und den Code von ASP, VB und XML in Grundzügen vorgestellt. Jetzt sollen in einem Lösungsbeispiel, das diese Elemente kombiniert, die Möglichkeiten aufgezeigt werden, die Ihnen offen stehen.

Wenn, wie eingangs gesagt, XML sich unter anderem dadurch auszeichnet, dass es plattformunabhängig ist, eine offene Spezifikation hat und im Textformat gespeichert wird, dann müsste es eigentlich perfekt geeignet sein, Daten in verteilten Applikationen zu verarbeiten.

Das kann natürlich je nach Einzelfall alles Mögliche bedeuten, also wollen wir einige Beispiele durchspielen.

6.2.1 Informationsvermittlung

Man sagt, in unserer modernen Welt der *weichen* Wirtschaftsgüter seien die Mitarbeiter das wichtigste Vermögen eines Unternehmens, und tatsächlich leben viele Unternehmen nur vom Verkauf von Informationen, Wissen und Ideen.

Informationsmittler verkaufen Informationen an Andere, die diese Informationen benötigen. Hier wird sich ein riesiger Markt bilden, auf dem Informationen transparent über das Internet eingekauft und verkauft werden.

Immer stärker wird es Börsen, Versicherungsunternehmen, Banken und anderen Großbetrieben bewusst, dass ihre Arbeit darin besteht, wertvolle Informationen aufzubereiten, neu zu verpacken oder weiterzuleiten. Dabei bearbeiten sie die Daten mit Programmen und Berechnungen und schöpfen daraus ihren Gewinn.

Wirtschaftstheorie ist zwar nicht das Thema dieses Buchs, aber wir haben den Eindruck, dass die erfolgreichsten Unternehmen die sind, die ihre Wissensschätze am besten nutzen. Einen weiteren Wettbewerbsvorteil haben Firmen, die von ihrer Kundschaft Rückmeldungen einholen und darauf umgehend reagieren.

Sehr zum Vorteil solcher Unternehmen bietet das Internet andererseits auch ein immenses Potenzial als Kanal für den Verkauf von Informationen! Diese Tätigkeit wird mit dem Begriff des *Informationsmittlers* oder *Data-Brokers* bezeichnet. Nachrichtenagenturen beispielsweise sammeln weltweit Informationen und geben sie gegen Bezahlung weiter. Möglicherweise sammelt auch Ihr Unternehmen Informationen, verkauft sie aber nach der Verwertung nicht weiter. Hier könnte Ihnen eine ergiebige Einnahmequelle entgehen!

Aus E-Commerce lässt sich mehr machen als bloßer Warenverkauf über das Internet. In Zukunft werden Geschäftspartner sich in einem transparenten und dynamischen Dialog ihre Daten gegenseitig direkt zur Verfügung stellen.

Und falls Sie überlegen, ob es dafür nicht vielleicht ausreichend sein könnte, die Daten automatisiert in HTML auf die Website zu stellen, müssen wir Sie leider enttäuschen, denn in HTML können Sie keine eigenen Tags definieren, und die Kunden können keine auf sie angepassten Informationen abrufen. Sie könnten auf der Website eine Datei zum Download bereitstellen, wenn die Daten sich ändern, aber auch das hat nicht die gleiche Flexibilität und Interaktivität wie eine benutzerdefinierte Lösung.

Es soll also ein Weg gefunden werden, den Kunden die Daten anzuzeigen. Genauer gesagt sollen mehrere Wege gefunden werden, die Daten anzuzeigen. Noch genauer gesagt sollen mehrere unterschiedliche Wege gefunden werden, an die gleichen Informationen zu gelangen, und diese Informationen dann in mehreren unterschiedlichen Formaten zu präsentieren!

Apropos Protokolle, sehen Sie sich einmal die WEBDAV-Erweiterungen für Web-Server an. Sie finden Sie auf der Microsoft Website oder über eine Suchmaschine wie `http://www.askjeeves.com`

Die ideale Lösung müsste außerdem auf Internetprotokollen basieren und offen und flexibel sein. Wenn sich in Ihrem Unternehmen die Systeme oder Datenstrukturen ändern, muss sich der externe Nutzer der Daten daran anpassen können, ohne dass sich deswegen bei Ihrem Support die Anrufe häufen.

Kurz, das ideale Format für diese Daten wäre (... kurzer Trommelwirbel ...) XML! Wer hätte das gedacht! XML ist, wir stellen es in diesem Buch Mal um Mal fest, die ideale Struktur zur Vermittlung von Daten.

Die Besonderheit an diesem Szenario ist jedoch, dass der Nutzer aller Wahrscheinlichkeit nach eine Applikation oder ein Objekt wäre. Wir betrachten daher in diesem Kapitel mehrere Möglichkeiten der automatisierten Datenübertragung an externe Applikationen, die die Daten dann weiterverwerten.

6.2.2 Kommunikation zwischen Objekten

In VB5 mussten bei Objekten, die relativ umfangreiche Daten übertragen sollten, fast zwingend die Daten in Arrays verpackt und in dieser Form von einem Objekt an das andere übergeben werden. In Netzwerken erfolgte dies in der Regel über das DCOM (Distributed Component Object Model). In reinen Windows-Netzwerken oder wenn die Daten nicht über das Internet übertragen werden, funktioniert das auch einwandfrei.

In VB6 können Objekte als Parameter übergeben werden, und Sie können die Funktion `Create-Object()` **verwenden, um Objekte auf fremden Rechnern zu instanziieren.**

In VB6 können nun Objekte als Parameter übergeben werden, z.B. zwischen zwei Klassen. Sie können auch mit Hilfe der Funktion `CreateObject()` Objekte auf fremden Rechnern instanziieren. Schade nur, dass wir bis Version 6 auf diese Möglichkeiten warten mussten. Aber selbst mit diesen neuen Leistungsmerkmalen – was passiert, wenn sich die Daten bei Ihnen häufig ändern? Haben Sie vielleicht Lust, jedesmal die neue Version des Objekts zu registrieren? Oder was ist, wenn Sie Daten auf ein System übertragen, auf dem das Übergabeobjekt nicht registriert wurde oder werden kann? Noch schlimmer – was passiert, wenn Sie Daten zwischen zwei Betriebssystemen verschieben, die mit ganz unterschiedlichen Objekttypen und -arten arbeiten?

Wenn hier XML zwischen den Objekten übergeben wird und nicht Objekte oder Arrays, ist all das kein Problem. Der Empfänger muss nur XML lesen und die DTD als »Gebrauchsanweisung« für die Struktur der XML-Datei abrufen können. Dadurch wird in vielen Situationen die Flexibilität wesentlich erhöht.

6.2.3 Raus aus dem Netzwerk, hinein ins Internet!

Selbst mit XML als übergebenen Daten war eine Verbindung von Objekten über das Internet mit VB nicht ganz einfach zu realisieren. Bis jetzt. Mit Hilfe von CGI (Common Gateway Interface) oder anderen Sprachen lassen sich benutzerdefinierte HTML-Seiten zurückgeben, um nur ein Beispiel zu nennen. Auch andere Technologien wie Cold Fusion sind hervorragende Lösungen.

Die neueste DCOM-Version ist internetfähig!

Als Entwickler beschränkte sich in ASP und VB der Zugriff auf Browser- und ActiveX-Steuerelemente, und selbst die boten nur Lösungen wie die Automatisierung von FTP-Übertragungen. Sie werden wahrscheinlich wie ich zu der Ansicht gelangt sein, dass Browser- und andere Steuerelemente nicht für komplexere Kommunikationsaufgaben wie die Übertragung von Daten über das Internet zwischen unterschiedlichen Applikationen geeignet sind.

Der IE5 bietet jetzt eine ganze Reihe von Objekten und Methoden für den Zugriff auf Web-Server und Business-Objects über das Internet. In den folgenden Beispielen sollen die Einsatzmöglichkeiten einiger dieser Komponenten vorgestellt werden.

6.2.4 Frameworks einfacher gestalten

Softwarefirmen, die umfangreiche Anwendungen entwickeln, versuchen in der Regel, Datenbankfunktionen wie das Hinzufügen von Datensätzen zu Tabellen mehrfach zu verwenden. Unter den Mitarbeitern dieser Unternehmen gibt es in der Regel eine objektorientierte Fraktion, die sich ein *Framework* wünscht, um so die Wiederverwendbarkeit von Code, der für alle Datenbankaufrufe gleich ist, zu gewährleisten.

Wenn Sie also in dieser Situation ein Framework in Ihre Applikationen einarbeiten, kann der Code mehrfach verwendet werden. Dies erfolgt normalerweise durch die Übergabe von Arrays, die Spalten enthalten, die wiederum anzeigen, ob die Daten verändert wurden oder nicht. Werden Änderungen angezeigt, werden die Daten an den Server zurückgegeben und in die Datenbank entpackt und gespeichert.

Als interessantes Beispiel für die Offenlegung von Systemstrukturen verweisen wir auf die ADO-Methode `OpenSchema()`, die ein Recordset mit den Datenbank-Metadaten Ihres SQL-Servers 6.5 oder 7 zurückgibt.

Verborgene Kosten entstehen bei einem Framework dadurch, dass es gepflegt werden muss und dass ständig dafür zu sorgen ist, dass alle damit arbeitenden Programme genau wissen, welche Komponente welche Informationen in welchem Format liefert. Kunden werden in der Erweiterung geschult, und neue Entwickler müssen sich erst einarbeiten.

Mit XML können Sie ein format- und sprachunabhängiges Framework aufbauen. Durch die Ausgabe der Daten in XML- und wahrscheinlich auch RDF-orientierter Form werden die Frameworks einfacher.

6.2.5 Unverbundene Programme und Daten

Mit steigender Verbreitung des Internet stellt sich immer mehr die Frage nach einer reibungslosen Funktionsfähigkeit der Anwendungen auch ohne Anbindung (an eine Datenbank). Programme, die an Datenbanken gebunden sind, wird man in Zukunft seltener entwickeln, denn sie müssen über das Internet und von Web-Seiten aus arbeiten. Dadurch, dass XML seine eigene Struktur *mitführen* kann, ist es das perfekte Datenformat für Anwendungen ohne Datenbankanbindung.

Sehen Sie sich hierzu einmal RDS an, eine im IE5-Browser auf dem Client ohne Verbindung ausführbare Form von ADO.

Die Verwendung von XML zeigen (mit vollständigem Quellcode) die Beispiele A und B.

Beispiel A ist eine recht einfache Lösung, in der ein VB-Front-End folgende Aufgaben hat:

- Kommunikation mit einem Web-Server
- Kommunikation mit einem Business-Object (DLL)
- Persistente Speicherung von und erneutes Laden in ADO-Recordsets

Dies sind die wichtigsten Code-Techniken auch für die restlichen Beispiele, daher ist es wichtig, den hier gelisteten Code gründlich zu verstehen. Wenn Ihnen Beispiel A dann klar ist, geht es weiter mit Beispiel B von mittlerem Schwierigkeitsgrad.

In Beispiel B sollen folgende Funktionen gezeigt werden:

- Kommunikation einer VB-Applikation mit zahlreichen serverseitigen Objekten auf unterschiedliche Weise
- Packen der Daten auf dem Server und Rückgabe, Entpacken in das gewünschte Format, z.B. Auflistungen von VB6-Klassen

Schließlich soll noch ein Framework zur rudimentären Datenmanipulation vorgestellt und auf einige Anregungen für Erweiterungen der XML-Dokumente aus Beispiel B eingegangen werden, und wir betrachten die Erstellung von Business-Objects und verbesserte Möglichkeiten des Packens und Entpackens.

6.3 Kurzer Überblick über die Beispiele

UML ist heute der etablierte Standard zur Modellierung von Applikationen und für viele andere Zwecke. Beispielsweise gibt es ein Buch über die Modellierung von Netzwerken in UML.

Dieses Kapitel enthält viel Quellcode in VB und ASP. Der Code wird komplexer sein als in den bisherigen Kapiteln. Die Verwendung von XML in WebClasses, Klassen und DLLs soll gezeigt werden.

Zunächst ein grober Überblick über die Applikationen, die im Folgenden entwickelt werden sollen. Abbildung 6.1 zeigt den Programmfluss zwischen den fünf zentralen Objekten (oder Komponenten), die in den Beispielprojekten erstellt werden sollen.

Abbildung 6.1: Das Beispiel als Sequenzdiagramm in UML

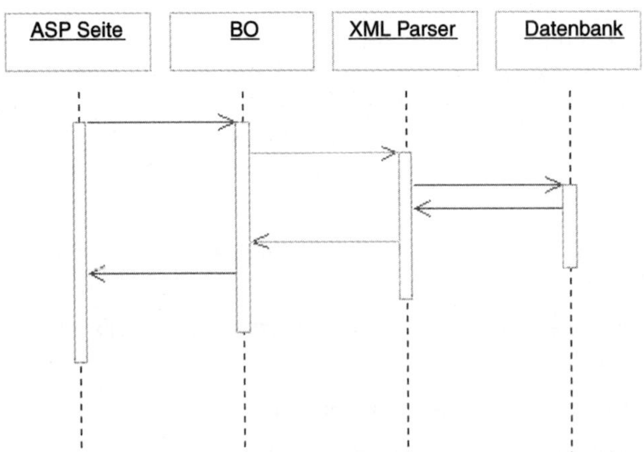

Folgender Ablauf ist in Abbildung 6.1 dargestellt:

> Die Applikation ruft das Kommunikationsobjekt auf, das wiederum Kontakt zur ASP-Seite auf dem Server aufnimmt. Die ASP-Seiten interagieren mit den Business-Objects, die wiederum auf die Datenbank zugreifen. Sobald die Datenbankabfrage durchgeführt ist, können die Business-Objects die Daten formatieren und das Ergebnis an die ASP-Seite zurückgeben. Die ASP-Seite antwortet mit den abgefragten Daten, und das clientseitige Kommunikationsobjekt liefert der aufrufenden Applikation die angeforderten Daten im gewünschten Format.

Wie Sie sehen, lassen sich die Kommunikationsbeziehungen zwischen den fünf Komponenten (oder Objekten) dieser dreischichtigen, verteilten Applikation recht anschaulich in einem *Sequenzdiagramm* darstellen. Es ist vielleicht einfacher, sich die Objekte als Schichten des Programms vorzustellen. Jede dieser Schichten kann mehrere Objekte, Klassen oder sogar VB-Formulare umfassen.

Damit Sie die Code-Ebene des Programms verstehen können, müssen wir den groben Ablauf zwischen den Komponenten noch klarer und ihre Methoden und Eigenschaften geordnet darstellen. So können Sie sehen, wie sinnvoll die Verwendung von XML in einer kombinierten Lösung wie dieser ist.

Abbildung 6.2 zeigt ein Klassendiagramm mit der ersten und zweiten Schicht, nämlich der Applikations- und der Kommunikationsschicht. Die zwei Schichten enthalten fünf Objekte. Vier davon sind Formulare, eins ist eine Klasse, die für die Kommunikation zuständig ist.

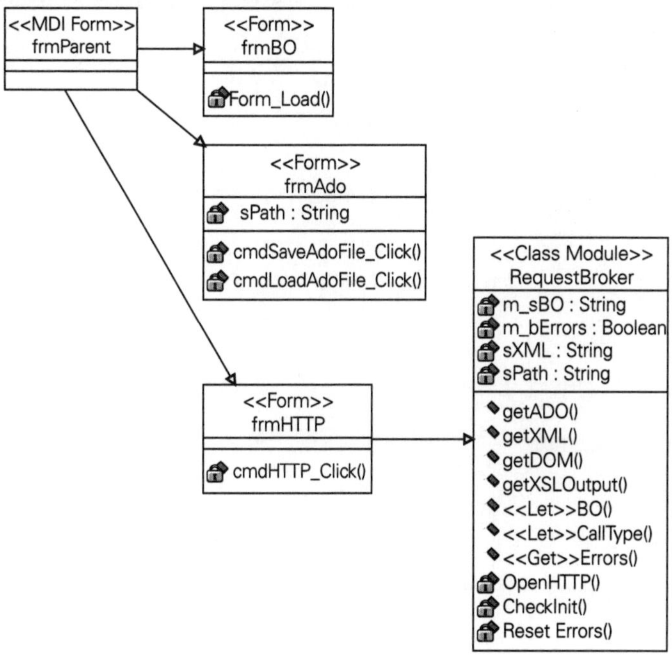

Abbildung 6.2: Das Beispiel als Drei-Schichten-Dienstmodell in UML

In dieser Abbildung sehen Sie, dass das MDI-Formular `frmParent` heißt und drei untergeordnete Formulare verwendet. Das Formular `frmHTTP` verwendet eine Klasse. Für jedes Formular und die Klasse sind die Eigenschaften und Methoden angegeben. Den Code für diese Formulare und Klassen finden Sie etwas weiter unten.

In UML können Beziehungen noch durch mehrere andere Arten von Pfeilen dargestellt werden. Bei Vererbungsbeziehungen beispielsweise sehen die Linien etwas anders aus.

Falls es Sie interessiert, hinter Linien wie der von `frmHTTP` zur Klasse `RequestBroker` steckt normalerweise eine Zeile VB-Code wie diese hier:

```
Dim objRequest as new RequestBroker
```

Sehen wir uns jetzt die Lösung im Ganzen an. In der Übersicht lassen sich die Objekte in drei Schichten (oder Ebenen) gruppieren: die Data Services, die Business Services und die User Services. Die Data Services enthalten in der Regel die Objekte, die auf die Datenquelle, z.B. eine Datenbank, zugreifen. Zu den Business Services gehören alle Objekte mit Business-Regeln oder -Logik.

In diesem Beispiel enthalten die Business Services die serverseitige XML-Formatierung und -Manipulation. Die User Services halten die clientseitigen Objekte (einschließlich Formularen und herkömmlichen VB-Objekten). In diesem Beispiel kann es auch vorkommen, dass die User-Services-Objekte von den Business Services XML-Daten entgegennehmen, die dann in der Applikation selbst zu verwenden sind.

Sehen wir uns die Objekte der drei Schichten in Abbildung 6.3 genauer an.

Abbildung 6.3: Drei-Schichten-Diagramm für Beispiel A

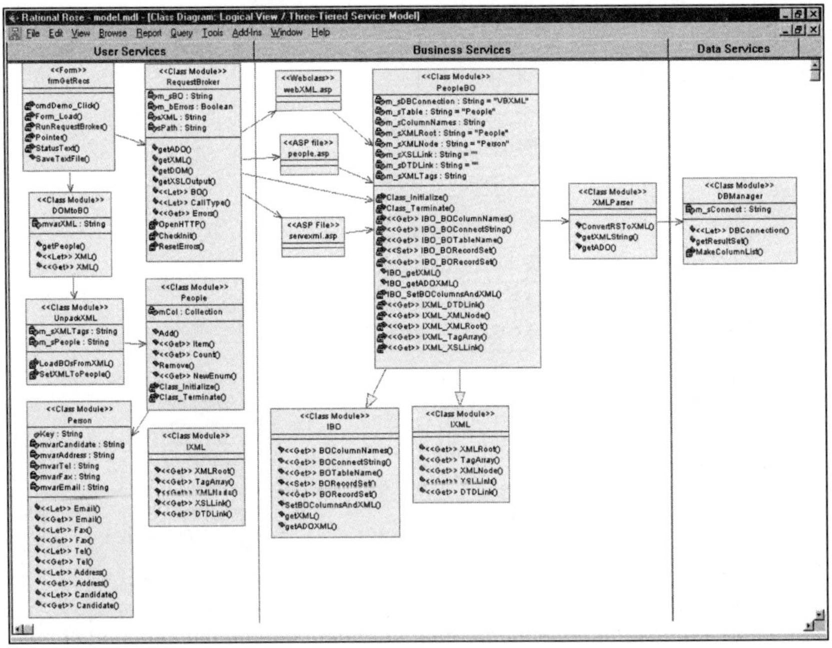

Zunächst zu den drei Schichten selbst, die für diese Beispiellösungen aufgebaut werden sollen: Das Formular `frmHTTP` ruft die Klasse `RequestBroker` auf, diese ruft die ASP-Datei auf und die wiederum das Business-Object der mittleren Schicht, die Klasse `PeopleBO`. Die Klasse `PeopleBO` erbt ihre Struktur durch Implementierung der zwei Klassen `IBO` und `IXML`, die als Schnittstellenklassen bezeichnet werden. Auf `Implements` und ihre Verwendung werden wir etwas weiter unten eingehen.

> Schnittstellenklassen: Sie liefern die Schnittstelle oder Struktur für die Klasse *PeopleBO*. Das bedeutet, dass, wenn mehrere Klassen dieselbe Schnittstellenklasse implementieren, jede einzelne dieser Klassen mit Sicherheit über alle Methoden der Schnittstellenklasse verfügen wird. Damit können Sie auf unkomplizierte Weise die einzelnen Klassen standardisieren.

Zwischen dem Business-Object `PeopleBO` und dem `DBManager` steht noch der `XMLParser`. Der `DBManager` führt den eigentlichen Zugriff auf die Datenbank aus, während der `XMLParser` die ADO-Daten in XML konvertiert und die gewünschte Formatierung anwendet.

Stören Sie sich nicht an kleinen Abweichungen zwischen den Diagrammen und dem Quellcode. Zweck der Diagramme ist es, Ihnen einen Überblick über den allgemeinen Ablauf des betreffenden Programms zu geben.

Versuchen Sie sich dieses Diagramm und seine Objekte möglichst vertraut zu machen, da es ab jetzt sozusagen unsere Gesprächsgrundlage bildet. Wir werden Schritt für Schritt alle Objekte und ihren Quellcode durchgehen.

Links in Abbildung 6.3 sehen Sie, dass das MDI-Formular drei untergeordnete Formulare verwendet. Das oberste, `frmAdo`, ist direkt mit der Datenbank verbunden. An zweiter Stelle steht `frmBO`, das durch eine Objektbeziehung mit dem Business-Object verbunden ist. Das Business-Object kommuniziert mit der Klasse `XMLParser` und diese mit der Datenbank.

6.4 Implements

Beachten Sie, dass die Pfeile vom Business-Object zu den zwei Klassen darunter anders aussehen als die anderen. Das bedeutet, dass das Business-Object diese Klassen implementiert.

Wenn die Klasse `PeopleBO` die Klassen `IBO` und `IXML` implementiert, muss sie Kopien aller Methoden von `IBO` und `IXML` erstellen. Auch wenn für einige dieser Methoden kein Code vorhanden sein wird, müssen sie in `PeopleBO` dennoch existieren.

Dies ist eine sehr nützliche Funktion der Objektorientierung. Angenommen, Sie würden mit Ihren Mitarbeitern ein Business-Object für jede Tabelle in Ihrer Datenbank erstellen. Die Anzahl der Business-Objects wäre vermutlich enorm hoch. Damit das System benutzerfreundlich wird, muss jede Klasse, die einer der Mitarbeiter angelegt hat, über dieselben Methoden verfügen, z.B. `start()`, `create()`, `save()`, `load()` usw.

Wie können Sie als Teamleiter dafür sorgen, dass dies eingehalten wird? Sie könnten allen Mitarbeitern eine E-Mail schreiben, ihre Arbeit überwachen und im Prinzip ständig hinter ihnen her sein. Sie könnten natürlich auch ein Add-In für die VB6-Umgebung entwickeln, das diese Standardmethoden erzeugt, das wäre auch eine hübsche Lösung. Der Haken wäre nur, dass es mit der Einheitlichkeit vorbei wäre, sobald jemand mit einer neuen VB-Lizenz ohne die Add-Ins arbeitet. Bei beiden Lösungen besteht die Gefahr von Inkonsistenzen bei Auslieferung des fertigen Programms. Fehlerfreiheit und spätere Erweiterbarkeit wären nicht gesichert.

`Implements` **wurden in VB5 eingeführt.**

Oder Sie können mit der Funktion `Implements` arbeiten. Für die besagte objektorientierte Fraktion ist das ein alter Hut, aber für VB5-Entwickler war dies eine willkommene neue Erweiterung zu Visual Basic. Einfacher in der Anwendung ist die Funktion in VB6 leider nicht geworden. Sie haben die Möglichkeit, eine Klasse zu erstellen, die nur die Signaturen der Methoden und Eigenschaften enthält, aber keinen Code. Eine solche Klasse wird als Schnittstellen- oder abstrakte Klasse bezeichnet. Diese abstrakte Klasse wird dann von anderen Klassen implementiert, die dadurch eine gemeinsame verbindliche Struktur erhalten. Alle Klassen, die diese abstrakte Klasse implementieren, müssen dieselben Methoden und Eigenschaften haben, sonst tritt ein Fehler auf.

> Wenn VB oder Visual Interdev geöffnet sind, fügen Sie einen Verweis auf die Microsoft XML 2.0-Bibliotheken ein und drücken dann `F2`, um den Objekt-Browser zu öffnen. Im Dropdown-Menü `<Alle Bibliotheken>` wählen Sie die Option `MSXML`. In der daraufhin angezeigten Liste von Objekten sehen Sie unter anderem das DOMDocument, mit dem in diesem Buch viel gearbeitet wird. Etwas weiter unten werden Sie auch das *IXMLDOMDocument* finden. Wenn Sie sich beide genauer ansehen, werden Sie feststellen, dass die Methoden des DOMDocument die Methoden des *IXMLDOMDocument* beinhalten. *IXMLDOMDocument* ist nur eine Schnittstelle, die andere Bibliotheken implementieren können, um die Konsistenz zu wahren!

Bei den Klassen, die `IXML` und `IBO` implementieren müssen, wird folgender Code im Abschnitt für allgemeine Deklarationen stehen:

```
Implements IXML

Implements IBO
```

Nun müssen noch alle implementierten Methoden der Klasse hinzugefügt werden. Das ist zum Glück einfacher, als es klingt. Alle Methoden stehen in der Deklarationen-Dropdown-Liste, Sie müssen sie nur auswählen, um den Code einzufügen.

Bei näherem Hinsehen werden Sie auch feststellen, dass `PeopleBO` über dieselben Methoden verfügt wie die Klassen `IXML` und `IBO`, und das muss auch so sein, denn für die Klasse war ja angegeben, dass sie die Methoden der zwei Schnittstellen implementieren soll.

`Implements` sind aber noch aus einem weiteren Grund sehr nützlich für Entwickler. Der Dokumentation für die Methode `save()` des DOMDocument-Objekts können Sie entnehmen, dass man sie als Textdatei, weiteres DOM Document oder ASP-Response-Objekt speichern kann. Soweit keine Überraschungen. Aber es geht noch weiter: Sie kann auch als beliebiges COM-Objekt gespeichert werden, das `IStream-`, `IPersistStream-` oder `Ipersist StreamInit`-Schnittstellen unterstützt.

6.5 Techniken zur Mehrfachnutzung von Business-Objects

Die Verwendung des Schlüsselworts `Implements` in Klassen bietet einen weiteren großen Vorteil. Wenn Sie sicherstellen wollen, dass Objekte wiederverwendbar sind, müssen Sie darauf achten, dass austauschbare Objekte (wie die Business-Objects hier) dieselbe Schnittstelle implementieren.

Jetzt kann der Code eine Reihe von Business-Objects in einer `FOR...NEXT`-Schleife durchlaufen und jedes Business-Object manipulieren – ohne dass wechselnde Methoden und Eigenschaften dabei stören!

Man könnte sich diese Lösung wie ein Fließband vorstellen, dass verschiedene Objekte zum Code bringt. Der Code ist eine Maschine, die die Objekte einfach abarbeitet. Solange die Objekte über dieselben erforderlichen Methoden verfügen, dieselben Parameter annehmen usw., kann das Fließband glatt laufen.

Es gibt mehrere Möglichkeiten, eine große Anzahl von Objekten zu durchlaufen. Sie könnten z.B. folgenden Code verwenden:

```
Dim objectvariable as object

Set objectvariable = CreateObject("progID", ["servername"])
```

Dann setzen Sie einfach als Inhalt von `objectvariable` das jeweils nächste zu verarbeitende Objekt ein.

Sie könnten auch alle Objekte erstellen (oder Instanzen davon) und sie in eine Auflistung laden. Dann kann der Code mit einer Auflistung von Objekten arbeiten – und da Sie ja eine Schnittstelle implementiert haben, können Sie sicher sein, dass alle Objekte über dieselben Methoden verfügen.

Ein weiteres nützliches Werkzeug für den flexiblen Umgang mit Objekten ist die in VB6 enthaltene Funktion `CallByName()`. Mit der Funktion `CallByName()` können Sie über die Namens-Zeichenkette eines Objekts eine Eigenschaft setzen oder abrufen oder eine Methode zur Laufzeit aufrufen.

Hier wird beispielsweise mit `CallByName()` die Eigenschaft `MousePointer` eines Textfelds gesetzt:

```
CallByName Text1, "MousePointer", vbLet, vbCrosshair
```

So wird der Wert der Eigenschaft `MousePointer` zurückgegeben:

```
Result = CallByName (Text1, "MousePointer", vbGet)
```

Weiter zum nächsten Textfeld geht's mit der Methode `Move()`:

```
CallByName Text1, "Move", vbMethod, 100, 100
```

6.6 Erstellen der Projekte

Zwei Beispielprojekte sind nun erstellt. Auf den folgenden Seiten erwarten Sie mehrere Klassen und reichlich Code. Jetzt geht es also zur Sache – krempeln Sie schonmal die Ärmel hoch! Betrachten wir zunächst den Aufbau der beiden Projekte.

> Denken Sie daran, von `http://www.vbxml.com` oder `http://www.thespot4.com` den aktuellen Quellcode herunterzuladen!

6.7 SimpleUI – die Grundlagen

Das erste Projekt, SimpleUI, vermittelt die Grundlagen der Kommunikation mit Web-Servern und DLLs und die persistente Speicherung von ADO-Recordsets.

Abbildung 6.4: Das Projekt SimpleUI

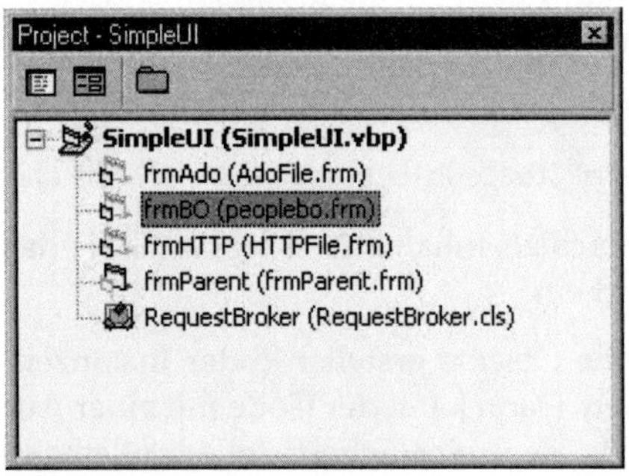

Bei all diesen Prozessen wird XML übergeben. Abbildung 6.4 zeigt die Implementierung dieses Projekts.

Im Folgenden sollen verschiedene Funktionalitäten demonstriert werden:

- Erstellung von Code für die Kommunikation über das Internet-Protokoll HTTP
- Aufbau einer kleinen Lösung für die Verknüpfung mit einem Business-Object und den Abruf der Mitarbeiterliste aus dem Business-Object

Diese einfache VB-Applikation veranschaulicht eine Reihe von Tricks und Funktionen für verschiedene Formulare:

- Das Formular `frmAdo` zeigt, wie Sie ADO-Recordsets persistent im XML-Format speichern und die Datensätze anschließend neu laden. Das Formular greift mit Hilfe eines ODBC-DSN auf die Datenbanktabelle zu.
- Das Formular `frmHTTP` veranschaulicht, wie Sie eine HTTP-Verbindung zum Web-Server herstellen (mit `RequestBroker`), Parameter übergeben, die Parameter in ASP-Dateien lesen und XML zurückgeben lassen.
- Das Formular `frmBO` ruft eine Business-Object-DLL (das »DBToXML«-Projekt, s.o.) direkt auf, ohne über HTTP zu gehen, und gibt ein Beispiel dafür, wie man Code und Logik so verteilt, dass sie wiederverwendbar sind.

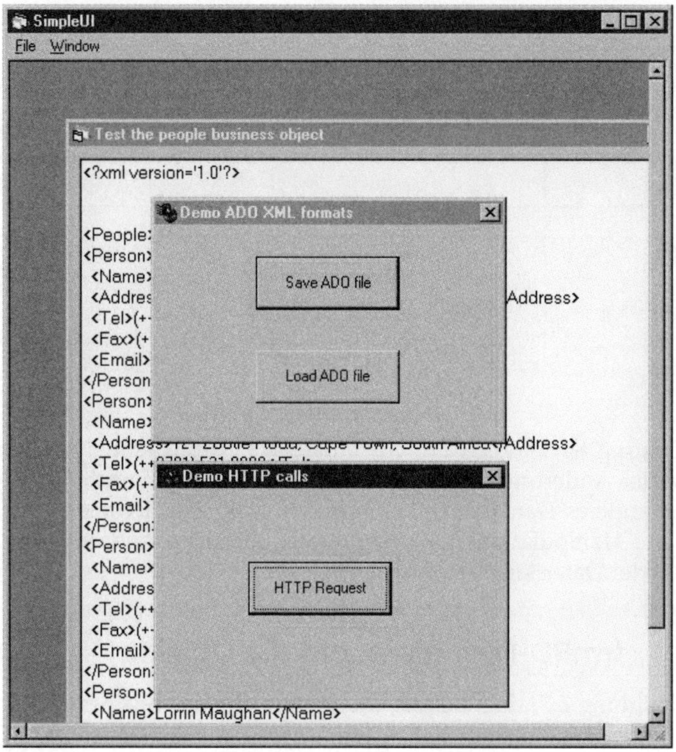

Abbildung 6.5: Die Applikation SimpleUI

Denken Sie daran, von `http://www.vbxml.com` oder `http://www.thespot4.com` den aktuellen Quellcode herunterzuladen!

Abbildung 6.5 zeigt die drei untergeordneten Formulare im MDI-Formular geöffnet. Die beiden oben liegenden sind für die ADO-Beispiele und die HTTP-Kommunikation mit dem Server zuständig. Der Code zu den Schaltflächen in den Formularen ist ein Anwendungsbeispiel für ADO bzw. HTTP-Request. Das Formular im Hintergrund hat bereits mit einem Business-Object (einer DLL) kommuniziert und zeigt die entgegengenommenen XML-Daten an.

Für diese Applikation sind mehrere unterschiedliche Objekte erforderlich. Das Sequenzdiagramm in Abbildung 6.6 zeigt auf anschauliche Weise, wie die drei Formulare mit Objekten interagieren.

6.7.1 frmAdo-Formulare und die Objekte

Ein rein ADO-basierter Ansatz hat Vor- und Nachteile. Die Vorteile liegen vor allem in der schnellen und unkomplizierten Entwicklung. Dies wird allerdings von den Nachteilen überwogen. Zum einen ist die Lösung nicht internetfähig. Dann erfordert jede Änderung an der Tabellenstruktur in der Datenbank, dass alle Programme neu kompiliert werden müssen. Und was ist, wenn Sie die Daten in einem bestimmten Format abrufen möchten? Der reine ADO-Ansatz schränkt die Möglichkeiten sehr ein, da ausschließlich ADO-Recordsets zurückgegeben werden.

Abbildung 6.6: Sequenzdiagramm für frmAdo

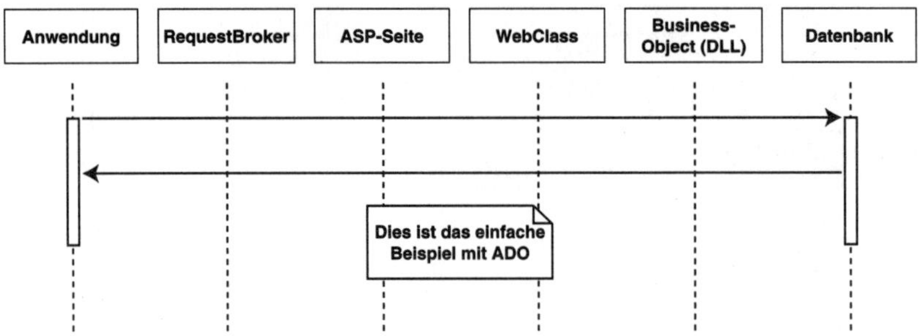

Diese Lösung ist wirklich nur für einfachste Applikationen geeignet. Sie kann weder Änderungen an der Datenbank bewältigen noch an Datenbanken oder anderen Datenquellen komplexere Aufgaben als eine SQL-Abfrage ausführen. Manipulationen, Berechnungen oder eine Änderung im Anzeigeformat der Daten sind kaum möglich.

6.7.2 frmBO-Formulare und die Objekte

Aus Abbildung 6.7, dem Sequenzdiagramm für das Business-Object, geht hervor, dass das Problem der Änderungen an der Datenbank so gelöst wurde, dass die Daten durch ein davorgesetztes Business-Object *maskiert* wurden. Bei Änderungen an der Datenbank muss jetzt nur noch das Business-Object neu kompiliert werden. Das Business-Object kann auch Daten aus unterschiedlichen Quellen abrufen (über ADO beispielsweise auch E-Mails oder Projektmanagement-Informationen usw.) und die Informationen zu *einer* Antwort zusammenführen.

Schon besser – aber was ist mit der Arbeit via Internet? Die VB6-Funktion `CreateObject()` ist sehr leistungsfähig, aber nicht über das Internet (obwohl die neueste DCOM-Version internetfähig ist). Haben Sie schon einmal versucht, via Internet ein Objekt zu referenzieren, das auf einem fremden Rechner residiert, oder auf einem Computer in einem anderen System?

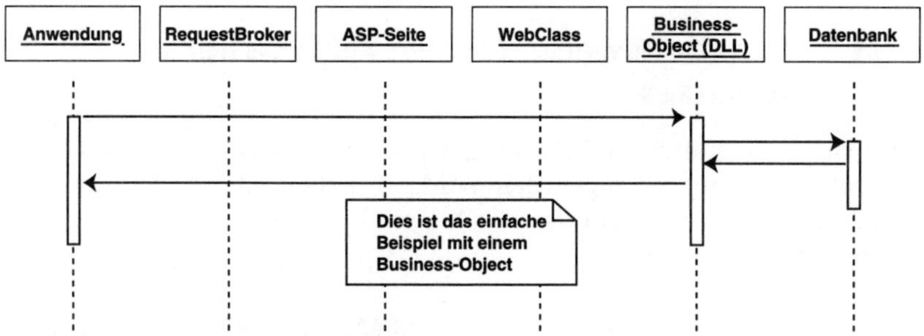

Abbildung 6.7: Sequenzdiagramm für das Business-Object

Diese Lösung ist nicht schlecht, aber es geht noch besser.

Abbildung 6.8, das ASP- (oder WebClass-) Sequenzdiagramm, zeigt die Wiedergabe des Business-Object über eine einzige ASP- (oder WebClass-) Seite. Der WebClass-Ansatz ist ganz ähnlich wie mit ASP, nur dass eben eine in VB erstellte WebClass aufgerufen wird und keine ASP-Seite.

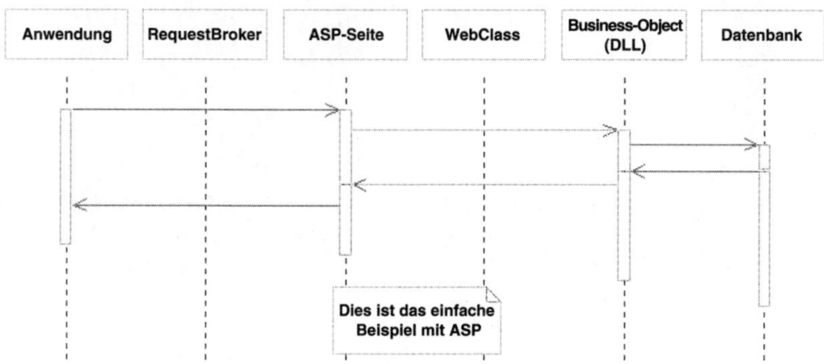

Abbildung 6.8: ASP- oder WebClass-Sequenzdiagramm

Bei ASP-Code sind Aktualisierungen, Fehlerbeseitigung oder andere Änderungen erheblich einfacher durchzuführen als bei WebClass-Code. ASP-Text kann bei laufendem Betrieb geändert werden, WebClasses nur bei angehaltenem Web-Serverbetrieb.

Diese Lösung ist schon recht gut, da jetzt eine Verbindung zum Web-Server hergestellt und Parameter an die WebClass oder ASP-Seite übergeben werden können, wodurch wiederum Business-Objects geöffnet werden, deren Ergebnisse vor der Rückgabe manipuliert werden.

6.7.3 Funktionsweise des rein ADO-basierten Ansatzes

Das Sequenzdiagramm in Abbildung 6.6 zeigt zwar nur ein Formular und eine Datenbank, auf die zugegriffen wird, wir haben jedoch noch ein wenig Code hinzugefügt, mit dem das ADO-Recordset in einer Datei gespeichert und neu geladen werden kann.

Abbildung 6.9: Das ADO-Beispiel

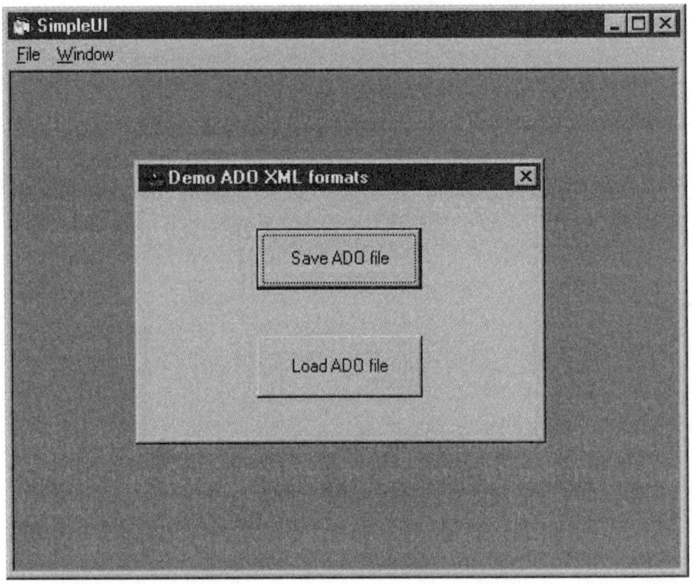

Wie Sie sehen, hat die Oberfläche nicht viel zu bieten: ein MDI-Formular und ein untergeordnetes Formular mit zwei Schaltflächen. Die Schaltflächen haben unterschiedliche Funktionen. Die obere stellt eine Verbindung zur Datenbank her und speichert das ADO-Recordset als XML-Datei. Die Schaltfläche `Load ADO file` liest die XML-Datei und wandelt sie wieder in ein Recordset um.

Dieser Abschnitt des Projekts besteht also aus zwei Teilen:

- die Schaltfläche `Save ADO file`
- die Schaltfläche `Load ADO file`

Aufbau des Projekts »SimpleUI«

Abbildung 6.10 zeigt das Projektfenster für SimpleUI. Das Projekt muss Referenzen auf folgende Objekte enthalten:

- Microsoft XML Version 2.0
- Microsoft Scripting Runtime (für das Microsoft FilesSystemObject)
- Microsoft ActiveX Data Objects 2.1 Library
- DBToXML (entweder als Projekt in einer Gruppe oder als kompilierte DLL)

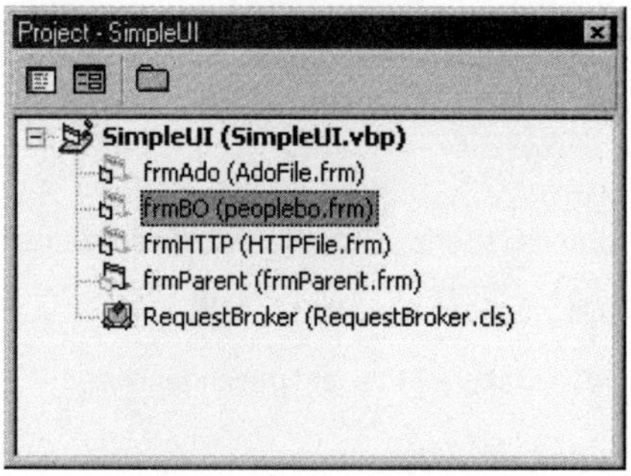

Abbildung 6.10: Grundlegendes Funktionsprinzip des Projekts SimpleUI

Der Code zur Schaltfläche Save ADO file

Aus dem folgenden Codebeispiel geht hervor, wie mit dem VBXML-ODBC-DSN eine Datenbankverbindung hergestellt wird. Der Code greift auf die Tabelle `People` zu und ruft die Feldinhalte ab. Das Recordset wird in einer XML-Datei *persistent gespeichert*. Alle Operationen werden mit Hilfe des File SystemObject abgearbeitet. (Sie finden dieses Objekt in der DLL von Microsoft Scripting Runtime, SCRRUN.dll, die in diesem Projekt referenziert werden muss.)

```
Private Sub cmdSaveAdoFile_Click()

    Dim rstPeople As ADODB.Recordset
    Dim adoCon As New ADODB.Connection
    Dim objFSO As New FileSystemObject

    'Fehlerroutine anwenden
```

```
On Error GoTo ErrorHandler
'Sanduhr aktivieren
Me.MousePointer = vbHourglass
'Pfad der XML-Datei speichern
m_strPath = App.Path & "\adodemo.xml"
'prüfen, ob die Datei vorhanden ist und
'gegebenenfalls löschen
If objFSO.FileExists(m_strPath) Then
objFSO.DeleteFile (m_strPath)
'ODBC-ADO-Verbindung herstellen
adoCon.Open "VBXML"
'Datensätze mit adoConnection-Befehl abrufen
Set rstPeople = adoCon.Execute("select * from
People")
'ADO-Recordset persistent als XML-Datei speichern
rstPeople.Save m_strPath, adPersistXML
'melden, dass die Datensätze entgegengenommen
'wurden, und sie anzeigen
MsgBox "The ADO recordset has been persisted to the
file: " & m_strPath
'Mauszeiger wieder von Sanduhr auf Normal setzen
   Me.MousePointer = vbNormal

Exit Sub

ErrorHandler:

MsgBox "There is an error at source " & Err.Source
& " with a description of " & Chr(13) &
Err.Description & Chr(13) & "with the errorcode of
" & Err.Number
```

```
    Exit Sub

End Sub
```

Der Code zur Schaltfläche Load ADO file

```
Private Sub cmdLoadAdoFile_Click()

  Dim adoRS As New ADODB.Recordset
  Dim objFSO As New FileSystemObject

  'Fehlerroutine anwenden
  On Error GoTo ErrorHandler

      'Pfad der Datei angeben
      m_strPath = App.Path & "\adodemo.xml"
      'prüfen, ob die Datei vorhanden ist
      If Not (objFSO.FileExists(m_strPath)) Then
          MsgBox "There is no file at the location: " &
          Chr(13) & m_strPath & Chr(13) & "First save an
          ADO recordset, then you can load one."
          Exit Sub
      End If
      'Sanduhr aktivieren
      Me.MousePointer = vbHourglass
      'Datei direkt in ADO-Recordset öffnen
      adoRS.Open m_strPath, "Provider=MSPersist"
      'jetzt soll sich noch ein Meldungsfeld mit einer
      'Bestätigung öffnen
      MsgBox "An ADO recordset has loaded from the file:
      " & m_strPath
      'Sanduhr deaktivieren
      Me.MousePointer = vbNormal
```

```
    Exit Sub

ErrorHandler:

    MsgBox "There is an error at source " & Err.Source & "
    with a description of " & Chr(13) & Err.Description &
    Chr(13) & "with the errorcode of " & Err.Number
    Exit Sub

End Sub
```

Zusammenfassung

Das war doch ziemlich einfach. Sie haben eine Verbindung zur Datenbank hergestellt und das zurückgegebene Recordset als XML-Datei gespeichert. Dann haben Sie die Datei geladen und eine Bestätigungsmeldung an den Benutzer ausgegeben. Da der Großteil des hier verwendeten Codes von Microsoft stammt (ADO, ODBC usw.), müssen Sie eigentlich gar nicht viel tun!

6.7.4 Funktionsweise des Business-Object-basierten Ansatzes

Das Sequenzdiagramm in Abbildung 6.8 zeigt das Formular, das mit dem Business-Object verbunden ist, das wiederum mit einer Datenbank verbunden ist. Die Ergebnisse werden an das Front-End zurückgegeben und in einem Textfeld im Formular angezeigt.

Wie Sie in der nächsten Abbildung sehen, ist es dasselbe MDI-Formular mit einem untergeordneten Formular, das wiederum ein Textfeld enthält.

Es sieht vielleicht nicht spektakulär aus, aber es ist eine erste Kostprobe aus der wunderbaren und mysteriösen Welt der Business-Objects, `Implements` und Klassen (oder falls dies nicht Ihre erste Kostprobe ist: Schön, dass es Ihnen geschmeckt hat!).

In diesem Beispiel passiert Folgendes: Beim Laden stellt das Formular eine Verbindung zur kompilierten DLL her (die sich, um es einfach zu machen, in den VB-Projektreferenzen befindet) und fordert die XML-Daten an. Das Business-Object kommuniziert mit der Datenbank und sendet die entgegengenommenen ADO-Daten an eine weitere Klasse, `XMLParser`, die nichts anderes tut, als auf Datenbestände zu warten, die sie in XML umwandeln kann (sie verwendet nicht die ADO-Methode `save()`).

Der XML-Parser kann von unterschiedlichen Applikationen oder Komponenten verwendet oder sogar mit `CreateObject` aus ASP aufgerufen werden. Damit ist `XMLParser` ideal als wiederverwendbare Klasse geeignet, im Gegensatz zu Code, der in jeder aufrufenden Applikation fest codiert wird.

Im weiter oben dargestellten dreischichtigen Diagramm ist die Klasse `PeopleBO` das Business-Object. Da das Design auf Wiederverwendbarkeit ausgelegt ist, könnte im Sequenzdiagramm aus Abbildung 6.12 jedes beliebige Business-Object stehen, solange es über die erwarteten öffentlichen Methoden verfügt. Aus diesem Grund verwendet man `Implements`!

Abbildung 6.11: Das Beispiel mit Business-Object

Das Formular, die ASP-Seite oder was auch immer das Business-Object aufruft, initialisiert eine Kommunikationssequenz. Das Business-Object kommuniziert mit dem XML-Parser, der die Daten bei der Datenbank anfordert. Die Datenbank gibt ein Recordset zurück, der XML-Parser verarbeitet es zu XML und gibt das XML zurück an die aufrufende Komponente, in dem Fall das Business-Object. Das Business-Object übergibt die Daten an die ASP-Seite, das Formular oder von wem auch immer es selbst aufgerufen wurde.

Bei jedem Aufruf wird nur eine Methode aufgerufen und eventuell ein Parameter übergeben. Dadurch ist der Code leicht wiederverwendbar. Ein beliebiges Business-Object (nicht nur `PeopleBO`) kann verwendet werden, und der XML-Parser kann nicht nur von `PeopleBO` aufgerufen werden.

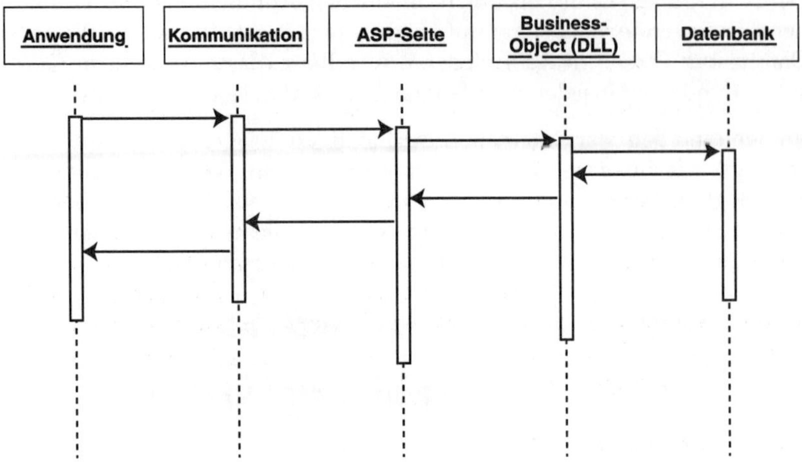

Abbildung 6.12: Sequenzdiagramm für das Business-Object

Der Quellcode

Der Quellcode des Business-Object enthält folgende sechs Teile:

- das aufrufende Formular
- die Klasse `PeopleBO`
- die Klasse `XMLParser`
- den `DBManager`
- die Klasse `IXML`
- die Klasse `IBO`

Code für das aufrufende Formular

Dieses Formular besteht nur aus wenigen Zeilen Code:

```
Private Sub Form_Load()
  'Business-Object instanziieren
  Dim objPeople As New PeopleBO

  'Ergebnisse des Business-Object in Textfeld setzen
  txtResults = objPeople.IBO_getXML

End Sub
```

Diese Lösung ist schon einmal traumhaft einfach und wiederverwendbar. Ein Business-Object wird aufgerufen und die Antwort in das Textfeld txtResults eingesetzt. Die komplexeren Aspekte sind fast ausschließlich in den Klassen untergebracht, und durch dieses Konzept können Sie denselben Code dieser Klassen aus unterschiedlichen Programmen aufrufen.

Wenn Sie die nächsten Codebeispiele lesen, sollten Sie das Sequenzdiagramm oder das zweischichtige Diagramm für dieses Beispiel als Referenz heranziehen. Das vorstehende Formular ruft die Klasse PeopleBO auf. Die Klasse PeopleBO erbt einige Methoden von der Klasse IBO und verwendet die Klasse XMLParser für den Zugriff und die Verpackung der Daten. Mit Verpackung ist hier gemeint, dass das Recordset in eine Textdatei mit XML-Text »gepackt« wird. Das persistent gespeicherte ADO-XML-Format soll hier nicht verwendet werden, da es zwar gültig wäre, aber für den menschlichen Leser nicht gerade aufschlussreich ist (obwohl ein anderes ADO-Recordset damit natürlich keinerlei Probleme hätte).

Aufbau des Projekts »DBToXML«

Dieses Projekt wird vom Formular frmBO referenziert. Im Projektfenster in Abbildung 6.13 sehen Sie alle Klassen dieses Projekts.

Diese Klassen würden normalerweise auf dem Server vorliegen, in einem anderen Projekt als das Front-End-Formular. Im DBToXML-Beispiel wird eine WebClass oder ASP-Seite aufgerufen, und diese ruft wiederum die DLL auf dem Server auf.

Das Projekt muss Referenzen auf folgende Objekte enthalten:

- Microsoft XML Version 2.0
- Microsoft Scripting Runtime (für das Microsoft FilesSystemObject)
- Microsoft ActiveX Data Objects 2.1 Library
- DBToXML (entweder als Projekt in einer Gruppe oder als kompilierte DLL)
- Microsoft Active Server Pages Objektbibliothek (für die WebClass)
- Microsoft Webclass Library Version 1.0

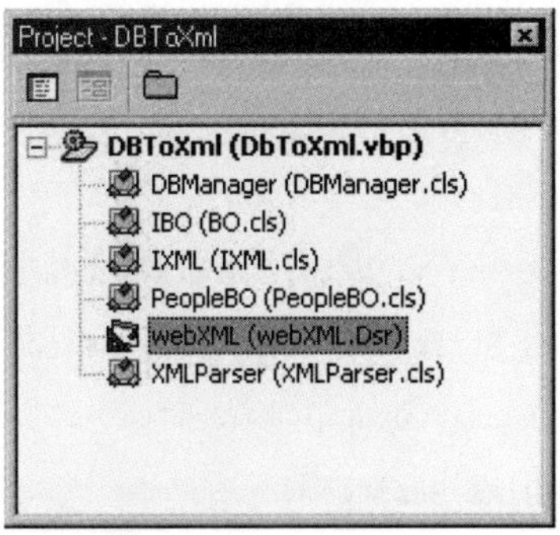

Abbildung 6.13: Das Projekt VB »DBToXML«

Der Code für die Klasse PeopleBO

Als nächstes Listing folgt der Quellcode für die Business-Object-DLL PeopleBO. Die ActiveX-DLL implementiert zwei Schnittstellen, IXML und IBO.

Dadurch ist sichergestellt, dass dieser Code dieselben Methoden und öffentlichen Eigenschaften hat wie andere DLLs, die dieselben Schnittstellen implementieren:

```
Option Explicit

Implements IXML
Implements IBO
```

Das Business-Object soll auch einige Konstanten enthalten. Jedes Business-Object soll seine eigenen Konstanten haben, z.B. unterschiedliche Tabellen, auf die es zugreift, oder unterschiedliche XML-und Tabellen-Spaltennamen.

```
' DSN-Name
Const m_strDBConnection As String = "VBXML"

' IBO-Schnittstellenvariablen
' Name der Haupttabelle für das Business-Object
Const m_strTable As String = "People"

' String-Array Spaltennamen aus der DB-Tabelle
Private m_strColumnNames()    As String
Private m_adoRS As ADODB.Recordset

' IXML-Schnittstellenvariablen
' DTD-Name für die Konvertierung im XML-Parser
Const m_strXMLRoot As String = "People"
Const m_strXMLNode As String = "Person"
Const m_strXSLPI As String = "http:/mark/xmlcode/people.xsl"
Const m_strDTDEntry As String = "http:/mark/xmlcode/people.dtd"

Private m_strXMLTags() As String

Private m_objBO As IBO
Private m_objXML As IXML
```

```
Private Sub Class_Initialize()
  'wenn XMLParser aufgerufen wird, übergeben oBO und
  'oXML diese Klasse (Me), so dass die aufgerufene
  'Klasse auf Eigenschaften dieser Klasse zugreifen
  'kann, in dem Fall die IBO- und IXML-Schnittstellen
  Set m_objBO = Me
  Set m_objXML = Me
End Sub
Private Sub Class_Terminate()
  'Objektspeicher freigeben
  Set m_adoRS = Nothing
  Set m_objBO = Nothing
  Set m_objXML = Nothing
End Sub

Private Property Get IBO_BOColumnNames() As String()
  'gibt String-Array von Spaltennamen gemäß der
  'Funktion IBO_SetBOColumnsAndXML() zurück
  IBO_BOColumnNames = m_strColumnNames
End Property

Private Property Get IBO_BOConnectString() As String
  'gibt den String zurück, der in den allgemeinen
  'Deklarationen die DB-Verbindung bezeichnet
  IBO_BOConnectString = m_strDBConnection
End Property

Private Property Get IBO_BOTableName() As String
  'gibt den String zurück, der in den allgemeinen
  'Deklarationen die Tabelle bezeichnet
  IBO_BOTableName = m_strTable
```

```
End Property

Private Property Set IBO_BORecordSet(RHS As ADODB.Recordset)
  'DB Manager setzt über die Klasse XMLParser in der
  'Funktion getXML() hier das Recordset
  Set m_adoRS = RHS
End Property

Private Property Get IBO_BORecordSet() As ADODB.Recordset
  Set IBO_BORecordSet = m_adoRS
End Property

Public Function IBO_getXML() As String
  'Instanz des XMLParser erzeugen
  Dim objXmlParser As New XMLParser
  'XMLParser-Methode aufrufen, Me übergeben und wieder
  'zurückgeben
  IBO_getXML = objXmlParser.getXMLString(m_objBO, m_objXML)
  Set objXmlParser = Nothing
End Function

Public Function IBO_getADOXML() As String
  'Instanz des XMLParser erzeugen
  Dim objXmlParser As New XMLParser
  'XMLParser-Methode aufrufen, übergeben und wieder
  'zurückgeben
  IBO_getADOXML = objXmlParser.getADO(m_objBO, m_objXML)
  Set objXmlParser = Nothing
End Function
```

In `SetBOColumnsAndXML` werden die Spaltennamen und entsprechenden Tabellenspaltennamen festgelegt:

```
Private Sub IBO_SetBOColumnsAndXML()

  'DB-Spaltennamen und XML-Tags für die Elementnamen
  'zuordnen
  'z.B. um den Spaltennamen 'lastname' aus der DB dem
  'Elementnamen 'name' zuzuordnen, müssen beide dieselbe
  'Array-Nummer haben

  ReDim m_strColumnNames(4)
  ReDim m_strXMLTags(4)

  m_strColumnNames(0) = "Name"
  m_strColumnNames(1) = "Address"
  m_strColumnNames(2) = "Tel"
  m_strColumnNames(3) = "Fax"
  m_strColumnNames(4) = "Email"

  m_strXMLTags(0) = "Name"
  m_strXMLTags(1) = "Address"
  m_strXMLTags(2) = "Tel"
  m_strXMLTags(3) = "Fax"
  m_strXMLTags(4) = "Email"

End Sub
```

`DTDEntry`, `XMLNode`, `XMLRoot`, `TagArray` und `XSLPI` werden gesetzt, bevor die Methoden `getADO()` oder `getXML()` des betreffenden Business-Object aufgerufen werden.

Da die Klasse die Methoden der Schnittstelle `IXML` implementiert, müssen die Methoden exakt dieselben Bezeichnungen haben wie in der `IXML`-Klasse – in diesem Fall also `IXML_DTDEntry()` usw. Es gibt auch die Möglichkeit, diese Namen zu maskieren (durch Einfügen einer weiteren Klasse mit *freundlichen* Methodennamen zwischen diese beiden Klassen), aber darauf soll hier nicht eingegangen werden.

```
Private Property Get IXML_DTDEntry() As String
  'gibt den String zurück, der in den allgemeinen Deklarationen die
  'Tabelle bezeichnet
  IXML_DTDEntry = m_strDTDEntry
End Property


Private Property Get IXML_XMLNode() As String
  'gibt den String zurück, der in den allgemeinen
  'Deklarationen die Tabelle bezeichnet
  IXML_XMLNode = m_strXMLNode
End Property


Private Property Get IXML_XMLRoot() As String
  'gibt den String zurück, der in den allgemeinen
  'Deklarationen die Tabelle bezeichnet
  IXML_XMLRoot = m_strXMLRoot
End Property


Private Property Get IXML_TagArray() As String()
  'gibt String-Array von Spaltennamen gemäß der Funktion
  'IBO_SetBOColumnsAndXML() zurück
  IXML_TagArray = m_strXMLTags
End Property


Private Property Get IXML_XSLPI() As String
  'gibt den String zurück, der in den allgemeinen
  'Deklarationen die Tabelle bezeichnet
  IXML_XSLPI = m_strXSLPI
End Property
```

Der Code für die Klasse XMLParser

XMLParser ist eine Klasse, die mit der Datenbank interagiert und die resultierenden Recordsets in XML konvertiert. Sie verwendet dazu nicht die persistente Speicherung von ADO 2.1, sondern wandelt das Recordset zu einem Satz von XML-Knoten oder -Elementen um.

```
Option Explicit


Public Function ConvertRSToXML(adoRS As ADODB.Recordset, objXML As
IXML) As String

'diese Funktion konvertiert ADO-Recordsets zu XML-Dateien

'sie arbeitet nicht mit persistent gespeichertem ADO 2.1


  Dim strTab As String

  Const strOpen As String = "<"

  Const strClose As String = ">"

  Const strEndOpen As String = "</"


  Dim strXML As String

  Dim strVersion As String

  Dim strDTD As String

  Dim strXSL As String

  Dim strTags() As String

  Dim i As Integer


  Dim adoField As ADODB.Field
```

An dieser Stelle soll die DTD- oder XSL-Datei, wenn vorhanden, mit einer Zeichenkette referenziert werden:

```
'wenn das BO ein DTD angibt

  If objXML.DTDEntry <> "" Then strDTD = "<!DOCTYPE

  RESUME " & Chr(34) & objXML.DTDEntry & Chr(34) & ">" &

  vbCrLf

  'wenn das BO eine XSL angibt
```

```
  If objXML.XSLPI <> "" Then strXSL = "<?xml:stylesheet
  type=" & Chr(34) & "text/xsl" & Chr(34) & " href=" &
  Chr(34) & objXML.XSLPI & Chr(34) & "?>" & vbCrLf

  'soll das im BO angegebene Tag-Array abgerufen werden
  strTags = objXML.TagArray
  strTab = CStr(Space(2))
```

An dieser Stelle beginnt die XML-Datei:

```
'beginnen mit Angabe der XML-Version
  strVersion = "<?xml version="1.0"?>" & vbCrLf

  'XML-Wurzel
strXML = strOpen & objXML.XMLRoot & strClose & vbCrLf
```

Nun werden die XML-Daten eingefügt, indem der Datenbestand in Schleifen durchlaufen wird:

```
If adoRS.RecordCount > 0 Then
      adoRS.MoveFirst

      While Not (adoRS.EOF)
          'XML-Knoten schreiben
          strXML = strXML & strOpen & objXML.XMLNode &
          strClose & vbCrLf

          'Felder der Zeile in Schleife durchlaufen
          'lassen
          For i = 0 To adoRS.Fields.Count - 1
              'Tag-Anfang
              strXML = strXML & strTab & strOpen &
              strTags(i) & strClose

              'Ergebnis
              strXML = strXML & adoRS.Fields(i).Value
```

```
            'Tag-Ende
         strXML = strXML & strEndOpen & strTags(i) &
         strClose & vbCrLf
        Next
         strXML = strXML & strEndOpen & objXML.XMLNode
         & strClose & vbCrLf
        adoRS.MoveNext
    Wend

    'Ende der XML-Datei, XML-Wurzel schließen
    strXML = strXML & strEndOpen & objXML.XMLRoot &
    strClose
  End If

  'String zurückgeben
  ConvertRSToXML = strVersion & strDTD & strXSL & strXML

End Function
```

Mit der Funktion `getXMLString()` **können Sie auf die Datenbank zugreifen (mit** `DBManager`**) und einen String zurückgeben lassen:**

```
Public Function getXMLString(objBO As IBO, objXML As IXML) As String
'diese Funktion nimmt die aufrufende Klasse als Variable
'in objBO und objXML entgegen

  Dim objDBManager  As DBManager

  'DB Manager erstellen
  Set objDBManager = New DBManager
     'in der aufrufenden Klasse (z.B. PeopleBO) Spalten
     'und XML-Tags einrichten
     objBO.SetBOColumnsAndXML
```

```
    'Verbindung DB Manager einrichten
    objDBManager.DBConnection = objBO.BOConnectString
    'Spalten- und Tabellennamen an DB Manager übergeben
    'und ADO-Recordset zurückgeben
    Set objBO.BORecordSet =
    objDBManager.getResultSet(objBO.BOColumnNames,
    objBO.BOTableName)
    'neues Recordset und IXML-Schnittstelle an BO (z.B.
    'PeopleBO) übergeben
    'und resultierende XML-Strings zurückgeben
    getXMLString = ConvertRSToXML(objBO.BORecordSet,
    objXML)

End Function
```

Der `DBManager` braucht noch Strings für den Verbindungsaufbau (ODBC-Verbindung, eventuelle Passwörter usw.):

```
'DB Manager erstellen
    Set objDBManager = New DBManager
    'in der aufrufenden Klasse (z.B. PeopleBO) Spalten
    'und XML-Tags einrichten
    objBO.SetBOColumnsAndXML
    'Verbindung DB Manager einrichten
    objDBManager.DBConnection = objBO.BOConnectString
    'Spalten- und Tabellennamen an DB Manager übergeben
    'und ADO-Recordset zurückgeben
```

Dem `DBManager` wird das Spaltennamen-Array übergeben sowie die Tabelle, die das Business-Object als Quelle der Spaltennamen angibt:

```
Set objBO.BORecordSet = objDBManager.getResultSet(objBO.BOColumnNames,
objBO.BOTableName)

'neues Recordset und IXML-Schnittstelle an BO (z.B. PeopleBO)
'übergeben

'und resultierende XML-Strings zurückgeben
```

Das Recordset soll an ConvertRSToXML() übergeben werden:

```
  getXMLString = ConvertRSToXML(objBO.BORecordSet,
  objXML)


End Function
```

Mit der Funktion getADO() können Sie auf die Datenbank zugreifen (mit DBManager) und ein ADO-Recordset im persistenten Format zurückgeben lassen.

Bevor wir uns nun auf den Code der Funktion getADO() stürzen, sei noch darauf hingewiesen, dass das Business-Object als Parameter dieser Funktion getADO() als PeopleBO übergeben, jedoch als IBO entgegengenommen wird. Das ist ein wichtiger Punkt.

```
Public Function getADO(objBO As IBO, objXML As IXML) As String
```

Angenommen, der Objektparameter objBO wird als Klasse PeopleBO entgegengenommen, z.B.:

```
Public Function getADO(objBO As PeopleBO, objXML As IXML) As String
```

Wenn Sie dann objBO eingeben, sehen Sie, dass die aufgelisteten Methoden zur Klasse PeopleBO gehören, obwohl die Klasse als objBO entgegengenommen wurde, nicht als PeopleBO. Bei der Eingabe des Codes erscheinen also erst die Buchstaben objBO, dann die aufgelisteten Methoden der IBO-Schnittstelle.

Das bedeutet: Sie können den Objektparameter objBO als Parameter vom Typ PeopleBO versenden, da er aber IBO implementiert, können Sie den Parameter als IBO entgegennehmen – also von der Schnittstelle, die er implementiert.

Warum ist das so nützlich? Weil Sie, wenn Sie nicht wissen, welche Art von Business-Object Sie entgegennehmen werden (CustomerBO, PeopleBO oder EmployeeBO), einfach nur in allen Klassen IBO implementieren müssen, um sie alle als IBO entgegennehmen zu können – egal, welches konkrete Business-Object gerade übergeben wird.

Hier liegt ein entscheidender Vorteil des Einsatzes von Schnittstellen für höhere Wiederverwendbarkeit.

Die Funktion getADO() geht folgendermaßen weiter:

```
Dim objDBManager As DBManager
  Dim objDOMDocument As DOMDocument
  Dim strPath As String


strPath = App.Path & "\" & "adoxml.xml"
```

```
  'Spalten im aufrufenden Business-Object einrichten
  objBO.SetBOColumnsAndXML
  'DBManager initialisieren
  Set objDBManager = New DBManager
  objDBManager.DBConnection = objBO.BOConnectString
  'DBManager-Recordset abrufen
Set objBO.BORecordSet = objDBManager.get-
ResulSet(objBO.BOColumnNames, objBO.BOTableName)
```

Im nächsten Schritt wird das Recordset persistent als XML-Datei gespeichert:

```
objBO.BORecordSet.Save strPath, adPersistXML
```

und das XML in ein DOMDocument geladen:

```
'Datei in DOMDocument laden
  objDOMDocument.Load strPath
  'Datei löschen
  Kill strPath
  'XML zurückgeben
  getADO = objDOMDocument.xml


End Function
```

Der Code für die Klasse DBManager

Mit dem `DBManager` wird die Aufgabe des Datenbankzugriffs in eine Klasse ausgelagert, die praktischerweise von jeder beliebigen Klasse genutzt werden kann:

```
Option Explicit


Private m_strConnect As String
```

Die aufrufende Applikation oder Klasse muss einen gültigen String für diese Eigenschaft, nämlich `DBConnection`, bereitstellen:

```
Public Property Let DBConnection(sValue As String)
  m_strConnect = sValue
End Property
```

Die Spalten werden als Array von Strings übergeben, miteinander verkettet und in einer SELECT-Anweisung verwendet:

```
Private Function MakeColumnList(sColumnNames() As String) As String


  'Array von Spaltennamen in String verketten,
  'Komma als Trennzeichen verwenden
  MakeColumnList = Join(sColumnNames, ", ")


End Function
```

Die aufrufende Applikation oder Klasse kann dann folgende Schritte auslösen:

```
Public Function getResultSet(sColumnNames() As String, sTable As
String) As ADODB.Recordset
  Dim strSQL As String
  Dim adoCon As ADODB.Connection
  Dim adoRst As ADODB.Recordset

  'SQL-Abfrage vorbereiten durch Erstellung von String
  'aus dem vom Parser erhaltenen Array,
  'für die Spalten und den Tabellennnamen
  'die 'sColumNames' entsprechen den Spaltennamen in der
  'Reihenfolge, wie sie aus der Datenbank ausgewählt
  'werden sollen
  strSQL = "SELECT " & MakeColumnList(sColumnNames) & "
  FROM " & sTable

  'ADO-Objekte vorbereiten
  Set adoCon = New ADODB.Connection
  Set adoRst = New ADODB.Recordset

  'Verbindung zur Datenbank herstellen
  adoCon.ConnectionString = m_strConnect
  adoCon.CursorLocation = adUseClient
```

```
adoCon.Open
Set adoRst.ActiveConnection = adoCon
```

An dieser Stelle öffnen Sie das Recordset und geben es an die aufrufende Stelle zurück (in diesem Beispiel eine Klasse, die es in eine XML-Datei umwandelt):

```
'Ergebnisse abrufen
adoRst.Open strSQL, , adOpenForwardOnly,
adLockReadOnly, adCmdText
Set getResultSet = adoRst

End Function
```

Der Code für die Klasse IXML

Die Klasse `IXML` ist eine von zwei Schnittstellenklassen. Die Definition der Klasse `IXML` lautet:

```
Option Explicit

'hier wird eine Schnittstelle für eine XML-Datei
'bereitgestellt
'sie wird bei Business-Object-Klassen angewendet
'und bei der Definition von Tags und Elementen für XML-
'Dateien

'Namen der XML-Wurzel angeben
Public Property Get XMLRoot() As String

End Property
```

Beachten Sie, dass diese Methoden keinen Code enthalten, da der Code in der Klasse enthalten ist, die diese Schnittstelle implementiert. Diese Klasse, `IXML`, ist daher nur eine Schnittstelle für die anderen Klassen:

```
'String-Array für die XML- und DTD-Tags,
'muss mit den Spaltennamen des
'Business-Objects übereinstimmen
```

```
Public Property Get TagArray() As String()

End Property

'Namen des XML-Knotens angeben
Public Property Get XMLNode() As String

End Property

'Verknüpfung zum XSL-Stylesheet angeben
Public Property Get XSLPI() As String

End Property

'Verknüpfung zur DTD angeben
Public Property Get DTDEntry() As String

End Property
```

Der Code für die Klasse IBO

Dies ist die zweite Schnittstelle, die die Applikation in ihrem derzeitigen Aufbau verwendet. Auch hier enthalten die Methoden keinen Code, da sie nur als Schnittstelle dienen, die in einer Klasse implementiert wird. Dort werden diese Methoden dann mit Code gefüllt:

```
Option Explicit

'für jedes Business-Object diese Schnittstelle
'implementieren
'sie enthält 'Hintergrund'-Informationen über das
'Business-Object,
'insbesondere Angaben zur Datenbank, z.B. den Namen und
'die Spalten der Tabelle
```

```
'zu den folgenden 'Get'-Methoden gibt es keine
'assoziierten 'Let'-Methoden
'wie bei den Business-Object-Klassen werden ihre Daten
'in lokalen Variablen gehalten (s. allgemeine
'Deklaration der Klasse PeopleBO)

'String-Array derjenigen Spaltennamen aus der
'Haupttabelle, die in der XML-Datei angezeigt werden
'sollen. Die Reihenfolge dieses Arrays muss mit dem
'String-Array 'TagArray' aus der IXML-Schnittstelle
'übereinstimmen
Public Property Get BOColumnNames() As String()

End Property

'wie lautet der ODBC-Verbindungs-String?
Public Property Get BOConnectString() As String

End Property

'wie heißt die Haupttabelle aus der Datenbank für dieses
'BO?
Public Property Get BOTableName() As String

End Property

'Recordset für das BO abrufen, sobald DBManager-Klasse
'dieser Schnittstelle die Informationen zum Abrufen des
'Recordset entnommen hat (s. DBManager-Funktion
'getResultset())
Public Property Get BORecordSet() As ADODB.Recordset
```

```
End Property

Public Property Set BORecordSet(adoRS As ADODB.Recordset)

End Property

'in der BO-Klasse werden an dieser Stelle die Arrays der
'BOColumnNames-Strings und des IXML-TagArray gesetzt
Public Sub SetBOColumnsAndXML()

End Sub

'Wrapper-Methode zum Abrufen der XML-Daten aus der
'Klasse XMLParser
Public Function getXML() As String

End Function

Public Function getADOXML() As String

End Function
```

Zusammenfassung

Der direkte Zugriff auf die Datenbank wurde ersetzt durch die Maskierung der Datenbank mit einem Business-Object. Außerdem wurde die Implementierung von Klassen eingeführt, um DLL-übergreifende Konsistenz zu erzwingen, was die Wiederverwendbarkeit erheblich steigert. Es wurde dargestellt, warum die Erstellung von Objekten wie einem XML-Parser sinnvoll ist, wenn bestimmte Funktionen mehrfach von unterschiedlichen Objekten genutzt werden.

6.7.5 Funktionsweise des ASP-Ansatzes

Hiermit befinden wir uns wieder auf vertrautem Terrain – ASP-Dateien mit VBScript. Der Großteil des hier verwendeten Codes wurde weiter oben im Buch erstellt und erläutert. Das Sequenzdiagramm in Abbildung 6.12

(S. 166) zeigt das Formular, das mit der ASP-Seite verbunden ist, die wiederum mit einer Datenbank verbunden ist.

Abbildung 6.14: Das ASP-Beispiel

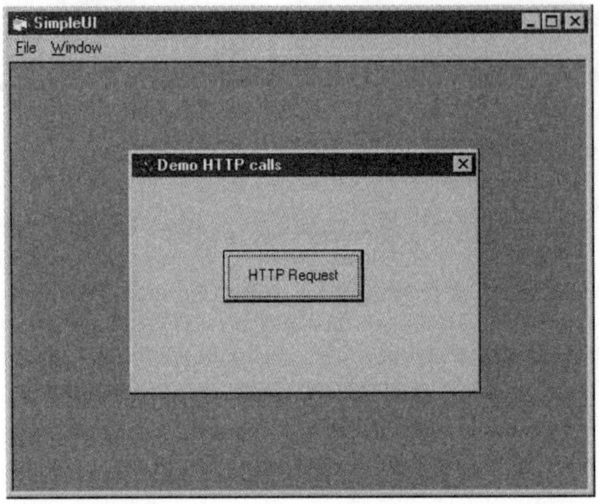

Wie Sie sehen, macht auch das ASP-Beispiel auf den ersten Blick nicht viel her: ein MDI-Formular und ein untergeordnetes Formular mit einer Schaltfläche. Bei Anklicken der Schaltfläche stellt das Projekt eine HTTPRequest-Verbindung zum Server her, ruft eine ASP-Seite auf und übergibt ihr einen Parameter. Die ASP-Seite kommuniziert mit dem Business-Object, das wiederum mit einer Datenbank kommuniziert.

Der Code zum HTTPRequest-Formular

Der Code hinter dieser Schaltfläche stellt eine HTTP- `GET()`-Verbindung zum Web-Server her und übergibt der ASP-Seite zwei Parameter. Der Code der ASP-Seite analysiert die Parameter und gibt die angeforderten Informationen zurück.

Mehrere andere Arten von Verbindung zum Web-Server sind möglich, z.B. eine `PUT()`-Verbindung, die ein HTML-Formular übergibt. Die entgegennehmende ASP-Seite analysiert dann das HTML-Formular. Da in unserem Beispiel die ASP-Seite aber aus Code heraus aufgerufen wird, ist es einfacher, die Parameter folgendermaßen mit `GET()` zu übergeben:

```
Option Explicit

Private Sub cmdHTTP_Click()

  Dim httpOB As New XMLHTTPRequest
  Dim strXML As String
  Dim strURL As String
```

```
Dim strPath As String
Dim strMsg As String
Dim objDOMDocument As DOMDocument

On Error GoTo ErrorHandler

          'Sanduhr aktivieren
          Me.MousePointer = vbHourglass

'um das Beispiel einfach zu halten, fordern wir hier nur
'XML- und 'nur PEOPLE-Daten an
'aufzurufende URL als String angeben, da ein Bug in der
'ersten Version des Objekts einen Absturz verursacht,
'wenn der strURL-Parameter kein String ist
      strURL = "http://mark/xmlcode/servexml.asp?-
      ReplyType=eXML&useBO=PEOPLE"

      'Aufruf starten
      Call httpOB.Open("GET", strURL, False)
      Call httpOB.send

      'Antwort entgegennehmen
     strXML = httpOB.responseText

      'Erfolgsmeldung an den Benutzer ausgeben und XML-
      'Daten in Meldungsfeld anzeigen
      strMsg = "We have successfully retrieved an XML
      document from the webserver" & Chr(13) & Chr(13) &
      "The XML displayed below may be truncated by the
      message box" & Chr(13) & Chr(13) & strXML
      MsgBox strMsg
```

```
    'Sanduhr deaktivieren
    Me.MousePointer = vbDefault

  Exit Sub

ErrorHandler:

  MsgBox "There is an error at source " & Err.Source & "
  with a description of " & Chr(13) & Err.Description &
  Chr(13) & "with the errorcode of " & Err.Number
  Exit Sub

End Sub
```

Code für die ASP-Seite

Verwenden Sie auf der ASP-Seite den Ausdruck

```
response.buffer = true
```

um zu verhindern, dass die Header-Daten der HTML-Seite zurückgesendet werden, bevor die erste Seite vollständig aufgebaut ist:

```
<% response.buffer = true %>
```

Geben Sie die verwendete Skriptsprache an:

```
<% LANGUAGE="VBScript" %>
```

In der ersten Version des XML-Objekts HTTP-Request im Microsoft IE5 ist einer der Parameter für die Verbindungsherstellung zum Web-Server der aufzurufende URL. Dieser ist als String und nicht explizit anzugeben, da sonst das Programm beim Kompilieren abstürzt.

Rufen Sie die als `QueryStrings` übergebenen Parameter ab und setzen Sie sie in lokale Variablen ein:

```
<% mytype = Request.QueryString("ReplyType") %>
<% BO = Request.QueryString("useBO") %>
```

Prüfen Sie, ob der Benutzer reines XML mit den `PEOPLE`-Daten zurückgegeben haben möchte:

```
<% if mytype = "eXML" and BO = "PEOPLE" then %>
<?xml version="1.0" ?>
```

Öffnen Sie den Wurzel-Knoten:

```
<PEOPLE>
```

Stellen Sie die Datenbankverbindung her und durchlaufen die Datensätze, um die Daten in die XML-Elemente einzufügen:

```
<%
       Set ObjConn = Server.CreateObject-
       ("ADODB.Connection")
       ObjConn.Open "VBXML"
       Set PEOPLE = ObjConn.Execute("select * from
       People")
       Do While Not PEOPLE.EOF
  %>
  <PERSON>
    <NAME><%=People("Name")%></NAME>
    <ADDRESS><%=People("Address")%></ADDRESS>
    <TEL><%=People("Tel")%></TEL>
    <FAX><%=People("Fax")%></FAX>
    <EMAIL><%=People("Email")%>  </EMAIL>
  </PERSON>
      <% People.MoveNext
      Loop
  %>
```

Schließen Sie den Wurzel-Knoten:

```
</PEOPLE>
```

Prüfen Sie, ob der Benutzer die PEOPLE-Daten clientseitig mit XSL transformiert haben möchte:

```
<% elseif mytype = "eXSLHTML"  and BO = "PEOPLE" then %>
<?xml version="1.0" ?>
```

Fügen Sie die Verknüpfung zum Stylesheet ein:

```
<?xml:stylesheet type="text/xsl" href="http://mark/xmlcode/
people.xsl"?>
<PEOPLE>
```

Der restliche Code ist genauso wie im vorigen Beispielfragment für die ASP-Seite:

```
<%
        Set ObjConn = Server.CreateObject-
        ("ADODB.Connection")
        ObjConn.Open "VBXML"
        Set PEOPLE = ObjConn.Execute("select * from
        People")
        Do While Not PEOPLE.EOF
      %>
  <PERSON>
    <NAME><%=People("Name")%></NAME>
    <ADDRESS><%=People("Address")%></ADDRESS>
    <TEL><%=People("Tel")%></TEL>
    <FAX><%=People("Fax")%></FAX>
    <EMAIL><%=People("Email")%> </EMAIL>
  </PERSON>
        <% People.MoveNext
        Loop
        %>
  </PEOPLE>


<% end if %>
```

An dieser Stelle ist die Verarbeitung vollständig abgeschlossen, daher wird die Seite nicht länger gepuffert, sondern ausgegeben.

Code für die WebClass

Aus einer VB-Applikation eine WebClass anstelle von ASP aufzurufen ist nicht kompliziert. Der Code ist weitgehend derselbe. Der Aufruf der ASP-Seite über HTTPRequest ist jedenfalls identisch, nur dass die WebClass in VB erzeugt wird und nicht in Microsoft Visual Interdev oder Microsoft FrontPage. Der entsprechende WebClass-Code für VB sieht folgendermaßen aus:

```
Option Explicit

Private Sub WebClass_Start()

  Dim objPeople As New PeopleBO
  Dim strXML As String
  Dim strRequest As String
  Dim strBO As String
  Dim objConn As ADODB.Connection
  Dim rstPeople As Recordset
  Dim objDOMDocument As DOMDocument
  Dim xslDoc As DOMDocument
  Dim objFSO As New FileSystemObject

  On Error GoTo ErrorHandler
```

In diesem Beispiel werden keine benutzerdefinierten oder HTML-Vorlagen-WebItems verwendet. Der VB-Code wird in die Methode `Start()` geschrieben, das `Request`-Objekt nimmt die Parameter entgegen und das `Response`-Objekt den zurückgegebenen String.

In WebClasses können Sie VB-Code mit allen vertrauten Konstrukten und Objektreferenzen schreiben. Wie Sie schon beim ASP-Code gesehen haben, können Parameter übergeben werden, wenn die WebClass über einen `GET()`-HTTPRequest aufgerufen wird, und der Zugriff auf diese Parameter erfolgt aus dem Code über das Request-Objekt mit der `QueryString`-Eigenschaft:

```
'QueryStrings in lokale Strings einsetzen
  strRequest = Request.QueryString("ReplyType")
  strBO = Request.QueryString("useBO")
```

Nun genügt ein Blick auf die Parameter, um festzustellen, ob im Aufruf XML angefordert wird, serverseitig transformiertes XML, XML mit XSL-Verarbeitungsanweisungen oder ein persistent gespeichertes ADO-Recordset, oder ob der Code ein Business-Object ansprechen soll.

Als VB-Entwickler werden Ihnen für diesen Code natürlich Millionen Anwendungsmöglichkeiten einfallen. In dem Business-Object-Abschnitt dieses Beispiels werden einige Klassen aufgerufen, die weiter oben in diesem Buch bereits vorgestellt wurden:

```
  'prüfen, ob der Benutzer die Ausgabe in reinem XML
  'wünscht
  If strRequest = "eXML" Then
        'Erstellung der XML-Datei beginnen
```

```
strXML = "<?xml version=" & Chr(34) & "1.0" &
Chr(34) & " ?>"
'Wurzel-Knoten öffnen
strXML = strXML & "<PEOPLE>"

'ADO-Verbindung herstellen
Set objConn = Server.CreateObject-
("ADODB.Connection")
'prüfen, ob ODBC-DSN gültig ist
objConn.Open "VBXML"
'Recordset abrufen
Set rstPeople = objConn.Execute("select * from
People")
'Recordset in Schleife durchlaufen lassen
Do While Not rstPeople.EOF
   'Recordset in die XML-Elemente einsetzen
   strXML = strXML & "<PERSON>"
   strXML = strXML & "<NAME>" &
   rstPeople("Name") & "</NAME>"
   strXML = strXML & "<ADDRESS>" &
   rstPeople("Address") & "</ADDRESS>"
   strXML = strXML & "<TEL>" & rstPeople("Tel")
   & "</TEL>"
   strXML = strXML & "<FAX>" & rstPeople("Fax")
   & "</FAX>"
   strXML = strXML & "<EMAIL>" &
   rstPeople("Email") & "</EMAIL>"
   strXML = strXML & "</PERSON>"

   'weiter das Recordset durchlaufen lassen
   rstPeople.MoveNext
```

```
        Loop

        'Wurzel-Knoten schließen
        strXML = strXML & "</PEOPLE>"

'prüfen, ob der Benutzer die Ausgabe in serverseitig
'transformiertem XML wünscht
ElseIf strRequest = "eXSLHTML" Then
        'XML-Datei laden
        Set objDOMDocument = Server.CreateObject-
        ("Microsoft.XMLDOM")
        objDOMDocument.Load
        (Server.MapPath("people.xml"))
        'XSL-Datei laden
        Set xslDoc = Server.CreateObject-
        ("Microsoft.XMLDOM")
        xslDoc.Load (Server.MapPath("people.xsl"))
        'XML transformieren und für die Rückgabe als
        'String ablegen
        strXML = objDOMDocument.transformNode(xslDoc)

'prüfen, ob der Benutzer die Ausgabe in XML mit XSL
'wünscht - clientseitige Transformation
ElseIf strRequest = "eXMLXSL" Then
        'XML-Header erstellen
        strXML = "<?xml version=" & Chr(34) & "1.0" &
        Chr(34) & " ?>"
        'Verknüpfung zur XSL-Datei angeben
        strXML = strXML & "<?xml:stylesheet type=" &
        Chr(34) & "text/xsl" & Chr(34) & " href=" &
        Chr(34) & "http://mark/xmlcode/people.xsl" &
```

```
Chr(34) & "?>"

'der restliche Code ist wie oben im XML-
'Beispielfragment
strXML = strXML & "<PEOPLE>"

Set objConn = Server.CreateObject-
("ADODB.Connection")
objConn.Open "VBXML"
Set rstPeople = objConn.Execute("select * from
People")
Do While Not rstPeople.EOF

   strXML = strXML & "<PERSON>"
   strXML = strXML & "<NAME>" &
   rstPeople("Name") & "</NAME>"
   strXML = strXML & "<ADDRESS>" &
   rstPeople("Address") & "</ADDRESS>"
   strXML = strXML & "<TEL>" & rstPeople("Tel")
   & "</TEL>"
   strXML = strXML & "<FAX>" & rstPeople("Fax")
   & "</FAX>"
   strXML = strXML & "<EMAIL>" &
   rstPeople("Email") & "</EMAIL>"
   strXML = strXML & "</PERSON>"

   rstPeople.MoveNext
Loop

strXML = strXML & "</PEOPLE>"
```

```
'prüfen, ob der Benutzer die Ausgabe als DOMDocument
'wünscht
ElseIf strRequest = "DOMDocument" Then
      'XML-Datei laden
      Set objDOMDocument = Server.CreateObject-
      ("Microsoft.XMLDOM")
      objDOMDocument.Load
      (Server.MapPath("people.xml"))
      'Inhaltstyp für ASP-Response-Objekt auf XML
      'setzen
      Response.ContentType  = "text/xml"
      'XML für die Rückgabe in String ablegen
      strXML = objDOMDocument.xml

'prüfen, ob der Benutzer die Ausgabe als persistent
'gespeicherte ADO 2.1-Recordsets wünscht
ElseIf strRequest = "ADO" Then
      'Verbindung herstellen
      Set objConn = Server.CreateObject-
      ("ADODB.Connection")
      'prüfen, ob ODBC-DSN gültig ist!
      objConn.Open "VBXML"
      'Recordset abrufen
      Set rstPeople = objConn.Execute("select * from
      People")

      'Datei löschen, wenn vorhanden
      If objFSO.FileExists(Server.MapPath-
      ("adodemo.xml")) Then objFSO.DeleteFile
      (Server.MapPath("adodemo.xml"))
```

```
        'ADO-Recordset persistent als ADO-XML-
        'Datenbestand speichern
        rstPeople.Save (Server.MapPath("adodemo.xml")),
        adPersistXML

        'DOMDocument anlegen
        Set objDOMDocument = Server.CreateObject-
        ("Microsoft.XMLDOM")
        'XML-Daten in das DOMDocument laden
        objDOMDocument.Load (Server.MapPath-
        ("adodemo.xml"))
        'Inhaltstyp für ASP-Response-Objekt auf XML
        'setzen
        Response.ContentType  = "text/xml"
        'XML für die Rückgabe in String ablegen
        strXML = objDOMDocument.xml

'prüfen, ob der Benutzer die XML-Daten aus einem
'Business-Object abrufen möchte
ElseIf strRequest = "BO" Then

        'ist das abzurufenden Business-Object das
        'BO 'PEOPLE',
        If strBO = "People" Then
           'dann das PEOPLE-Business-Object (DLL)
           'aufrufen und XML als String abrufen
           strXML = objPeople.IBO_getXML
        End If

End If
```

```
    'jetzt den Antwort-String zurücksenden
    Response.Write strXML

Exit Sub

ErrorHandler:

'einfach die Prozedur auf dem Server beenden
'da sie auf dem Server ausgeführt wird, wäre es nicht
'sinnvoll, einen Fehler auszulösen
'protokollieren Sie eventuell die Fehler
'wenn diese DLL unbeaufsichtigt ausgeführt wird, werden
'Meldungen automatisch protokolliert

Exit Sub
```

Um sich den Code in der Ausführung anzusehen, geben Sie ihn in den VB-WebClass-Designer ein, und zwar in die Methode `Private Sub WebClass_Start()`. An der Standard-WebClass, die der Assistent erzeugt, müssen Sie keine weiteren Änderungen vornehmen.

Bei der ersten Ausführung der WebClass bietet VB allerdings an, eine ASP-Datei anzulegen, die der Code aufrufen kann. Sie haben vielleicht bemerkt, dass in den Beispielen hier immer webXML.asp aufgerufen wird. Das ist die ASP-Datei, die VB erstellt, um den Zugriff auf diese DLL zu ermöglichen.

6.8 XMLDemo – ein umfassenderes Beispiel

Das zweite Projekt, das hier behandelt werden soll, ist eine vollständige clientseitige Demonstration für den Zugriff auf Web-Server mit ASP oder WebClasses und die Übergabe von Daten mit XML. Dieses Anwendungsbeispiel vereint den gesamten Code und sämtliche Konzepte dieses Buchs in einer flexiblen und wiederverwendbaren dreischichtigen Lösung. Außer der Verwendung des gesamten Codes aus diesem Buch soll auch der Nutzen von VB, WebClasses, ASP und XML demonstriert werden.

Abbildung 6.15 zeigt die Benutzeroberfläche dieses Projekts.

Abbildung 6.15: Benutzeroberfläche für Beispiel B

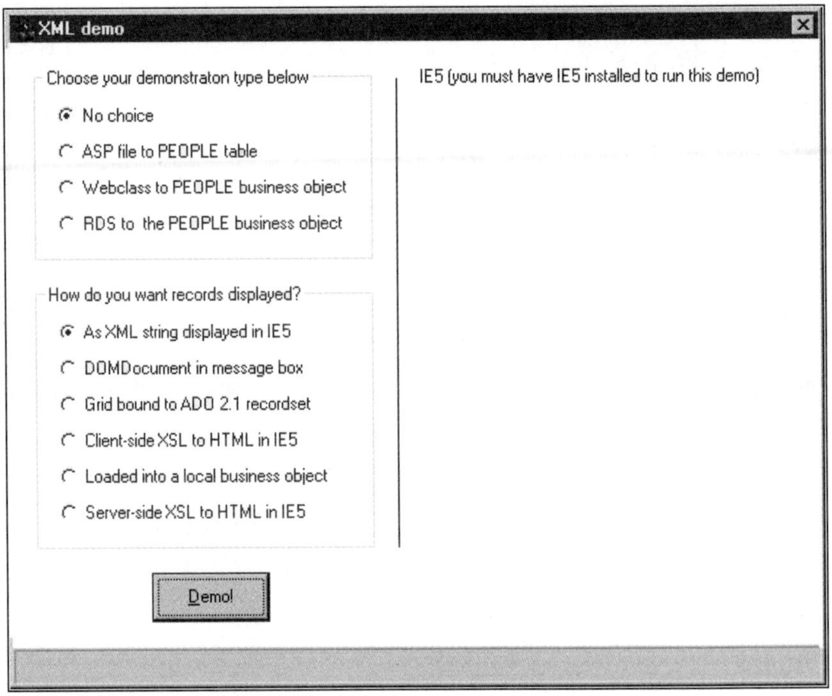

Links sind die Optionen aufgelistet, zwischen denen der Benutzer wählen kann, rechts ist der IE5-Bereich, in dem die Ausgabe angezeigt wird. Links kann der Benutzer beispielsweise die Optionen `ASP file to PEOPLE table` und `Client-side XSL to HTML in IE5` auswählen. Wenn der Benutzer dann auf die Schaltfläche `Demo` klickt, ruft die Applikation die entsprechenden Klassen und Objekte auf, sendet eine Abfrage an die Datenbank und gibt XML-Daten in Verbindung mit einer XSL-Datei zurück. Die Kombination von XML und XSL wird auf der rechten Seite des Formulars als clientseitige Tabelle angezeigt werden.

Wie Sie sehen, stehen auf der Benutzeroberfläche mehrere Optionen zur Auswahl. Als Entwickler oder Team-Leiter werden Sie in diesem Projekt hoffentlich mehrere Code-Ausschnitte oder Lösungen finden, die Sie für Ihre eigene Arbeit nutzen können.

Tabelle 6.1 hilft Ihnen, gesuchte Code-Abschnitte schnell zu finden.

Tab. 6.1: Quellcode-Listings für Projekte

Typ	Ausgabe als	Lösungsprinzip
Keine Auswahl	(keine)	Diese Option dient nur dazu, alle Möglichkeiten zu visualisieren; sie ist mit keiner Prozedur verbunden.
ASP	XML	Ausgabe von XML unmittelbar aus einer Datenbank, Aufruf über ASP-HTTPRequest

Typ	Ausgabe als	Lösungsprinzip
ASP	DOM	(kein)
ASP	ADO	(kein)
ASP	XSL auf Clientseite	Ausgabe von XML mit XSL-Verarbeitungsanweisung unmittelbar aus einer Datenbank über ASP-HTTPRequest
ASP	Business-Object	(kein)
ASP	XSL auf Serverseite	(kein)
WebClass	XML	Ausgabe von XML unmittelbar aus einer Datenbank, Aufruf über ASP-HTTPRequest
WebClass	DOM	Ausgabe von XML aus einer XML-Datei, Aufruf über ASP-HTTPRequest; anschließend auf dem Client Laden der XML-Daten in ein DOMDocument
WebClass	ADO	Ausgabe von ADO, persistent gespeichert als XML, anschließend Rückkonvertierung von XML in ADO und Anbinden einer Tabelle an die ADO-Daten
WebClass	XSL auf Clientseite	Ausgabe von XML unmittelbar aus einer Datenbank, Aufruf über ASP-HTTPRequest
WebClass	Business-Object	Zugriff auf ein Business-Object (`PeopleBO`) und Ausgabe von XML (clientseitige Neuerstellung als Klassen-Auflistung ist noch nicht verfügbar)
WebClass	XSL auf Serverseite	Ausgabe von HTML – durch Transformation einer XML-Datei mit einer XSL-Datei – unmittelbar aus einer Datenbank, Aufruf über ASP-HTTP-Request

Tab. 6.1 Quellcode-Listings für Projekte (Forts.)

Abbildung 6.16 zeigt das Projekt in VB6.

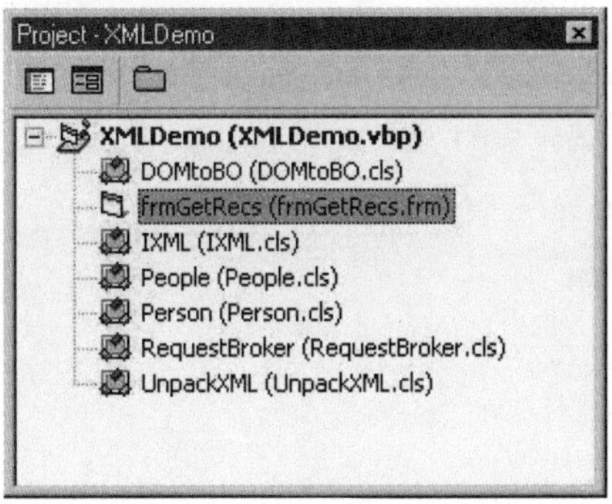

Abbildung 6.16: Beispiel B »XML Demo«

Aus praktischen Gründen wird hier die Auflistung von Klassen verwendet, wie sie der Klassen-Assistent der VB5- und VB6-Umgebung standardmäßig erzeugt. Es gibt ausgefeiltere Methoden zur Erstellung von Auflistungsklassen, aber darauf soll hier nicht eingegangen werden.

Alle Klassen und Formulare dieses Projekts sind clientseitig und enthalten bereits die benötigten Dateien, um Daten vom Web-Server anzufordern. Sobald die Daten zurückgegeben wurden, wird eine andere Klasse (`DOMtoBO`) verwendet, um die XML-Daten zu entpacken und sie – wenn es die Applikation erfordert – in eine Auflistung von Klassen (`PEOPLE` und `PERSON`) abzulegen.

Beachten Sie, dass sich auf dem Client auch eine Kopie der Schnittstellenklasse `IXML` befindet. Wie bereits dargestellt, ist die Implementierung einer Schnittstelle von großem Nutzen für die Standardisierung der Methoden, die die verschiedenen Programme des Projekts verwenden.

Wenn Sie dieses Projekt »nachbauen« wollen, achten Sie darauf, dass es Referenzen auf folgende Objekte enthält:

- Microsoft XML Version 2.0 (oder höher)
- Microsoft Scripting Runtime (für das FilesSystemObject)
- Microsoft ActiveX Data Objects 2.1 Library
- Microsoft Internet-Steuerelemente (für den Web-Browser)

Sehen wir uns nun den Code für das Formular `getRecs` an.

6.8.1 Der Code für getRecs

Das Formular `getRecs` entspricht der Benutzeroberfläche dieses Beispielprojekts. Es gibt dem Benutzer mehrere Optionen zur Auswahl, wie die Beispielanwendung die XML-Daten abrufen und anzeigen soll.

Die nun folgenden `General Declarations` für das Formular enthalten eine so genannte Enumeration (Aufzählung). Der große Nutzen solcher Aufzählungen liegt darin, dass sie dem Benutzer eine Reihe von Parametern für Dropdown-Mitgliedslisten zur Auswahl stellen, wenn VB6 mit Intellisense den Code automatisch vervollständigt. Außerdem sollen zwei Objekte erstellt werden, `objRequestBroker` und `objDOMtoBO`.

```
Option Explicit


'für Options-Steuerelemente Aufzählung verwenden
'die Aufzählungsnummer soll dem Wert des Options-
'Steuerelements entsprechen
Private Enum eReturn
  eXML = 0
  eDOM = 1
  eADO = 2
  eXSL = 3
```

```
  eBO = 4
  eXSLHTML = 5
End Enum

'für Options-Steuerelemente Aufzählung verwenden
'die Aufzählungsnummer soll dem Wert des Options-
'Steuerelements entsprechen
Private Enum eType
  eASP = 0
  eWebclass = 1
  eRDS = 2
  eNoChoice = 3
End Enum

Private m_objRequestBroker As New RequestBroker
Private m_objDOMtoBO As New DOMtoBO
```

Der nächste Abschnitt codiert die Befehlsschaltfläche `cmdDemo` im Formular `getRecs`. Bei Anklicken dieser Schaltfläche wird eine Anfrage an den `obj RequestBroker` gesendet, die Datensätze im gewünschten Format zurückzugeben (je nach der durch den Benutzer getroffenen Auswahl). Das Ausgabeformat könnte clientseitiges XSL oder jede der anderen Alternativen sein.

Wenn das Click-Ereignis der Schaltfläche `cmdDemo` auftritt, wird der Formattyp, den der Benutzer ausgewählt hat, ausgewertet, anschließend wird das Objekt `m_objRequestBroker` mit den entsprechenden Variablen initialisiert. `RunRequestBroker` wird aufgerufen:

```
Private Sub cmdDemo_Click()

  On Error GoTo ErrorHandler

  'Mauszeiger auf True setzen
  Pointer True
  'XML-Anzeige auf nicht sichtbar setzen
  grdADODemo.Visible = False
  webTarget.Visible = False
```

```
'wenn als Beispieltyp 'No Choice' ausgewählt und
'danach auf Anzeige geklickt wurde, soll nichts
'passieren
If optType(eType.eNoChoice).Value = True Then
    MsgBox "'No choice' is used only to display all
    the return types."
    Pointer False
    Exit Sub
End If

'Statusmeldung eingeben
StatusText ("Initializing the RequestBroker")

'RequestBroker für Quelle initialisieren
m_objRequestBroker.BO = "PEOPLE"

'RequestBroker für aufgerufenen Beispieltyp
'initialisieren
If optType(eType.eASP).Value = True Then
    m_objRequestBroker.CallType = eCTAsp

ElseIf optType(eType.eWebclass).Value = True Then
    m_objRequestBroker.CallType = eCTWebClass

Else  'RDS
    m_objRequestBroker.CallType = eCTRDS
End If

'RequestBroker für Ausgabetyp initialisieren
If optReturn(eReturn.eXML) Then
    m_objRequestBroker.ReturnType = eXML
```

```
  ElseIf optReturn(eReturn.eDOM) Then
      m_objRequestBroker.ReturnType = eDOM

  ElseIf optReturn(eReturn.eADO) Then
      m_objRequestBroker.ReturnType = eADO

  ElseIf optReturn(eReturn.eXSL) Then
      m_objRequestBroker.ReturnType = eXSL

  ElseIf optReturn(eReturn.eBO) Then
      m_objRequestBroker.ReturnType = eBO

  Else    'eReturn.eXSLHTML
      m_objRequestBroker.ReturnType = eXSLHTML
  End If

  'RequestBroker starten
  Call RunRequestBroker

  Exit Sub

ErrorHandler:

  MsgBox "There is an error at source " & Err.Source & "
  with a description of " & Chr(13) & Err.Description &
  Chr(13) & "with the errorcode of " & Err.Number

  Exit Sub

End Sub
```

Die Ladeprozedur für das Formular `getRecs` sorgt dafür, dass der in das Formular eingebettete Web-Browser nicht versucht, beim Start eine Verbindung zum Internet oder lokalen Intranet herzustellen. Außerdem wird eine Begrüßungsmeldung angezeigt:

```
Private Sub Form_Load()

On Error GoTo ErrorHandler

     'sicherstellen, dass der Browser nicht versucht,
     'eine Internetverbindung herzustellen
     webTarget.Offline = True
     'Benutzer begrüßen - dieses Meldungsfeld hat keine
     'weitere Funktion und kann auch entfernt werden
     MsgBox "This program demonstrates the usefulness
     of XML for:" & Chr(13) & Chr(13) & "1.) The ideal
     inter-program exchange format where the DTD
     provides the structure for the document.  On any
     given day the structure can change - provided the
     DTD changes as well, any programs using the data
     will not be risked" & Chr(13) & Chr(13) & "2.)
     Companies can make their live data available via
     the Internet for sale" & Chr(13) & Chr(13) & "3.)
     Data can be retrieved from almost any data source"
     'Optionsfelder für Ausgabetyp deaktivieren
     Call EnableReturnOptions(False)

  Exit Sub

ErrorHandler:
  MsgBox "There is an error at source " & Err.Source & "
  with a description of " & Chr(13) & Err.Description &
  Chr(13) & "with the errorcode of " & Err.Number
```

```
  Exit Sub

End Sub
```

Die Prozedur `RunRequestBroker()` erzeugt eine Zeichenkette mit dem Pfad des Servers und dem Namen der XML-Datei auf dem Server. Je nachdem, welchen Ausgabetyp der Benutzer für `optReturn` angefordert hat, ruft die Prozedur dann die XML-Daten vom bereits initialisierten `m_objRequestBroker` ab und nimmt sie entgegen. Ebenfalls je nach Anweisung des Benutzers wird entweder ein Web-Browser oder ein Tabellengitter verwendet oder eine Bestätigungsmeldung angezeigt:

```
Private Sub RunRequestBroker()

  Dim adoRst As ADODB.Recordset
  Dim xmlDOM As DOMDocument
  Dim strXML As String
  Dim objPeople As New People
  Dim strPath As String
  Dim strMsg As String

  On Error GoTo ErrorHandler

        strPath = App.Path & "\" & "xmlfromserver.xml"

           'wenn Business-Object angefordert
           If optReturn(eReturn.eBO).Value = True Then
              'XML abrufen und in objDOMtBO ablegen
              m_objDOMtoBO.XML = mobjRequestBroker.-
              getXML
                 'Konvertierung in lokales Business-
                 'Object starten
                 Call m_objDOMtoBO.getPeople(objPeople)
                 'rudimentäres Fehlermeldungssystem
                 'überprüfen
```

```
            If m_objRequestBroker.Errors = True
            Then
               MsgBox "The Request Broker reports
               that there were errors"
            Else
                  Beep
         'Erfolgsmeldung an den Benutzer ausgeben -
         'Objekt kann nicht angezeigt werden
               grdADODemo.Visible = False
                  webTarget.Visible = False
                  End If
      'wenn ADO angefordert
ElseIf optReturn(eReturn.eADO).Value = True Then
   Set adoRst = m_objRequestBroker.getADO
   'rudimentäres Fehlermeldungssystem überprüfen
   If m_objRequestBroker.Errors = True Then
   MsgBox "The Request Broker reports that there were
   errors"
Else
      'Erfolgsmeldung an den Benutzer ausgeben und
      'anbieten, die Ergebnisse an eine Tabelle
      'gebunden anzuzeigen
      MsgBox "We have successfully retrieved an ADO
      recordset from the webserver."
      Set grdADODemo.DataSource = adoRst
      grdADODemo.ZOrder
      grdADODemo.Visible = True
 End If

'wenn DOM angefordert
ElseIf optReturn(eReturn.eDOM).Value = True Then
```

```
Set xmlDOM = m_objRequestBroker.getDOM
'rudimentäres Fehlermeldungssystem überprüfen
If m_objRequestBroker.Errors = True Then
   MsgBox "The Request Broker reports that there were
   errors"
Else
   Beep
      'Erfolgsmeldung an den Benutzer ausgeben und
       anbieten, die Ergebnisse im IE5 anzuzeigen
      strMsg = "We have successfully retrieved a
      DOMDocument from the webserver" & Chr(13) &
      Chr(13) & "NOTE: The XML displayed below may be
      truncated" & Chr(13) & Chr(13) & xml-DOM.XML
   MsgBox strMsg
End If

'wenn XML mit XSL angefordert
ElseIf optReturn(eReturn.eXSL).Value = True Then
strXML = m_objRequestBroker.getXMLXSLDoEvents
'rudimentäres Fehlermeldungssystem überprüfen
If m_objRequestBroker.Errors = True Then
   MsgBox "The Request Broker reports that there were
   errors"
   Else
   'Erfolgsmeldung an den Benutzer ausgeben und
    anbieten, die Ergebnisse im Web-Browser anzuzeigen
      Beep
      StatusText ("XML received from server")
      'Temporäre Datei erstellen
      SaveTextFile strXML, strPath
      DoEvents
```

```
        'Datei im Browser anzeigen lassen
        webTarget.Navigate strPath
        DoEvents
        webTarget.Visible = True
      End If
'wenn XML angefordert
  ElseIf optReturn(eReturn.eXML).Value = True Then
      strXML = m_objRequestBroker.getXML
      'rudimentäres Fehlermeldungssystem überprüfen
      If m_objRequestBroker.Errors = True Then
      MsgBox "The Request Broker reports that there were
      errors"
      Else
      'Erfolgsmeldung an den Benutzer ausgeben und
          anbieten, die Ergebnisse im IE5 anzuzeigen
        Beep
        StatusText ("XML received from server")
        'Temporäre Datei erstellen
        SaveTextFile strXML, strPath
        'Datei im Browser anzeigen lassen
        webTarget.Navigate strPath
        webTarget.Visible = True
      End If

  'wenn XSL zu HTML angefordert
  ElseIf optReturn(eReturn.eXSLHTML).Value = True Then
      strXML = m_objRequestBroker.getXSLHTML
      'rudimentäres Fehlermeldungssystem überprüfen
      If m_objRequestBroker.Errors = True Then
      MsgBox "The Request Broker reports that there were
      errors"
```

```
      Else
      'Erfolgsmeldung an den Benutzer ausgeben und
      'anbieten, die Ergebnisse im IE5 anzuzeigen
         Beep
         StatusText ("XML received from server")
         'Temporäre Datei erstellen
         SaveTextFile strXML, strPath
         'Datei im Browser anzeigen lassen
         webTarget.Navigate strPath
         webTarget.Visible = True
      End If
   End If

   Pointer False

StatusText ("Complete")

Exit Sub

ErrorHandler:

MsgBox "There is an error at source " & Err.Source & "
with a description of " & Chr(13) & Err.Description &
Chr(13) & "with the errorcode of " & Err.Number

Exit Sub

End Sub
```

Die folgende einfache Prozedur kann von beliebiger Stelle aufgerufen werden, um den Cursor als Sanduhr oder normal anzuzeigen:

```
Private Sub Pointer(PointerOn As Boolean)

  On Error GoTo ErrorHandler

      'Mauszeiger verwalten
      If PointerOn = True Then
          Me.MousePointer = vbHourglass
      Else
          Me.MousePointer = vbNormal
      End If

  Exit Sub

ErrorHandler:

  MsgBox "There is an error at source " & Err.Source & "
  with a description of " & Chr(13) & Err.Description &
  Chr(13) & "with the errorcode of " & Err.Number

  Exit Sub

End Sub
```

Die nun folgende einfache Prozedur kann von beliebiger Stelle aufgerufen werden, um als Statusleistentext eine Meldung aus einer aufrufenden Prozedur anzuzeigen:

```
Private Sub StatusText(Status As String)

  On Error GoTo ErrorHandler

      'Mauszeiger einrichten
      Me.stsDemo.SimpleText = Trim(Status)
```

```
  Exit Sub

ErrorHandler:

  MsgBox "There is an error at source " & Err.Source & "
  with a description of " & Chr(13) & Err.Description &
  Chr(13) & "with the errorcode of " & Err.Number

  Exit Sub

End Sub
```

Die folgende Funktion speichert die Ergebnisse als Textdatei, auf die der Browser verwiesen werden kann, um sie anzuzeigen:

```
Public Function SaveTextFile(Content As String, FilePath As String) As
Boolean

  Dim objFSO As New Scripting.FileSystemObject
  Dim objTS As Scripting.TextStream

  On Error GoTo ErrorHandler

      'Textdatei erstellen mit FileScriptingObject, das
      'in den Referenzen dieses VB-Projekts enthalten
      'sein müsste
      Set objTS = objFSO.CreateTextFile(FilePath, True)
      'übergebene Zeichenkette in Datei schreiben
      objTS.Write Content
      'Textdatei schließen
      objTS.Close

      ''True' zurückgeben
      SaveTextFile = True
```

```
  Exit Function

ErrorHandler:
  MsgBox "There is an error at source " & Err.Source & "
  with a description of " & Chr(13) & Err.Description &
  Chr(13) & "with the errorcode of " & Err.Number

  Exit Function

End Function
```

Mit folgender einfachen Prozedur können verschiedene Optionen je nach Auswahl des Benutzers angezeigt oder ausgeblendet werden:

```
Private Sub SetReturnVisible(CallType As eType)

  If CallType = eCTAsp Then
      optReturn(eReturn.eADO).Visible = False
      optReturn(eReturn.eBO).Visible = False
      optReturn(eReturn.eDOM).Visible = False
      optReturn(eReturn.eXML).Visible = True
      optReturn(eReturn.eXSL).Visible = True
      optReturn(eReturn.eXSLHTML).Visible = False
      'diese Option auf ausgewählt setzen
      optReturn(eReturn.eXML).Value = True
      'Optionsfelder für Ausgabetyp aktivieren
      EnableReturnOptions (True)
 ElseIf CallType = eCTRDS Then
      optReturn(eReturn.eADO).Visible = False
      optReturn(eReturn.eBO).Visible = False
      optReturn(eReturn.eDOM).Visible = False
      optReturn(eReturn.eXML).Visible = False
      optReturn(eReturn.eXSL).Visible = False
```

```
        optReturn(eReturn.eXSLHTML).Visible = False
        'Optionsfelder für Ausgabetyp aktivieren
        EnableReturnOptions (True)

    ElseIf CallType = eCTWebClass Then
        optReturn(eReturn.eADO).Visible = True
        optReturn(eReturn.eBO).Visible = False
        optReturn(eReturn.eDOM).Visible = True
        optReturn(eReturn.eXML).Visible = True
        optReturn(eReturn.eXSL).Visible = True
        optReturn(eReturn.eXSLHTML).Visible = True
        'diese Option auf ausgewählt setzen
        optReturn(eReturn.eXML).Value = True
        'Optionsfelder für Ausgabetyp aktivieren
        EnableReturnOptions (True)

    Else  'eNONE
        optReturn(eReturn.eADO).Visible = True
        optReturn(eReturn.eBO).Visible = False
        optReturn(eReturn.eDOM).Visible = True
        optReturn(eReturn.eXML).Visible = True
        optReturn(eReturn.eXSL).Visible = True
        optReturn(eReturn.eXSLHTML).Visible = True
        'Optionsfelder für Ausgabetyp deaktivieren
        EnableReturnOptions (False)
    End If

End Sub
```

Mit der folgenden einfachen Prozedur können verschiedene Optionen durch Anklicken des Optionsfelds angezeigt werden:

```
Private Sub optType_Click(Index As Integer)

'Index übergeben, der der Aufzählungsnummer entspricht
SetReturnVisible (Index)

End Sub
```

Mit folgender einfachen Prozedur können verschiedene Optionen je nach Auswahl des Benutzers als verfügbar oder nicht verfügbar angezeigt werden:

```
Private Sub EnableReturnOptions(Choice As Boolean)

  'alle Optionsfelder für Ausgabetyp aktivieren
     optReturn(eReturn.eADO).Enabled = Choice
     optReturn(eReturn.eBO).Enabled = Choice
     optReturn(eReturn.eDOM).Enabled = Choice
     optReturn(eReturn.eXML).Enabled = Choice
     optReturn(eReturn.eXSL).Enabled = Choice
     optReturn(eReturn.eXSLHTML).Enabled = Choice

End Sub
```

6.8.2 Der Code für die Klasse DOMtoBO – das clientseitige Business-Object mit Daten füllen

Im Business-Object-Abschnitt des vorstehenden Beispiels lautet der Code der Methode `RequestBroker()` folgendermaßen:

```
Private Sub RunRequestBroker()

  Dim adoRst As ADODB.Recordset
  Dim xmlDOM As DOMDocument
  Dim strXML As String
  Dim objPeople As New People
  Dim strPath As String
  Dim strMsg As String
```

```
On Error GoTo ErrorHandler

   strPath = App.Path & "\" & "xmlfromserver.xml"

   'wenn Business-Object angefordert
   If optReturn(eReturn.eBO).Value = True Then
      'XML abrufen und in objDOMtBO ablegen
      m_objDOMtoBO.XML = m_objRequestBroker.getXML ❶
      'Konvertierung in lokales Business-Object
      'starten
      Call m_objDOMtoBO.getPeople(objPeople) ❷
      'rudimentäres Fehlermeldungssystem überprüfen
   If m_objRequestBroker.Errors = True Then
      MsgBox "The Request Broker reports that there
      were errors"
   Else
         Beep
                     'Erfolgsmeldung an den Benutzer
                     'ausgeben - Objekt kann nicht
                     'angezeigt werden
         grdADODemo.Visible = False
         webTarget.Visible = False
      MsgBox "There are " & objPeople.Count & " BO's
      returned from this XML."
   End If
```

❶ Im ersten Schritt wird hier der XML-String für das DOMtoBO-Objekt gesetzt, das vom Server entgegengenommen wurde.

❷ Hier werden die lokalen Business-Objects, die das DOMDocument verwenden sollen, mit dem XML-String aufgefüllt.

Im nächsten Beispiel werden die Business-Objects mit der Methode getPeople() aufgefüllt. Da es hier nur darum geht, exemplarisch die Implementierung dieser Business-Objects zu demonstrieren, folgen nach dem Aufruf der Business-Objects keine weiteren Schritte. In der RequestBroker-Klasse ruft die Methode RunRequestBroker() die Klasse DOMtoBO auf:

```
Option Explicit

'lokale Variable(n) zur Aufbewahrung von
'Eigenschaftenwerten
Private m_strXML As String
Private m_objDOMPeople As New DOMDocument

Public Sub getPeople(ByVal objPeople As People)

  Dim objPeopleRoot As IXMLDOMElement
  Dim objPersonElement As IXMLDOMElement
  Dim objChildNode As IXMLDOMElement
  Dim strName As String
  Dim strAddress As String
  Dim strTel As String
  Dim strFax As String
  Dim strEmail As String

  Dim i As Integer
  'zum Zählen in der Schleife und als Schlüssel verwendet

  On Error GoTo ErrorHandler

  'legt fest, ob das Objekt m_objDOMPeople nach externen
  'Dateien sucht, in diesem Beispiel people.dtd und
  'people.xsl
  'auf 'True' setzen, wenn der Parser die externen
  'Dateien suchen soll
```

```
m_objDOMPeople.resolveExternals = False

'legt fest, ob das m_objDOMPeople-Objekt die XML-Datei
'gegen people.dtd validiert - auf 'True' setzen, wenn
'Validierung erfolgen soll
m_objDOMPeople.validateOnParse = True

'XML-Daten über einen String, der das XML enthält,
'in das DOMDocument laden
Call m_objDOMPeople.loadXML(m_strXML)

If m_objDOMPeople.parseError.reason <> "" Then
   'im geladenen XML ist ein Fehler aufgetreten -
   'Ursache anzeigen
   MsgBox m_objDOMPeople.parseError.reason
End If

'XML-Wurzel-Element abrufen, dabei Kommentare und PIs
'übergehen
Set objPeopleRoot = m_objDOMPeople.documentElement

'prüfen, ob Kind-Elemente zum Wurzel-Knoten vorhanden
'sind
If objPeopleRoot.hasChildNodes Then
    'jedes Element (person) der Wurzel (people)
    'durchlaufen
    For Each objPersonElement In
    objPeopleRoot.childNodes

      'jedes Kind-Element (name, address, etc.) des
      'aktuellen Elements (person) durchlaufen
```

```
        For Each objChildNode In
        objPersonElement.childNodes
            Select Case objChildNode.nodeName
                Case "NAME"
                    strName = objChildNode.node-
                    TypedValue
                Case "ADDRESS"
                    strAddress = objChildNode.node-
                    TypedValue
                Case "TEL"
                    strTel = objChildNode.node-
                    TypedValue
                Case "FAX"
                    strFax = objChildNode.node-
                    TypedValue
                Case "EMAIL"
                    strEmail = objChildNode.node-
                    TypedValue
            End Select
        Next
        'diese Daten einem neuen Business-Object
        'hinzufügen
        objPeople.Add CStr(i), strName, strAddress,
        strTel, strFax, _
                    strEmail, CStr(i)
        i = i + 1
    Next
Else
    MsgBox "There is no data for this XML file"
End If
```

```
'Referenz aller verwendeten Objekte auf Null setzen
Set objPeopleRoot = Nothing
Set objPersonElement = Nothing
Set objChildNode = Nothing

Exit Sub
ErrorHandler:
  MsgBox "There is an error at source " & Err.Source & "
  with a description of " & Chr(13) & Err.Description &
  Chr(13) & "with the errorcode of " & Err.Number
  Exit Function

End Sub
Public Property Let XML(ByVal vData As String)
  m_strXML = vData
End Property

Public Property Get XML() As String
  XML = m_strXML
End Property

Public Property Get PeopleDOM() As DOMDocument
  Set PeopleDOM = m_objDOMPeople
End Property
```

Daten in das DOMDocument laden

```
'legt fest, ob das Objekt m_objDOMPeople nach externen
'Dateien sucht, in diesem Beispiel people.dtd und
'people.xsl
  'auf 'True' setzen, wenn der Parser die externen
  'Dateien suchen soll
m_objDOMPeople.resolveExternals = False
```

```
'legt fest, ob das m_objDOMPeople-Objekt die XML-Datei
'gegen people.dtd validiert - auf 'True' setzen, wenn
'Validierung erfolgen soll
m_objDOMPeople.validateOnParse = True


  'XML-Daten über einen String, der das XML enthält,
  'in das DOMDocument laden
Call m_objDOMPeople.loadXML(m_strXML)
```

Die Eigenschaft `resolveExternals` ist hier deaktiviert, weil in Microsoft XML DOM Version 2 ein Fehler auftritt, wenn externe Dateien mit der Methode `loadXML()` verknüpft sind.

Um den String XML-Daten vom Server zu laden, ist die Methode `loadXML()` erforderlich. Wenn Sie eine Datei von einem entfernten Speicherort z.B. über das Internet oder vom Server abrufen wollen, sollten Sie die `load()`-Methode verwenden und den URI oder Dateinamen als String übergeben.

An die XML-Daten gelangen

```
  'XML-Wurzel-Element abrufen, dabei Kommentare und PIs
  'übergehen
     Set objPeopleRoot = m_objDOMPeople.documentElement
```

In diesem Code-Ausschnitt wurde das Objekt `objPeopleRoot` als `IXMLDOM Element`-Objekt deklariert, das für jedes `<PERSON>...</PERSON>`-Element der folgenden XML-Datei eine Auflistung von `childNodes` enthalten soll:

```
<PERSON>
<NAME>Mark Wilson</NAME>
<ADDRESS>911 Somewhere Circle, Canberra,
 Australia</ADDRESS>
<TEL>(++612) 12345</TEL>
<FAX>(++612) 12345</FAX>
<EMAIL>Mark.Wilson@somewhere.com</EMAIL>
</PERSON>
```

Daher soll jedes `<PERSON>`-Element durchlaufen werden, um an die Daten zu gelangen.

Die Elemente durchlaufen

```
'prüfen, ob Kind-Elemente zum Wurzel-Knoten vorhanden
'sind
If objPeopleRoot.hasChildNodes Then
    'jedes Element (person) der Wurzel
    '(people) durchlaufen
    For Each objPersonElement In
    objPeopleRoot.childNodes

        'jedes Kind-Element (name, address, etc.) des
        'aktuellen Elements (person) durchlaufen
        For Each objChildNode In
        objPersonElement.childNodes
            Select Case objChildNode.nodeName
                Case "NAME"
                    strName = objChildNode.node-
                    TypedValue
                Case "ADDRESS"
                    strAddress = objChildNode.node-
                    TypedValue
                Case "TEL"
                    strTel = objChildNode.node-
                    TypedValue
                Case "FAX"
                    strFax = objChildNode.node-
                    TypedValue
                Case "EMAIL"
                    strEmail = objChildNode.node-
                    TypedValue
            End Select
        Next
```

Die Elemente befinden sich hier nur auf zwei Ebenen, der Ebene der `<PERSON>`-Elemente und einer Ebene von Kindknoten (`<NAME></NAME>`, `<ADDRESS></ADDRESS>` etc.). Daher sind für die Extraktion der Daten mit der Methode `ForEach()` nur zwei Schleifen erforderlich:

```
For Each objPersonElement In objPeopleRoot.childNodes
```

Das Objekt `objPersonElement` ist als `IXMLDOMElement`-Objekt definiert worden, das die Eigenschaft `objPersonElement.childNodes` durchläuft, die wiederum der Schnittstelle `IXMLDOMNodeList` entspricht. Deshalb kann hier mit der genannten `For Each`-Schleife gearbeitet werden.

Gleiches gilt für das Objekt `objChildNode`. Hier wird jeder Kindknoten des Elementknotens durchlaufen. Die Werte jedes Knotens werden einfach in Strings fest codiert und die Business-Objects damit aufgefüllt.

6.8.3 Die Klassen People und Person

Vor den Erläuterungen zur Erstellung von Business-Objects soll noch auf die Klassen `People` und `Person` eingegangen werden. Die Klassen dieses Beispiels wurden mit dem VB-Add-In *Klassengenerator* erstellt.

Abbildung 6.17: Der Auflistungsgenerator im Klassengenerator

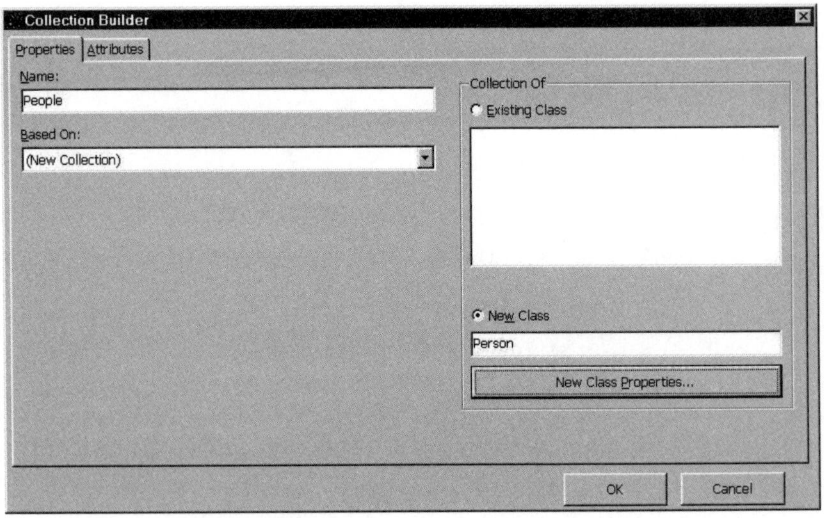

Abbildung 6.17 und Abbildung 6.18 zeigen den Auflistungsgenerator im Klassengenerator bzw. das Klassengenerator-Add-In selbst. Wenn Sie das Add-In in VB aufrufen und auf das Symbol *Neue Auflistung hinzufügen* klicken, wird eine Maske angezeigt, in der alle wichtigen Angaben zu der neuen Klasse gemacht werden können, z.B.

`People` als Name der Auflistung

`Person` für die neue Klasse

Ein Klick auf *OK* bringt Sie zurück zur Klassengenerator-Oberfläche. Fügen Sie dann der `Person`-Klasse Eigenschaften und Methoden hinzu.

Die Business-Object-Klassen sind angelegt. Als Nächstes sollen die Business-Objects hinzugefügt werden, sobald die XML-Strings da sind.

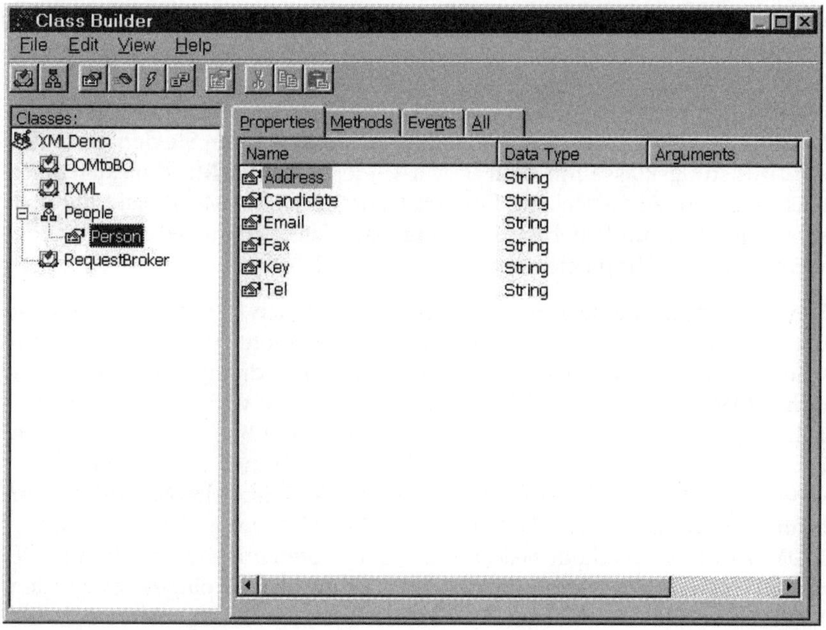

Abbildung 6.18: Klassengenerator

Neue Business-Objects erstellen

Sobald das neue `Person`-Objekt seine Eigenschaften erhalten hat, soll es der `People`-Klasse hinzugefügt werden, und zwar auf folgende Weise:

```
'diese Daten einem neuen Business-Object hinzufügen

objPeople.Add CStr(i), strName, strAddress, strTel, strFax, strEmail,
CStr(i)
```

In der Auflistungsklasse `Person` wurde die Methode `Add()` angelegt, mit der neue `Person`-Business-Objects erstellt werden können.

Das Objekt `objPeople` wird durch eine Referenz übergeben. Änderungen daran werden daher am Front-End vorgenommen und das veränderte Objekt an `frmGetRecs` zurückgegeben.

Et voilà – die Business-Objects sind erstellt und von einer XML-Datei zurückgegeben.

6.9 Zusammenfassung

Wie bereits angemerkt, ist hier noch nicht mit Attributen oder Entities gearbeitet worden, es bleibt also noch reichlich Raum für Erweiterungen zu diesem Code.

Die Erstellung von Business-Objects mit Hilfe von Auflistungsklassen ist scheinbar das allgemein anerkannte Verfahren zur Erstellung von Business-Objects in VB. Dieses allgemein gebräuchliche Verfahren wollten wir Ihnen nicht vorenthalten, sind allerdings persönlich der Ansicht, dass es nicht das Maximum an Wiederverwertbarkeit gewährleistet. Wenn Sie den Code dieser Auflistungsklasse mit dem Server-Code im DBToXML-Projekt vergleichen, werden Sie feststellen, dass der Code im DBToXML-Projekt dadurch sehr universell und mehrfach nutzbar ist, dass Schnittstellen verwendet werden (z.B. die Implementierung von `IBO` und `IXML`).

Wir würden dazu tendieren, dieselben Schnittstellen (`IXML` und `IBO`) auch in diesem Projekt zu verwenden, wobei noch genauere Anpassungen an die Client-Seite vorgenommen werden müssten, und dennoch die Daten mit dem DOMDocument zu extrahieren. Weiter würden wir eine Iterator- (Aufzählungs-) Klasse anlegen, die problemlos über die Business-Objects iterieren (sie in einer Schleife durchlaufen) könnte. Eventuell würden wir im Iterator auch das DOMDocument ablegen, da es nützliche Methoden zum schnellen Auffinden von Daten enthält. Beispielsweise lässt sich mit der DOMDocument-Methode `nodeFromID()` ein Knoten mit einer bestimmten ID finden, wenn zuvor Attribute zur Speicherung der ID eingesetzt wurden. Dadurch entfiele die Notwendigkeit, die Business-Objects in einer Auflistung abzulegen, wenn der Iterator durchlaufen wird. Der Code der Iterator-Klasse würde die `IBO`-Schnittstelle verwenden und somit zu jedem Business-Object passen, das diese Schnittstelle ebenfalls implementiert.

7 Die Microsoft DOM-Objekte im Detail

In diesem Kapitel:

- Beschreibung der Microsoft XML-Objekte
- Code-Beispiele für die meisten Methoden und Eigenschaften
- Referenztafel der Objekte im Überblick

7.1 Überblick

Microsoft hat in den IE5 einige sehr nützliche Objekte integriert, die aus jeder Programmiersprache verwendbar sind, die mit COM-Objekten arbeiten kann. In diesem Teil des Buchs werden wir uns auf die XML-DOM-Objekte konzentrieren, die VB oder VBScript verwenden.

Um Code oder Beschreibungen zum DOM zu verstehen, stellen Sie sich ein XML-Dokument am besten als einen Baum vor oder, ein anderer nützlicher Vergleich, als Eltern und ihre Kinder. Wir beginnen bei der eigentlichen Wurzel des Dokuments und arbeiten uns dann durch die Verarbeitungsanweisungen und das Wurzel-Element des Dokuments bis hin zu den Attributen vor. Die Objekte im DOM haben eigene Typenbezeichnungen (wie Element, Attribut usw.), aber alle Objekttypen werden allgemein als *Nodes* oder *Knoten* bezeichnet. Das DOM enthält auch Sammelobjekte, so genannte *Knotenlisten* oder *NodeLists*, für Fälle, in denen zu einem Eltern-Element so viele Kind-Elemente gehören, dass diese gruppiert werden müssen. Abbildung 7.1 zeigt die Implementierung der Baumstruktur.

Um Code oder Beschreibungen zum DOMDocument zu verstehen, stellen Sie sich ein XML-Dokument am besten als einen Baum vor oder, ein anderer nützlicher Vergleich, als Eltern und ihre Kinder.

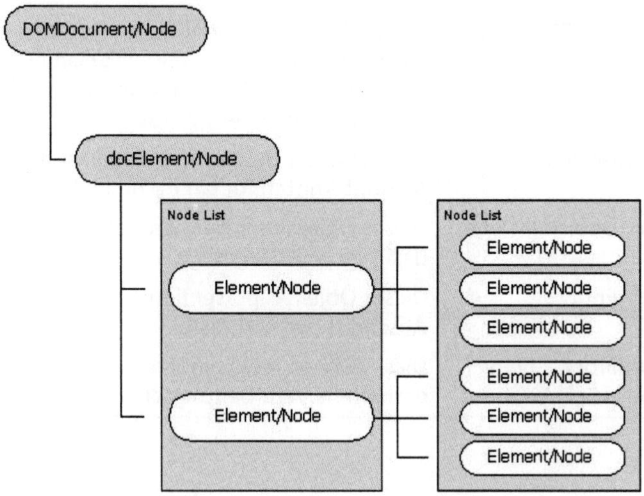

Abbildung 7.1: Nodes (Knoten) und NodeLists (Knotenlisten) im DOM-Objekt

Das vorliegende Kapitel ist zwar recht umfassend, sollte aber dennoch nicht als vollständige Referenz betrachtet werden.

Das XML-DOM-Objekt implementiert die XML-DOM-Schnittstellen. Diese Schnittstellen ermöglichen die Wiederverwendbarkeit von Objekten im gesamten DOM. Da die Objekte die gleichen Schnittstellen haben, wird der Code einfacher zu verstehen und zu verwenden, wie sich gleich noch deutlicher zeigen wird.

7.2 Die DOM-Objekte

Zuerst sollen die allgemeinen DOM-Objekte vorgestellt werden, die Sie im Zusammenhang mit dem MSXML-DOM-Objekt verwenden werden.

Dabei werden wir uns auf die XML-DOM-Objekte konzentrieren, die in Tabelle 7.1 aufgeführt sind.

Tab. 7.1: XML-DOM-Objekte

Objektbezeichnung	Beschreibung
DOMDocument	Dieses Objekt repräsentiert die Wurzel der XML-Datei.
XMLDOMElement	Dieses Objekt repräsentiert jedes Element im DOMDocument, insbesondere die Wurzel und das Wurzel-Element, aber auch jedes andere Element.
XMLDOMNode	Dieses Objekt repräsentiert einen einzelnen Knoten im Dokumentbaum und unterstützt Datentypen, Namensräume, DTDs und XML-Schemata.
XMLDOMNodeList	Dieses Objekt ermöglicht den Zugriff (nach Namen) auf und das Iterieren über die XMLDOMNode-Sammlung.
XMLDOMNamedNodeMap	Dieses Objekt ermöglicht den Zugriff auf und das Iterieren über die Attribute eines Elements.
XMLDOMCDATASection	Dieses Objekt repräsentiert ein Fragment im Wert eines Elements, das in spezielle Klammern eingeschlossen ist. CDATA sind Zeichen, die nicht vom XML-Parser analysiert werden.
XMLDOMAttribute	Dieses Objekt repräsentiert einen einzelnen Attribut-Knoten für ein bestimmtes Element.
XMLDOMDocumentType	Dieses Objekt repräsentiert den Dokumenttyp (DTD) einer XML-Datei.
XMLDOMEntity	Dieses Objekt repräsentiert eine Entity im DTD-Abschnitt der XML-Datei.
XMLDOMProcessingInstruction	Dieses Objekt repräsentiert eine in der XML-Datei enthaltene Verarbeitungsanweisung.

Objektbezeichnung	Beschreibung
XMLDOMParseError	Dieses Objekt gibt detaillierte Informationen über den zuletzt aufgetretenen Fehler zurück, namentlich die Zeilenzahl, Zeichenposition und eine Textbeschreibung.
XMLHTTPRequest	Dieses Objekt ermöglicht den Verbindungsaufbau zu einem Web-Server aus dem Code sowie die Ausführung von Standard-HTML-Anweisungen wie SEND, PUT oder GET.

Tab. 7.1: XML-DOM-Objekte (Forts.)

In den folgenden Beispielen werden wir uns auf diese Objekte mit den in Tabelle 7.2 aufgeführten Bezeichnungen beziehen.

XML-Objektschnittstelle	Unsere Namenskonvention
DOMDocument	objDOMDocument
XMLDOMNode	objXMLDOMNode
XMLDOMNodeList	objXMLDOMNodeList
XMLDOMNodeListMap	objXMLDOMNodeListMap
XMLDOMParseError	objXMLDOMParseError
XMLDOMElement	objXMLDOMElement
XMLDOMAttribute	objXMLDOMAttribute

Tab. 7.2: Bezeichnungskonventionen für XML-Objekte

7.2.1 DOMDocument

Das DOMDocument-Objekt repräsentiert die Wurzel der XML-Datei. Beim Laden der Datei in das DOMDocument werden die XML-Datei und ihre externen Referenzen, wie z.B. DTDs, vom DOMDocument validiert.

Das DOMDocument ist die erste »Anlaufstelle« für die XML-Datei. Als einziges Objekt kann dieses extern neu erzeugt werden. Alle anderen Objekte, die Elemente beispielsweise, sind nur von diesem DOMDocument-Objekt aus zu erstellen oder zugänglich.

Beispiel

Dieser Beispielcode lädt eine XML-Datei in ein DOMDocument-Objekt:

```
Dim objDOMDocument As DOMDocument


Set objDOMDocument = New DOMDocument

objDOMDocument.async = False

objDOMDocument.Load "http://mark/xmlcode/people2.dtd"
```

7.2.2 XMLDOMElement

Dieses Objekt repräsentiert jedes Element im XML-Baum. Das `XMLDOMElement` unterstützt auch die Manipulation des betreffenden Elements und der damit verbundenen Attribute.

Die mit einem Element verbundenen Attribute werden über das `XMLDOM Element`-Objekt hinzugefügt und manipuliert.

Beispiel

Der folgende Beispielcode gibt das Wurzel-Element der XML-Datei aus einem DOMDocument zurück:

```
Dim objDOMDocument As DOMDocument

Dim objXMLDOMElement As IXMLDOMElement

Set objDOMDocument = New DOMDocument

objDOMDocument.async = False

objDOMDocument.Load "http://mark/xmlcode/people2.dtd"


Set objXMLDOMElement = objDOMDocument.documentElement
```

7.2.3 XMLDOMNode

Dies ist eines der grundlegendsten DOM-Objekte. Die meisten anderen DOM-Objekte beerben dieses Objekt, bei ihnen allen werden Sie daher einen hohen Grad an Übereinstimmung in den Eigenschaften und Methoden feststellen.

Es handelt sich um folgende Objekte:

- DOMDocument
- XMLDOMAttribute
- XMLDOMCDATASection
- XMLDOMComment
- XMLDOMDocumentFragment
- XMLDOMDocumentType
- XMLDOMElement
- XMLDOMEntity
- XMLDOMEntityReference
- XMLDOMNotation

- XMLDOMProcessingInstruction
- XMLDOMText
- XTLRuntime

Obwohl alle diese Objekte Methoden und Eigenschaften des `XMLDOMNode`-Objekts erben, verfügt auch jedes über Eigenschaften und Methoden, die für seine Funktion spezifisch sind. Beispielsweise enthält das `XMLDOMElement`-Objekt besondere Methoden zum Abrufen von Attributinformationen. Die `XMLDOMNode`-Schnittstelle liefert nur die grundlegendsten Informationen, z.B. Name des Knotens, enthaltener Text usw.

Um zu ermitteln, auf welchen Typ Knoten gerade zugegriffen wird, gibt die Eigenschaft `nodeType` zurück, welcher Typ Knoten bei der Verwendung des `XMLDOMNode`-Objekts referenziert wurde. Darauf gehen wir später in diesem Kapitel im Abschnitt zur `nodeType`-Eigenschaft noch genauer ein.

Weitere Informationen zu *dualen Schnittstellen* finden Sie auch im Abschnitt zur Eigenschaft `docType`. Dort wird erklärt, wie ein Objekttyp in einen anderen umgewandelt werden kann.

Beispiel

Der folgende Beispielcode ist der gleiche wie im Beispiel für `XMLDOMElement`, außer dass hier das `XMLDOMNode`-Objekt verwendet wird, um das Wurzel-Element der XML-Datei aus einem DOMDocument zurückzugeben.

```
Dim objDOMDocument As DOMDocument

Dim objXMLDOMElement As IXMLDOMNode


Set objDOMDocument = New DOMDocument

objDOMDocument.async = False

objDOMDocument.Load "http://mark/xmlcode/people2.dtd"
```

Set objXMLDOMNode = objDOMDocument.documentElement

7.2.4 XMLDOMNodeList

Das Objekt `XMLDOMNodeList` ist eine Sammlung von Knoten, mit deren Methoden es möglich ist, alle Kindknoten eines Knotens zu durchlaufen. Für diese Iteration können Sie die `For Each ... Next`-Schleife verwenden, oder aber Sie durchlaufen die Knoten mit der Methode `nextNode()`.

Das Objekt wird in der Eigenschaft, z.B. `childNodes`, oder der Methode, z.B. `getElementsByTagName()` oder `selectNodes()`, zurückgegeben.

Beispiel

Der folgende Beispielcode gibt mit Hilfe der Eigenschaft `childNodes` des DOMDocument die Kindknoten des Wurzel-Elements des DOMDocument zurück (weitere Informationen hierzu finden Sie im Abschnitt zur Eigenschaft `childNodes`, ebenso ein Beispiel für das Iterieren über die `XMLDOMNodeList`-Sammlung).

```
Dim objDOMDocument As DOMDocument
Dim objXMLDOMNodeList As IXMLDOMNodeList

Set objDOMDocument = New DOMDocument
objDOMDocument.async = False
objDOMDocument.Load "http://mark/xmlcode/people2.dtd"
```

Set objXMLDOMNodeList =
objDOMDocument.documentElement.childNodes

7.2.5 XMLDOMNamedNodeMap

Dies ist das andere Sammelobjekt im DOM. Es wird dazu verwendet, die Attribute eines bestimmten Elements zu durchlaufen. Außerdem können Sie die Attributliste eines Elements damit manipulieren. Zu den Methoden dieses Objekts zählen beispielsweise `getNamedItem()` oder `removeNamedItem()`. `XMLDOMNamedNodeMap` unterstützt außerdem auch Namensräume.

Beispiel

Der folgende Beispielcode gibt die Anzahl von Attributen des Wurzel-Elements eines DOM-Objekts zurück.

```
Dim objDOMDocument As DOMDocument
Dim objXMLDOMNamedNodeMap As IXMLDOMNamedNodeMap

Set objDOMDocument = New DOMDocument
objDOMDocument.async = False
objDOMDocument.Load "http://mark/xmlcode/people2.dtd"
Set objXMLDOMNamedNodeMap = objDOMDocument.documentElement.Attributes
MsgBox "The number of attribute are " & objXMLDOMNamed-
NodeMap.length
```

7.2.6 XMLDOMCDATASection

Das Objekt XMLDOMCDATASection repräsentiert den Inhalt des XML-Codes in der speziellen Einklammerung für den CDATA-Abschnitt:

```
![… ]].
```

Ein XML-Beispiel wäre:

```
<ADDRESS><![CDATA[#911 Somewhere Circle, Canberra, Australia]]></
ADDRESS>
```

Das Objekt XMLDOMCDATASection erbt Methoden und Eigenschaften des Objekts XMLDOMText, daher werden Sie das Objekt XMLDOMCDATASection als Kindknoten von XMLDOMText antreffen. Das Elternobjekt XMLDOMText analysiert den Inhalt des CDATA-Abschnitts und gibt den vollständigen Elementtext ohne die Klammern zurück (Einzelheiten und Beispiele zum CDATA-Abschnitt finden Sie unter der Eigenschaft nodeType weiter unten in diesem Kapitel).

7.2.7 XMLDOMAttribute

Das Objekt XMLDOMAttribute repräsentiert ein Attribut für ein Element. Attribute sind Eigenschaften eines Elements und somit keine echten Kinder dieses Elements. Wie bereits beim Objekt XMLDOMNamedNodeMap angemerkt, wird die Liste der Attribute eines Elements im Objekt XMLDOMNamedNodeMap zurückgegeben, das seinerseits ein XMLDOMAttribute-Objekt zurückgibt (oder ein XMLDOMNode-Objekt, denn es erbt auch die XMLDOMNode-Schnittstelle).

Die Attribute werden in der Regel in der DTD oder dem Schema einer XML-Datei definiert.

Beispiel

Der folgende Beispielcode ruft ein Attributobjekt des obersten Kind-Elements des Wurzel-Elementobjekts ab und verwendet für die Rückgabe des Attributobjekts den Attributnamen, der in der DTD definiert wurde.

```
Dim objDOMDocument As DOMDocument
Dim objXMLDOMElement As IXMLDOMElement
Dim objXMLDOMAttribute As IXMLDOMAttribute

Set objDOMDocument = New DOMDocument
objDOMDocument.async = False
objDOMDocument.Load "http://mark/xmlcode/people2.dtd"
```

```
Set objXMLDOMElement = objDOMDocument.documentElement.firstChild
Set objXMLDOMAttribute = objXMLDOMElement.getAttribute-
Node("PERSONID")
```

7.2.8 XMLDOMDocumentType

Das Objekt `XMLDOMDocumentType` enthält Informationen über alle Entities und Notationen in der deklarierten DTD einer XML-Datei. Es liegt nur als Eigenschaft vor, und zwar als die Eigenschaft `docType` des DOMDocument-Objekts. Dieses Objekt und seine Eigenschaften sind schreibgeschützt. Es ist daher nicht möglich, einem DOMDocument eine DTD hinzuzufügen, sondern sie muss bereits in der XML-Datei deklariert worden sein. Auch die für diese XML-Datei deklarierte DTD kann nicht mehr ergänzt werden.

Beispiel

Auf unserer Website vbxml.com wurde schon lebhaft darüber debattiert, wie man einem DOMDocument eine DTD hinzufügen kann. Bei der gegenwärtigen Version von msxml.dll tritt ein Fehler auf, wenn man in einem String eine DTD angibt und dann die Methode `loadXML()` anwendet.

Der folgende Beispielcode gibt einen XMLDOMDocumentType aus dem DOMDocument zurück. Wir haben eine zusätzliche Zeile Code eingefügt, `objDOMDocument.resolveExternals = True`, die erforderlich ist, um das DOMDocument anzuweisen, auf externe Dateien zu achten, die mit dieser XML-Datei verknüpft sind.

```
Dim objDOMDocument As DOMDocument
Dim objXMLDOMDocumentType As IXMLDOMDocumentType

Set objDOMDocument = New DOMDocument
objDOMDocument.async = False
objDOMDocument.resolveExternals = True
objDOMDocument.Load "http://mark/xmlcode/people2.xml"

Set objXMLDOMDocumentType = objDOMDocument.doctype
```

7.2.9 XMLDOMEntity

In der DTD-Datei werden Entities für *Konstanten* deklariert, die in der XML-Datei verwendet werden sollen.

Weitere Informationen zu Entities finden Sie in Kapitel 2, »XML-Trainingslager«.

In XML gibt es fünf bereits integrierte Entities (so genannte vordefinierte Entities), die von allen Parsern erkannt werden (s. Tabelle 7.3). Viele Parser können auch noch mehr Entities von sich aus lesen, aber das DOMDocument-Objekt erkennt derzeit nur diese fünf. Alle anderen müssen Sie in der DTD definieren.

Tab. 7.3: Vordefinierte Entities, die vom DOMDocument automatisch erkannt werden

Entity-Referenz	Repräsentiertes Zeichen
&	& – Und-Zeichen
'	' – Apostroph
>	> – größer als
<	< – kleiner als
"	" – Anführungszeichen

Das Objekt `XMLDOMEntity` repräsentiert eine Entity in der Eigenschaft `childNodes` der Eigenschaft `docType` (DTD) des DOMDocument. Wenn Sie also herausfinden wollen, welche Entities in der DTD deklariert worden sind, brauchen Sie nur die Kindknoten des Objekts `XMLDOMDocument` zu durchsuchen.

Wie bereits zum Objekt `XMLDOMDocumentType` angemerkt, ist es nicht möglich, der DTD in einer XML-Datei noch eine Entity-Deklaration hinzuzufügen, da das Objekt `XMLDOMDocumentType` schreibgeschützt ist.

7.2.10 XMLDOMProcessingInstruction

Jede in einer XML-Datei gefundene Verarbeitungsanweisung wird als `XMLDOMProcessingInstruction`-Objekt zurückgegeben. Daher ist es sinnvoll zu prüfen, mit welchem Typ Knoten Sie gerade arbeiten, falls eine PI oder ein Kommentar auftaucht. Beispielsweise wurde mitten in ein Element die folgende PI gesetzt:

```
<PERSON id="p1">

<?realaudio version="4.0"?>

<NAME>Mark Wilson</NAME>

<ADDRESS>911 Somewhere Circle, Canberra, Australia</ADDRESS>

<TEL>(++612) 12345</TEL>

<FAX>(++612) 12345</FAX>

<EMAIL>markwilson@somewhere.com</EMAIL>

</PERSON>
```

Dasselbe gilt für Kommentare innerhalb von XML-Dateien. Sie werden ebenfalls als Knoten dargestellt.

Da in das Objekt `XMLDOMProcessingInstruction` geschrieben werden kann, ist es möglich, einem DOMDocument nachträglich noch eine PI hinzuzufügen (s. dazu die Eigenschaft `nodeType` weiter unten in diesem Kapitel).

7.2.11 XMLDOMParseError

Wenn das DOMDocument beim Parsing der XML-Datei oder -Strings auf Fehler stößt, gibt das Objekt `XMLDOMParseError` Detailinformationen zum zuletzt gefunden Fehler zurück. Diese Informationen umfassen die Zeilenzahl, bei der der Fehler aufgetreten ist, die Zeichenposition in der Zeile, die Ursache usw.

Das Objekt `XMLDOMParseError` ist das einzige Objekt, das an das DOMDocument vererbt wird. Es ist daher eigentlich nie erforderlich, darauf zuzugreifen, da das Objekt Teil der Eigenschaften des DOMDocument ist.

Beispiel

Der folgende Beispielcode prüft, ob nach dem Laden einer XML-Datei in ein DOMDocument Fehler festzustellen sind:

```
Dim objDOMDocument As DOMDocument
Dim objXMLDOMElement As IXMLDOMElement

Set objDOMDocument = New DOMDocument
objDOMDocument.async = False
objDOMDocument.Load "http://mark/xmlcode/people2.dtd"

If objDOMDocument.parseError.reason <> "" Then
' im geladenen XML-Code ist ein Fehler aufgetreten - Ursache anzeigen
MsgBox objDOMDocument.parseError.reason
End If
```

7.2.12 XMLHTTPRequest

Das Objekt `XMLHTTPRequest` enthält Methoden für den Verbindungsaufbau zu einer Datei oder einem Objekt auf einem Web-Server, beispielsweise einer ASP-Seite. Die beiden wichtigsten dieser Methoden sind `open()` zum Herstellen der Verbindung und `send()` zum Absenden der Anforderung. Es gibt auch Eigenschaften, die die Antwort lesen können: `responseText`, `response Stream`, `responseXML` und `responseBody`.

Beispiel

Der folgende Beispielcode stellt eine Verbindung zu einer ASP-Seite her. Die Internetseite erzeugt den XML-Code und gibt ihn zurück. Mit der `XMLHTTPRequest`-Eigenschaft `reposonseXML` ist es möglich, auf diesen XML-Code zuzugreifen.

```
Dim objXMLHttp As New XMLHTTPRequest
Dim objDOMDocument As DOMDocument

objXMLHttp.Open "POST", "http://mark/xmlcode/demo.asp", False ❶

objXMLHttp.Send ❷
Set objDOMDocument= objXMLHttp.responseXML ❸
```

❶ POST- (oder GET-)Verbindung zum Web-Server öffnen

❷ Verbindung herstellen

❸ Antwort entgegennehmen

7.3 Eigenschaften des DOM-Objekts

Hier sollen einige der Eigenschaften vorgestellt werden, die wir im Kontext dieses Buches für nützlich halten. Die folgenden Beschreibungen sind speziell auf unseren Bedarf ausgerichtet und stellen somit bei aller Ausführlichkeit nicht unbedingt den vollen Leistungsumfang jedes Objekts dar. Vollständigere Beschreibungen finden Sie in der Dokumentation oder auf der Microsoft Website.

Die nachstehende Liste führt alle Eigenschaften für alle XML-DOM-Objekte auf. Sie können diese Tabelle heranziehen, um nach einer Eigenschaft zu suchen, die Sie für Ihr aktuelles Projekt gerade gebrauchen können. Zu den Eigenschaften, die in Tabelle 7.4 fett gedruckt sind, folgen anschließend Erläuterungen. Wie gesagt haben wir die vorgestellten Eigenschaften und Methoden danach ausgewählt, ob wir sie im Kontext dieses Buches für nützlich halten.

Tab. 7.4: Eigenschaften des DOMDocument

Eigen-schaften	DOMDocument	XMLDOMNode	XMLDOMNodeList	XMLDOMNamedNodeMap	XMLDOMAttribute	XMLDOMCDATASection	XMLDOMComment	XMLDOMDocumentFragment	XMLDOMDocumentType	XMLDOMElement	XMLDOMEntity	XMLDOMEntityReference	XMLDOMImplementation	XMLDOMNotation	XMLDOMParseError	XMLDOMProcessingInstruction	XMLDOMText	XTLRuntime	XMLHTTPRequest
async																			
attributes		✓			✓	✓	✓	✓	✓	✓	✓	✓		✓		✓	✓	✓	
baseName	✓	✓			✓	✓	✓	✓	✓	✓	✓	✓		✓		✓	✓	✓	
childNodes	✓	✓			✓	✓	✓	✓	✓	✓	✓	✓		✓		✓	✓	✓	
data						✓	✓									✓	✓		
dataType	✓	✓			✓	✓	✓	✓	✓	✓	✓	✓		✓		✓	✓	✓	
definition	✓	✓			✓	✓	✓	✓	✓	✓	✓	✓		✓		✓	✓	✓	
doctype	✓																		
document-Element	✓																		
entities									✓										
errorCode															✓				
filepos															✓				
firstChild	✓	✓			✓	✓	✓	✓	✓	✓	✓	✓		✓		✓	✓	✓	
implemen-tation	✓																		
item			✓	✓															
lastChild	✓	✓			✓	✓	✓	✓	✓	✓	✓	✓		✓		✓	✓	✓	
length			✓	✓		✓	✓										✓		
line															✓				
name					✓				✓										
name-space-URI	✓	✓			✓	✓	✓	✓	✓	✓	✓	✓		✓		✓	✓	✓	
nextSibling	✓	✓			✓	✓	✓	✓	✓	✓	✓	✓		✓		✓	✓	✓	

Tab. 7.4: Eigenschaften des DOMDocument (Forts.)

Eigen-schaften	DOMDocument	XMLDOMNode	XMLDOMNodeList	XMLDOMNamedNodeMap	XMLDOMAttribute	XMLDOMCDATASection	XMLDOMComment	XMLDOMDocumentFragment	XMLDOMDocumentType	XMLDOMElement	XMLDOMEntity	XMLDOMEntityReference	XMLDOMImplementation	XMLDOMNotation	XMLDOMParseError	XMLDOMProcessingInstruction	XMLDOMText	XTLRuntime	XMLHTTPRequest
nodeName	✓	✓			✓	✓	✓	✓	✓	✓	✓	✓		✓		✓	✓	✓	
nodeType	✓	✓			✓	✓	✓	✓	✓	✓	✓	✓		✓		✓	✓	✓	
node TypedValue	✓	✓			✓	✓	✓	✓	✓	✓	✓	✓		✓		✓	✓	✓	
nodeType-String	✓	✓			✓	✓	✓	✓	✓	✓	✓	✓		✓		✓	✓	✓	
nodeValue	✓	✓			✓	✓	✓	✓	✓	✓	✓	✓		✓		✓	✓	✓	
notations									✓										
notation-Name											✓								
ondata-available	✓																		
onready-statechange	✓																		✓
ontrans-form-node	✓																		
owner-Document	✓	✓			✓	✓	✓	✓	✓	✓	✓	✓		✓		✓	✓	✓	
parent-Node	✓	✓			✓	✓	✓	✓	✓	✓	✓	✓		✓		✓	✓	✓	
parsed	✓	✓			✓	✓	✓	✓	✓	✓	✓	✓		✓		✓	✓	✓	
parseError	✓																		
prefix	✓	✓			✓	✓	✓	✓	✓	✓		✓		✓			✓	✓	
preserve White-Space	✓																		
previous-Sibling	✓	✓			✓	✓	✓	✓	✓	✓	✓	✓		✓		✓	✓	✓	
publicId											✓			✓					

Tab. 7.4: Eigenschaften des DOMDocument (Forts.)

Eigenschaften	**DOMDocument**	**XMLDOMNode**	**XMLDOMNodeList**	**XMLDOMNamedNodeMap**	**XMLDOMAttribute**	**XMLDOMCDATASection**	**XMLDOMComment**	**XMLDOMDocumentFragment**	**XMLDOMDocumentType**	**XMLDOMElement**	**XMLDOMEntity**	**XMLDOMEntityReference**	**XMLDOMImplementation**	**XMLDOMNotation**	**XMLDOMParseError**	**XMLDOMProcessingInstruction**	**XMLDOMText**	**XTLRuntime**	**XMLHTTPRequest**
readyState	✓																		✓
reason															✓				
resolveExternals	✓																		
responseBody																			✓
responseStream																			✓
responseText																			✓
responseXML																			✓
specified	✓	✓			✓	✓	✓	✓	✓	✓	✓	✓		✓		✓	✓	✓	
srcText															✓				
status																			✓
statusText																			✓
systemId											✓			✓					
tagName										✓									
target																✓			
text	✓	✓			✓	✓	✓	✓	✓	✓	✓	✓		✓		✓	✓	✓	
url	✓														✓				
validateOnParse	✓																		
value					✓														
xml	✓	✓			✓	✓	✓	✓	✓	✓	✓	✓		✓		✓	✓	✓	

Hinweis: Eigenschaften in Fettdruck werden in diesem Kapitel näher erklärt

Für das restliche Kapitel wird als Beispieldatei People2.xml verwendet. Der Quellcode lautet:

```
<?xml version="1.0"?>
<!-- *********** Resumes for People *********** -->
<!DOCTYPE PEOPLE SYSTEM "http://mark/xmlcode/people.dtd">
<PEOPLE>
<PERSON PERSONID="p1">
  <NAME>Mark Wilson</NAME>
  <ADDRESS>911 Somewhere Circle, Canberra,
  Australia</ADDRESS>
  <TEL>(++612) 12345</TEL>
  <FAX>(++612) 12345</FAX>
  <EMAIL>markwilson@somewhere.com</EMAIL>
</PERSON>
<PERSON PERSONID="p2">
  <NAME>Tracey Wilson</NAME>
  <ADDRESS>121 Zootle Road, Cape Town, South
  Africa</ADDRESS>
  <TEL>(++2721) 531 9090</TEL>
  <FAX>(++2721) 531 9090</FAX>
  <EMAIL>Tracey Wilson@somewhere.com</EMAIL>
</PERSON>
<PERSON PERSONID="p3">
  <NAME>Jodie Foster</NAME>
  <ADDRESS>30 Animal Road, New York, USA</ADDRESS>
  <TEL>(++1) 3000 12345</TEL>
  <FAX>(++1) 3000 12345</FAX>
  <EMAIL>Jodie Foster@somewhere.com</EMAIL>
</PERSON>
<PERSON PERSONID="p4">
  <NAME>Lorrin Maughan</NAME>
```

```
    <ADDRESS>1143 Winners Lane, London, &UK;</ADDRESS>
    <TEL>(++94) 17 12345</TEL>
    <FAX>++94) 17 12345</FAX>
    <EMAIL>Lorrin Maughan@somewhere.com</EMAIL>
  </PERSON>
  <PERSON PERSONID="p5">
    <NAME>Steve Rachel</NAME>
    <ADDRESS>90210 Beverly Hills, California,
    &USA;</ADDRESS>
    <TEL>(++1) 2000 12345</TEL>
    <FAX>(++1) 2000 12345</FAX>
    <EMAIL>Steve Rachel@somewhere.com</EMAIL>
  </PERSON>
</PEOPLE>
```

7.3.1 async

Gehört zu:
DOMDocument

Syntax

```
blnValue = objDOMDocument.async
objDOMDocument.async = blnValue
```

Bemerkung

Die Eigenschaft `async` sagt durch Anzeigen oder Setzen eines booleschen Wertes aus, ob ein XML-Dokument asynchron oder synchron geladen werden soll. Diese Eigenschaft sollte vor dem Laden des XML-Dokuments festgelegt werden, wenn nicht die Standardeinstellung verwendet werden soll.

Die Standardeinstellung dieser Eigenschaft ist `True`. Dies ist wichtig zu bedenken, wenn Sie mit der `load()`-Methode des DOMDocument arbeiten, da standardmäßig die Daten asynchron geladen werden. Der VB-Code wird also, während das DOMDocument damit beschäftigt ist, den XML-Code zu laden, weiter ausgeführt, ohne darauf zu warten, dass die Dokumente fertig geladen sind.

Wenn das DOMDocument auf asynchrone Ausführung gesetzt ist (oder Sie vergessen haben, den Wert auf *False* zu ändern), wird anschließend gleich die nächste Methode aufgerufen, z.B.:

```
Set objPeopleRoot = m_objDOMPeople.documentElement
```

Dadurch wird der Fehler *object has not been set* ausgelöst, da versucht wird, auf das DOMDocument zuzugreifen, bevor der Ladevorgang abgeschlossen ist. Denken Sie also vor dem Aufrufen der `load()`-Methode daran, die Eigenschaft `async` auf `False` zu setzen, wenn das XML-Dokument synchron geladen werden soll.

Beispiel

```
Dim objDOMDocument As DOMDocument

Dim objXMLDOMElement As IXMLDOMElement


Set objDOMDocument = New DOMDocument

objDOMDocument.async = False

objDOMDocument.Load "http://mark/xmlcode/people2.dtd"
```

Die andere Möglichkeit, das Ereignis beim DOMDocument wiederzugeben, ist die Anweisung `WithEvents`. Damit können Sie das Ereignis, dass der Ladevorgang abgeschlossen ist, abfangen.

Ein detaillierteres Beispiel für die Verwendung von `WithEvents` und der Methode `async` finden Sie im Abschnitt *Asynchrones Laden von Dateien* in Kapitel 4, »Programmieren mit XML«.

7.3.2 attributes

Gehört zu:	
DOMDocument	XMLDOMElement
XMLDOMNode	XMLDOMEntity
XMLDOMAttribute	XMLDOMEntityReference
XMLDOMCDATASection	XMLDOMNotation
XMLDOMComment	XMLDOMProcessingInstruction
XMLDOMDocumentFragment	XMLDOMText
XMLDOMDocumentType	XTLRuntime

Syntax

```
set objXMLDOMNamedNodeMap = objDOMDocument.attributes
```

Bemerkung

Weitere Informationen zu Attributen finden Sie in Kapitel 2, »XML-Trainingslager«.

Diese Eigenschaft gibt ein `XMLDOMNamedNodeMap`-Objekt zurück, das eine Liste der Attribute dieses Knotens enthält. `XMLDOMNamedNodeMap` ist eine XML-Schnittstelle, die speziell für die Arbeit mit Attributen konzipiert ist.

Beispiel

Sehr häufig werden Attribute dazu verwendet, (mit dem ID-Attributtyp) die ID aus der Datenbank abzulegen, die in der DTD folgendermaßen deklariert ist:

```
<!ELEMENT PERSON ( NAME, ADDRESS, TEL, FAX, EMAIL ) > ❶
<!ATTLIST PERSON PERSONID ID #REQUIRED> ❷
```

❶ Deklaration, dass das `Person`-Element diese Elemente (Tags) enthalten soll.

❷ Das `Person`-Element enthält ein ID-Attribut »`PERSONID`«, das grundsätzlich immer erforderlich ist.

Im hier verwendeten XML-Beispiel wird das Attribut folgendermaßen verwendet:

```
<PERSON PERSONID="p1"> ❶
<NAME>Mark Wilson</NAME>
<ADDRESS>911 Somewhere Circle, Canberra, Australia</ADDRESS>
<TEL>(++612) 12345</TEL>
<FAX>(++612) 12345</FAX>
<EMAIL>markwilson@somewhere.com</EMAIL>
</PERSON>
```

❶ Bei diesem Element beträgt der Wert des ID-Attributs »p1«.

Der folgende Beispielcode in VB füllt die Strukturansicht mit Daten aus einem DOMDocument. Das Attribut `PERSONID` soll in der Tag-Eigenschaft des Strukturansicht-Knotens abgelegt werden:

```
'das Attribut ID, das im Tag als Identitätskennung
'abgelegt werden soll, ist im Elementknoten enthalten.
'Also brauchen wir zuerst den Knoten, um an seinen Wert
'zu gelangen.
```

```
Set objAttributes = objNode.Attributes ❶

'prüfen, ob Attribute vorhanden sind.
If objAttributes.length > 0 Then

  'bekanntlich haben wir ja die ID-Kennzeichnung
  ''PERSONID' genannt, also kann NameNodeListMap
  'diesen Knoten mit Hilfe der Methode getNamedItem()
  'abrufen
  Set objAttributeNode = objAttributes.getNamedItem
  ("PERSONID") ❷

  'diesen Wert im Tag der Strukturansicht ablegen
  tvwElement.Tag = objAttributeNode.nodeValue
End If
```

❶ Attribute des aktuellen Knotens abrufen.

❷ `getNamedItem` gibt nur einen einzigen Knoten zurück (`IXMLDOMNode`), da angefordert wurde, dass das `PERSONID`-Attribut zurückgegeben werden sollte, von dem es ja pro Element nur eines geben kann.

In den Abschnitten zu `getNamedItem()`, `setNamedItem()` und `nextNode()` weiter unten in diesem Kapitel finden Sie weiterführende Informationen über die Arbeit mit Attributen im DOMDocument.

7.3.3 childNodes

Gehört zu:	
DOMDocument	XMLDOMElement
XMLDOMNode	XMLDOMEntity
XMLDOMAttribute	XMLDOMEntityReference
XMLDOMCDATASection	XMLDOMNotation
XMLDOMComment	XMLDOMProcessingInstruction
XMLDOMDocumentFragment	XMLDOMText
XMLDOMDocumentType	XTLRuntime

Syntax

```
set objXMLDOMNodeList = objXMLDOMNode.childNodes
```

Bemerkung

Diese Eigenschaft ist schreibgeschützt. Die Eigenschaft `childNodes` gibt `IXML DOMNodeList` zurück, die Sammlung von Kindknoten zu dem betreffenden Elternobjekt. Jeder Knoten, der von `childNodes` zurückgegeben wird, kann selbst wieder Kindknoten haben, ganz im Sinne des baumartigen Aufbaus des DOMDocument.

Beispiel

```
Dim objDOMDocument As DOMDocument

Dim objXMLDOMNodeList As IXMLDOMNodeList

Set objDOMDocument = New DOMDocument

objDOMDocument.async = False

objDOMDocument.Load "http://mark/xmlcode/people2.dtd"
```

Set objXMLDOMNodeList =
objDOMDocument.documentElement.childNodes

Grundlage der folgenden Erläuterungen ist dieser XML-Code:

```
<?xml version="1.0" ?>

<!-- *********** Resumes for People *********** -->

<!DOCTYPE PEOPLE SYSTEM "http://mark/xmlcode/people.dtd">

<PEOPLE>

<PERSON id="1">

<NAME>Mark Wilson</NAME>

<ADDRESS>911 Somewhere Circle, Canberra, Australia</ADDRESS>

<TEL>(++612) 12345</TEL>

<FAX>(++612) 12345</FAX>

<EMAIL>markwilson@somewhere.com</EMAIL>

</PERSON>

<PERSON id="2">

<NAME>Tracey Wilson</NAME>

<ADDRESS>121 Zootle Road, Cape Town, South Africa</ADDRESS>
```

```
<TEL>(++2721) 531 9090</TEL>
<FAX>(++2721) 531 9090</FAX>
<EMAIL>Tracey Wilson@somewhere.com</EMAIL>
</PERSON>
</PEOPLE>
```

Typische Verwendungen der Eigenschaft childNodes:

- Die Kindknoten von DOMDocuments umfassen die Verarbeitungsanweisungen, DTDs usw.
- Die Kindknoten von Wurzel-Elementen umfassen sämtliche Daten des DOMDocument.
- Die Kindknoten für die Eigenschaft `attributes` von Elementen umfassen eine Liste aller Attribute des betreffenden Elements.

Was ist das Tolle an der Eigenschaft childNodes?

- Weil die Eigenschaft `childNodes` eine `XMLDOMNodeList`-Sammlung ist, kann sie problemlos durchlaufen werden, um Daten zu sammeln.
- Sie können das Objekt `XMLDOMNode` verwenden, um die `XMLDOMNodeList`-Sammlung zu durchlaufen, da es auch mit den meisten anderen Schnittstellen arbeitet. Mehr dazu finden Sie weiter unten in diesem Abschnitt unter »*Die childNodes durchlaufen*«.

childNodes der Wurzel des DOMDocument abrufen

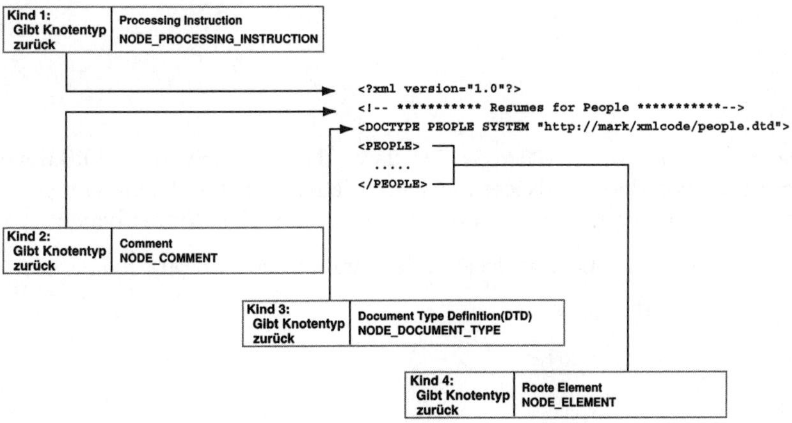

Abbildung 7.2: Die ausgegebenen Kindknoten der DOMDocument-Wurzel

Hier sollen die Kindknoten der Wurzel des vollständigen DOMDocument gefunden werden. Um in VB die Kindknoten abzurufen, würde man folgenden Code verwenden:

```
set objXMLDOMNodeList = objDOMDocument.childNodes
```

Dieser Code würde die vier Kindknoten zurückgeben, die Sie in Abbildung 7.2 sehen.

Wie Sie sehen wurde auch der für jeden Kindknoten zurückgegebene `node Type` mit angegeben. Einzelheiten zu diesen Knotentypen finden Sie unter der Eigenschaft `nodeType`.

Kindknoten des DOMDocument-Elements

documentElement abrufen

Diese Eigenschaft gibt alle Knoten zurück, die mit dem Wurzel-Knoten verknüpft sind, der wiederum in der `documentElement`-Eigenschaft des DOM Document angegeben ist (in diesem Beispiel alle `PERSON`en im `PEOPLE`-Element). Um die `childNodes` in VB abzurufen, würde man folgenden Code verwenden:

```
set objXMLDOMNodeList = objDOMDocument.document-Element.childNodes
```

In diesem Beispiel werden zwei Kindknoten an das `nodeList`-Objekt zurückgegeben (s. Abbildung 7.3).

Alle Kindknoten eines Elements abrufen

Hier sollen alle Elemente zurückgegeben werden, die innerhalb eines Abschnitts vorkommen:

```
<PERSON PERSONID="p2">

 ...

</PERSON
```

Das wären hier `NAME, ADDRESS, TEL` usw., also die Ebene der Kindknoten, aber auch von den `childNodes` aus kann die nächsttiefere Ebene von `child-Nodes` durchlaufen werden, wenn die Kindknoten selbst Kinder haben.

Im folgenden XML-Beispiel ist `Male` der Kindknoten von `Mark Wilson`:

```
<PERSON PERSONID="p2">

 <NAME>Mark Wilson</NAME>

    <GENDER>Male</GENDER>

 <ADDRESS>

 ...

</PERSON
```

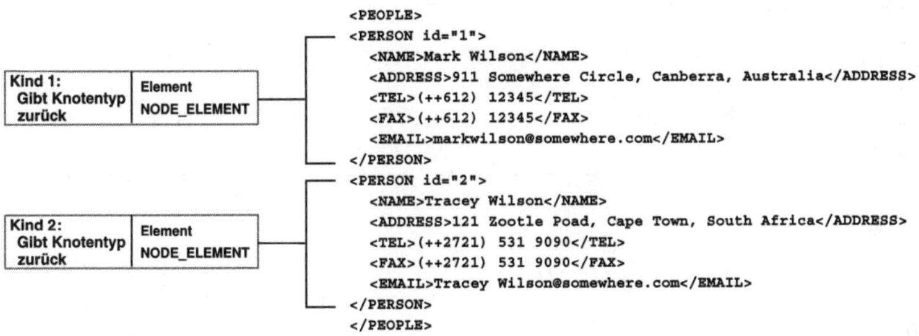

Abbildung 7.3: Die ausgegebenen Kindknoten des DOMDocument-Wurzel-Elements

Im Hauptbeispiel in Tabelle 7.5 werden für jedes `Person`-Element fünf Kindknoten gefunden, wie auch Abbildung 7.4 zeigt.

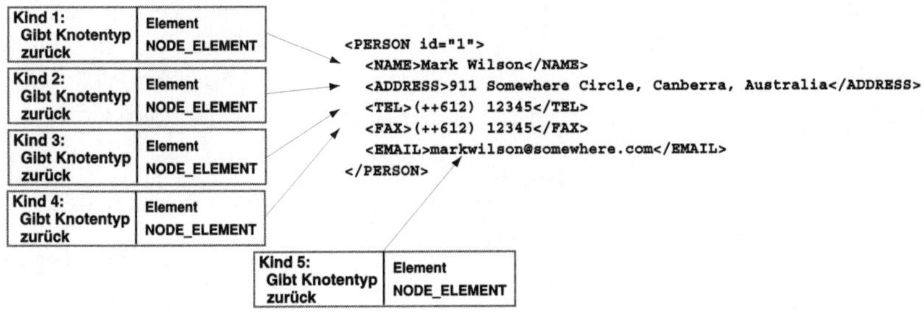

Abbildung 7.4: Die ausgegebenen Kindknoten eines Elements

Die childNodes durchlaufen

Da die Eigenschaft `childNodes` die Sammlung `IXMLDOMNodeList` zurückgibt, können mit der `for each … next`-Schleife alle enthaltenen Elemente durchlaufen werden. Für das Iterieren über die Sammlung von Kindknoten der Eigenschaft `documentElement` würde das beispielsweise so aussehen:

```
For Each objNode In objDOMDocument.document-Element.child-Nodes ❶

  populateTreeWithChildren objNode

Next
```

❶ objNode wurde als IXMLDOMElement definiert.

Ein `XMLDOMNodeList`-Objekt wird übrigens auch dann zurückgegeben, wenn gar keine Kindknoten vorhanden sind. In dem Fall wird der Wert `length` der Liste auf Null gesetzt. Mit diesem Ausdruck können Sie die Länge der Liste `XMLDOMNodeList` abrufen:

```
if objPeopleRoot.length > 0 then

…

end if
```

7.3.4 data

Gehört zu:	
XMLDOMCDATASection	XMLDOMProcessingInstruction
XMLDOMComment	XMLDOMText

Syntax

```
strValue = objXMLDOMComment.data
objXMLDOMComment.data = strValue
```

Bemerkung

Diese Eigenschaft ist nicht schreibgeschützt. Je nach Knotentyp gibt sie den gleichen Wert zurück wie die Eigenschaft `nodeValue`. Einzelheiten hierzu finden Sie unter der Eigenschaft `nodeValue`.

Beispiel

```
Dim objDOMDocument As DOMDocument
Dim objXMLDOMNode As IXMLDOMNode
Dim objXMLDOMPI As IXMLDOMProcessingInstruction

Set objDOMDocument = New DOMDocument
objDOMDocument.async = False
objDOMDocument.Load "http://mark/xmlcode/people2.xml"
For Each objXMLDOMNode In objDOMDocument.childNodes
If objXMLDOMNode.nodeType = NODE_PROCESSING_INSTRUCTION Then ❶
  Set objXMLDOMPI = objXMLDOMNode ❷
  MsgBox "The PI is : " & objXMLDOMPI.Data ❸
End If
Next
```

❶ Hier wird geprüft, ob der Knoten vom Typ Processing Instruction ist.

❷ PI-Objekt aus Node-Objekt umwandeln.

❸ Text der PI mit Hilfe der `data`-Eigenschaft abrufen. Im vorliegenden XML-Beispiel wird `version="1.0"` zurückgegeben.

7.3.5 docType

Gehört zu:
XMLDOMDocument

Syntax

```
set objXMLDOMNode = objXMLDOMNode.docType
```

```
set objXMLDOMDocumentType = objXMLDOMNode.docType
```

Bemerkung

Diese Eigenschaft ist schreibgeschützt.

`docType` entspricht hier dem DTD-Knoten im XML-Header. Ein Problem stellt sich bei der Arbeit mit dem DOMDocument dann, wenn ihm nachträglich eine DTD hinzugefügt werden soll. Da die Eigenschaft schreibgeschützt ist, ist dies nicht möglich, und ein Fehler tritt auf.

Die Frage ist also, wie man die DTD in die XML-Datei bekommt. Auf den ersten Blick bietet es sich natürlich an, einfach einen String zu füllen, der eine XML-Datei erzeugt. Dazu müssen wir allerdings auf die Erläuterungen zum DOMDocument-Programmierfehler im Abschnitt zur `loadXML()`-Methode verweisen. Dort ist auch eine Lösung für das Problem aufgeführt.

Beispiel

Der folgende XML-Code definiert eine DTD für die XML-Datei:

```
<!DOCTYPE PEOPLE SYSTEM "http://mark/xmlcode/people.dtd">
```

Das folgende VB-Beispiel zeigt, dass die Eigenschaft `docType` der DOMDocument-Wurzel entweder ein DocumentType-Objekt oder ein Node-Objekt zurückgeben kann:

```
Dim objDOMDocument As DOMDocument

Dim objXMLDOMDocumentType As IXMLDOMDocumentType

Set objDOMDocument = New DOMDocument

objDOMDocument.async = False

objDOMDocument.resolveExternals = True

objDOMDocument.Load "http://mark/xmlcode/people2.xml"


Set objXMLDOMDocumentType = objDOMDocument.doctype
```

Duale Schnittstellen

Wie Sie im Code-Beispiel für die Syntax der Eigenschaft sehen konnten, kann `doctype` zur Ausgabe von Werten an zwei unterschiedliche Objekte verwendet werden. Hier noch einmal die Syntax:

```
set objXMLDOMNode = objXMLDOMNode.docType

set objXMLDOMDocumentType = objXMLDOMNode.docType
```

Die Werte werden *gesetzt*, d.h. es wird ein Objekt übergeben.

Wenn aber objectA und objectB zwei ganz unterschiedliche Objekte sind, wie ist dann *sowohl* `set objA = objC` *als auch* `set objB = objC` möglich? Anders gefragt, wie kann `objC` in die beiden *grundlegend verschiedenen* Objekte `objectA` und `objectB` abgelegt werden?

Sie sehen hier eines unserer ersten Beispiele für Objekte, die zweierlei Schnittstellen zurückgeben können. Die Eigenschaft `doctype` implementiert ganz offensichtlich zwei unterschiedliche Schnittstellen. Eine davon wird auf `objXMLDOMNode` angewendet, die andere auf `objXMLDOMDocumentType`. Die Ursache ist, dass das Objekt `XMLDOMDocumentType` das Objekt `objXMLDOMNode` erbt. Sehen wir uns das einmal genauer an.

Rufen Sie in Visual Basic das `Lokal`-Fenster auf (im Menü `Extras` unter `Lokal`), eine Detailansicht der lokalen Variablen. Im Bereich '`Typ`' sehen Sie, dass das Objekt die Schnittstellen `IXMLDOMDocumentType` und `IXMLDOMNode` zurückgibt. Sie können also beide Schnittstellen verwenden, um diesen Knoten auszulesen, je nachdem, mit welcher Art Schnittstelle Sie arbeiten möchten und welche Eigenschaften/Methoden Sie für Ihre Arbeit benötigen.

Abbildung 7.5: VB-Lokal-Fenster für XMLDOM DocumentType

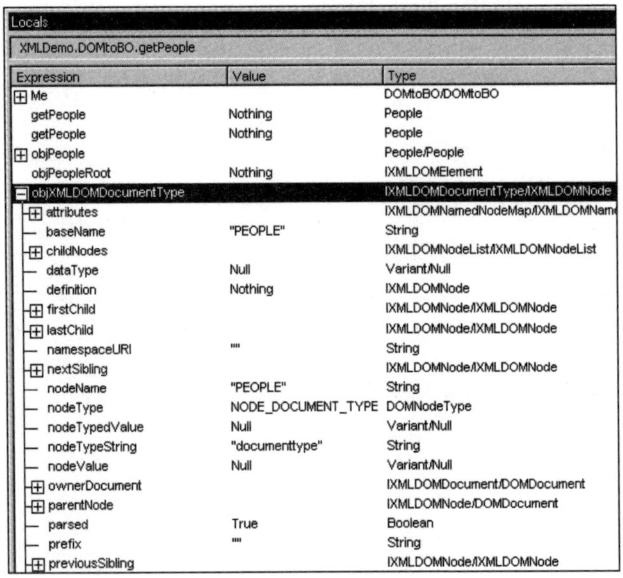

Wenn Sie sich das Ganze jedoch im Visual-Basic-Objektkatalog ansehen (`F2` drücken, um den Objektkatalog aufzurufen), werden Sie feststellen, dass das Objekt nur `IXMLDOMDocumentType` zurückgibt. Abbildung 7.5 zeigt die `IXMLDOMDocumentType`-Schnittstelle im Objektkatalog.

Während es hier um die Eigenschaft `doctype` ging, gibt die Eigenschaft `attributes` des `IXMDOMDocument` und des `IXMLDOMNode` die URI der DTD zurück.

Wenn Sie sich die Kindknoten-Eigenschaft von `docTypes` ansehen, werden Sie eine Auflistung aller Entities der DTD finden.

7.3.6 documentElement

Gehört zu:
XMLDOMDocument

Syntax

```
set objXMLDOMElement = objDOMDocument.documentElement

set objXMLDOMNode = objDOMDocument.documentElement


set objDOMDocument.documentElement = objXMLDOMElement

set objDOMDocument.documentElement = objXMLDOMNode
```

Bemerkung

Diese Eigenschaft ist schreibgeschützt.

Hier dreht sich alles um Objekte! Wenn Sie ohne Schnörkel und Schnickschnack XML-Daten in einem XML-Dokument finden wollen, ist das die Eigenschaft, die Sie brauchen – das *Wurzel-Element* der XML-Datei (nicht zu verwechseln mit der Wurzel).

Die Auflistung der Kindknoten gibt alle Elemente zurück, wie ja im Abschnitt zur Eigenschaft `childNodes` bereits ausführlich dargestellt wurde.

Auch diese Eigenschaft gibt zwei verschiedene Schnittstellen zurück, nämlich `IXMLDOMElement` und `IXMLDOMNode`. Anhand der Informationen zu den Eigenschaften und Methoden, die Sie weiter unten in diesem Kapitel noch erhalten, können Sie dann entscheiden, welche Schnittstelle Sie für die Anzeige und Manipulation Ihrer XML-Daten lieber verwenden.

Ist kein Wurzel-Element vorhanden, wird Null zurückgegeben.

Beispiel

```
Dim objDOMDocument As DOMDocument

Dim objXMLDOMElement As IXMLDOMElement
```

```
Set objDOMDocument = New DOMDocument
objDOMDocument.async = False
objDOMDocument.Load "http://mark/xmlcode/people2.dtd"
```

Set objXMLDOMElement = objDOMDocument.documentElement

7.3.7 firstChild, lastChild, nextSibling und previousSibling

Gehören zu:	
DOMDocument	XMLDOMElement
XMLDOMNode	XMLDOMEntity
XMLDOMAttribute	XMLDOMEntityReference
XMLDOMCDATASection	XMLDOMNotation
XMLDOMComment	XMLDOMProcessingInstruction
XMLDOMDocumentFragment	XMLDOMText
XMLDOMDocumentType	XTLRuntime

Syntax

```
set objXMLDOMNode = objDOMDocument.firstChild
set objXMLDOMNode = objDOMDocument.lastChild
set objXMLDOMNode = objDOMDocument.nextSibling
set objXMLDOMNode = objDOMDocument.previousSibling
```

Bemerkung

Diese Eigenschaften sind schreibgeschützt.

Sie dienen dazu, vom aktuellen Knoten aus die Werte des ersten Knotens, letzten Knotens usw. auszulesen

Beispiel

Angenommen, man braucht nur das jeweils erste Kind-Element aller Elemente in einer XML-Datei. So soll im nächsten Beispiel ein Textfeld nur mit den Namen und Adressen aus der Beispieldatei People2.xml gefüllt werden.

```
Dim objDOMDocument As DOMDocument
Dim objXMLDOMNodeList As IXMLDOMNodeList
Dim objXMLDOMNode As IXMLDOMNode
Dim strInfo As String
```

```
Set objDOMDocument = New DOMDocument
objDOMDocument.async = False
objDOMDocument.Load "http://mark/xmlcode/people2.dtd"

Set objXMLDOMNodeList = objDOMDocument.documentElement.childNodes

For Each objXMLDOMNode In objXMLDOMNodeList ❶
strInfo = strInfo & objXMLDOMNode.firstChild.text & vbCrLf ❷
strInfo = strInfo & objXMLDOMNode.nextSibling.text & vbCrLf & vbCrLf ❸
Next

txtInfo.text = strInfo
```

❶ Die Elementliste des NodeList-Objekts wird durchlaufen.

❷ Von `firstChild` wissen wir, dass es das `Name`-Element zurückgeben wird.

❸ `nextSibling` wird das `Address`-Element zurückgeben.

7.3.8 length

Gehört zu:	
XMLDOMNodeList	XMLDOMComment
XMLDOMNamedNodeMap	XMLDOMText

Syntax

```
lngValue = objXMLDOMNodeList.length
```

Bemerkung

Diese Eigenschaft ist schreibgeschützt.

Je nach DOM-Objekt wird die Eigenschaft `length` folgendermaßen verwendet:

Bei den Schnittstellen `XMLDOMNodeList` und `XMLDOMNamedNodeMap` gibt die Eigenschaft `length` die Anzahl Kindknoten in der Sammlung an. Wir verwenden diese Eigenschaft häufig, um zu kontrollieren, ob ein Objekt fehlerfrei geladen wurde, indem wir überprüfen, ob die `length`-Eigenschaft größer als Null ist.

Bei den Schnittstellen `XMLDOMComment` und `XMLDOMText` gibt die Eigenschaft `length` die Anzahl Zeichen im Inhalt des Knotens an.

Beispiel

Die Objekte XMLDOMNodeList und XMLDOMNamedNodeMap

In diesem Beispiel soll anhand des Attributs `length` geprüft werden, ob ein DOMDocument fehlerfrei geladen wurde. Ist der Wert für `length` größer als Null, kann die Ausführung des Codes für die Arbeit mit dem DOMDocument-Objekt fortgesetzt werden.

```
Dim objDOMDocument As DOMDocument
Dim objNode As IXMLDOMNode

Set objDOMDocument = New DOMDocument
objDOMDocument.async = False
objDOMDocument.Load "http://mark/xmlcode/people2.dtd"

If objDOMDocument.childNodes.length > 0 Then ❶
'hier restlichen Code ausführen
End If
```

❶ Der Code hat die XML-Datei aus dem Hauptbeispiel geladen. Als `length` wird 4 zurückgegeben, da das DOMDocument vier Kindknoten hat.

7.3.9 namespaceURI

Gehört zu:	
DOMDocument	XMLDOMElement
XMLDOMNode	XMLDOMEntity
XMLDOMAttribute	XMLDOMEntityReference
XMLDOMCDATASection	XMLDOMNotation
XMLDOMComment	XMLDOMProcessingInstruction
XMLDOMDocumentFragment	XMLDOMText
XMLDOMDocumentType	XTLRuntime

Syntax

```
strValue = objDOMDocument.namespaceURI
```

Bemerkung

Diese Eigenschaft ist schreibgeschützt. Wenn im XML-Dokument ein Namensraum angegeben wurde, gibt diese Eigenschaft einen String mit einer Ortsangabe des URI zurück. Da die Eigenschaft schreibgeschützt ist, ist es nicht möglich, einem DOMDocument nachträglich einen `namespaceURI` hinzuzufügen.

Beispiel

Im nächsten Beispiel wird geprüft, ob für das DOMDocument ein `namespaceURI` gesetzt wurde.

```
Dim objDOMDocument As DOMDocument


Set objDOMDocument = New DOMDocument

objDOMDocument.async = False

objDOMDocument.Load "http://mark/xmlcode/people2.dtd"

If objDOMDocument.namespaceURI <> "" then ❶

'hier weiteren Code ausführen …

End If
```

❶ Für dieses DOMDocument wurde kein namespaceURI gesetzt.

7.3.10 nodeName

Gehört zu:	
DOMDocument	XMLDOMElement
XMLDOMNode	XMLDOMEntity
XMLDOMAttribute	XMLDOMEntityReference
XMLDOMCDATASection	XMLDOMNotation
XMLDOMComment	XMLDOMProcessingInstruction
XMLDOMDocumentFragment	XMLDOMText
XMLDOMDocumentType	XTLRuntime

Syntax

```
strValue = objDOMDocument.nodeName
```

Bemerkung

Diese Eigenschaft ist schreibgeschützt. Je nach Knotentyp gibt sie einen String mit dem Namen des Knotens zurück. Besonders bei Elementen und Attributen erweist sich dies als nützlich. Tabelle 7.5 stellt im Einzelnen dar, was die Eigenschaft `nodeName` in den unterschiedlichen Schnittstellen des DOMDocument repräsentiert.

Tab. 7.5: Rückgabewerte der unterschiedlichen XMLDOM-Schnittstellen

Name der Schnittstelle	Rückgabewert
XMLDOMElement	Gibt den Namen des Element-Tags zurück (ohne die Tag-Kennzeichnung </>). Ein Beispiel in XML: `<EMAIL>markwilson@somewhere.com </EMAIL>` Rückgabewert: EMAIL Sind Namensräume vorhanden, wird der vollständige Tag-Name zurückgegeben. Ein Beispiel in XML: `<resume:EMAIL>markwilson@some-where.com</resume:EMAIL>` Rückgabewert: resume:EMAIL
XMLDOMAttribute	Gibt den Namen des Attributs zurück. Ein Beispiel in XML: `<PERSON PERSONID="p1">` Rückgabewert: PERSONID
XMLDOMProcessingInstruction	Gibt das Ziel der Processing Instruction zurück. Das Ziel steht direkt hinter der Kennzeichnung '<?'. Ein Beispiel in XML: `<?xml version="1.0" ?>` Rückgabewert: xml
XMLDOMEntity-Reference	Gibt die Bezeichnung der referenzierten Entity zurück (ohne die Entity-Referenz-Kennzeichnung '&;'). Ein Beispiel in XML: `<ADDRESS>30 Animal Road, New York, &USA;</ADDRESS>` Rückgabewert: USA
XMLDOMEntity	Gibt die Bezeichnung der Entity zurück. Ein Beispiel in XML: `<!ENTITY USA "United States of America">` Rückgabewert: USA
XMLDOMDocument-Type	Gibt den Namen des Dokumenttyps (DTD) zurück. Ein Beispiel in XML: `<!DOCTYPE PEOPLE SYSTEM "http://mark/xmlcode/people.dtd">` Rückgabewert: PEOPLE
XMLDOMNotation	Gibt die Bezeichnung der Notation zurück. Ein Beispiel in XML: `<img src="http://mark/xmlcode/vbdev.gif">` Rückgabewert: img

Die Knotentypen in Tabelle 7.6 haben keine nodeName-Eigenschaft, sie geben daher die Zeichenkettenliterale der referenzierten Elemente zurück.

Tab. 7.6: Rückgabewerte der XMLDOM-Schnittstellen ohne nodeName-Eigenschaft

Name der Schnittstelle	Rückgabewert
XMLDOMText	#text
XMLDOMComment	#comment
XMLDOMCDATASection	#cdata-section
XMLDOMDocument	#document
XMLDOMDocumentFragment	#document-fragment

Beispiel

Um die Textfelder eines VB-Formulars zu füllen, kann mit der Eigenschaft nodeName in Verbindung mit Select Case ermittelt werden, welche Daten welches Textfeld füllen sollen.

Im folgenden Beispielcode ist eine Referenz auf ein Element bereits enthalten, nämlich das PERSON-Element aus dem XML-Hauptbeispiel. Die Kindknoten sollen durchlaufen und dabei der jeweils aktuelle Knoten an seiner nodeName-Eigenschaft unterschieden werden.

```
For Each objChildElement In objPersonElement.childNodes
If objChildElement.nodeType = NODE_ELEMENT Then
  Select Case UCase(objChildElement.nodeName)
  Case "NAME"
      txtName.Text = objChildElement.nodeTypedValue
  Case "ADDRESS"
      txtAddress.Text = objChildElement.nodeTypedValue
  Case "TEL"
      txtTel.Text = objChildElement.nodeTypedValue
  Case "FAX"
      txtFax.Text = objChildElement.nodeTypedValue
  Case "EMAIL"
      txtEmail.Text = objChildElement.nodeTypedValue
  End Select
End If
Next objChildElement
```

7.3.11 nodeType

Gehört zu:	
DOMDocument	XMLDOMElement
XMLDOMNode	XMLDOMEntity
XMLDOMAttribute	XMLDOMEntityReference
XMLDOMCDATASection	XMLDOMNotation
XMLDOMComment	XMLDOMProcessingInstruction
XMLDOMDocumentFragment	XMLDOMText
XMLDOMDocumentType	XTLRuntime

Syntax

```
objDOMNodeTypeEnum = objDOMDocument.nodeType
lngType = objDOMDocument.nodeType
```

Bemerkung

Diese Eigenschaft ist schreibgeschützt.

Jeder Knoten enthält eine Aufzählungs-(enum-)Eigenschaft, die jeweils den `nodeType` des gerade verarbeiteten Knotens angibt. Der Knotentyp gibt auch Aufschluss darüber, ob der Knoten Kindknoten haben kann.

Beispiel

In jedem Abschnitt dieses Kapitels wird angegeben, welche Typen von Kindknoten jeder Knotentyp haben kann. Jeder Knotentyp hat seine spezielle Schnittstelle, so verwendet beispielsweise NODE_ELEMENT das XMLDOM-Element. Wie bereits angemerkt, werden wir hier jedoch nicht auf jede dieser Schnittstellen eingehen.

Im nächsten Beispiel werden die Kindknoten des DOMDocument durchlaufen. Abhängig vom Knotentyp soll mit Hilfe der Eigenschaft `nodeType` eine Meldung angezeigt werden, um welchen Knotentyp es sich gerade handelt.

```
Dim objDOMDocument As DOMDocument
Dim objNode as IXMLDOMNode

Set objDOMDocument = New DOMDocument
objDOMDocument.async = False
objDOMDocument.Load http://mark/xmlcode/people2.dtd

If objDOMDocument.length > 0 then

For Each objNode In objDOMDocument.childNodes
  Select Case objNode.nodeType
    Case NODE_DOCUMENT_TYPE
```

```
        MsgBox "This is the dtd"
    Case NODE_ELEMENT
        MsgBox "This is an element"
    Case NODE_PROCESSING_INSTRUCTION
        MsgBox "This is a processing instruction"
  End Select
Next objNode
End If
```

Wie Sie sehen, wurde hier ein `IXMLDOMNode`-Objekt (`objNode`) verwendet, um die Auflistung der Kindknoten des DOMDocument zu durchlaufen. Die Begründung dafür ist, dass die meisten XML-Objekte die `IXMLDOMNode`-Schnittstelle erben. Dadurch können Sie Objekte gemäß der Schnittstelle Ihrer Wahl umwandeln, sobald Sie ermittelt haben, um welchen Knotentyp es sich handelt.

Wenn das betreffende Objekt beispielsweise den `nodeType` `NODE_DOCUMENT_TYPE` hat, könnte die Umwandlung folgendermaßen aussehen:

```
set objXMLDOMDocumentType = objNode
```

Dann können Sie mit dem deklarierten `IXMLDOMDocumentType`-Objekt arbeiten und seine Eigenschaften und Methoden verwenden. Als Nächstes sollen die unterschiedlichen `nodeTypes` im Einzelnen vorgestellt werden.

Die zwölf Knotentypen

In Tabelle 7.7 sind die zwölf Knotentypen aufgeführt.

Tab. 7.7: Die zwölf Knotentypen

Name	Aufzählungsnummer
NODE_ELEMENT	(1)
NODE_ATTRIBUTE	(2)
NODE_TEXT	(3)
NODE_CDATA_SECTION	(4)
NODE_ENTITY_REFERENCE	(5)
NODE_ENTITY	(6)
NODE_PROCESSING_INSTRUCTION	(7)
NODE_COMMENT	(8)
NODE_DOCUMENT	(9)
NODE_DOCUMENT_TYPE	(10)
NODE_DOCUMENT_FRAGMENT	(11)
NODE_NOTATION	(12)

Diese zwölf Typen sollen nun im Einzelnen vorgestellt werden.

NODE_ELEMENT

Schnittstellentyp von:	IXMLDOMElement
Mögliche Typen von Kind-Objekten:	Element Text Comment ProcessingInstruction CDATASection EntityReference

Dieser `nodeType` steht für einen Elementknoten in der XML-Datei.

Hier ein Beispiel für ein Element im XML-Code:

```
<PEOPLE> ... </PEOPLE>
```

Ein weiteres Beispiel für ein Element in XML-Code:

```
<TEL>(++) 61 2 12345</TEL>
```

Der folgende XML-Code enthält alle Elemente, die in unserem DOMDocument zu finden sind:

```
<PEOPLE> ❶
<PERSON id="p1"> ❷
<NAME>Mark Wilson</NAME> ❸
<ADDRESS>911 Somewhere Circle, Canberra, Australia</ADDRESS> ❹
<TEL>(++612) 12345</TEL> ❺


<FAX>(++612) 12345</FAX> ❻
<EMAIL>markwilson@somewhere.com</EMAIL> ❼
</PERSON>
...
</PEOPLE>
```

❶ Dieses Element wird von der Eigenschaft `documentElement` zurückgegeben.

❷ Dieses Element ist ein Kindknoten von `PEOPLE`.

❸ Dieses Element ist der erste Kindknoten von `PERSON`.

❹ Zweiter Kindknoten von `PERSON`.

5 Dritter Kindknoten von PERSON.

6 Vierter Kindknoten von PERSON.

7 Fünfter Kindknoten von PERSON.

NODE_ATTRIBUTE

Schnittstellentyp von:	XMLDOMAttribute
Mögliche Typen von Kind-Objekten:	Text EntityReference

Dieser nodeType steht für einen Attributknoten in der XML-Datei. Weitere Informationen zu Attributen finden Sie in diesem Abschnitt unter der Eigenschaft attributes sowie in Kapitel 4, »Programmieren mit XML«.

In XML sieht das so aus:

```
<PERSON PERSONID="1"> ❶
```

1 PERSONID="1" ist hierbei das Attribut.

Um mit der XML-Datei arbeiten zu können, müssen die Attribute in der DTD-Datei oder einem Abschnitt der XML-Datei deklariert werden, in diesem Fall in folgender Form:

```
<!ATTLIST PERSON PERSONID ID #REQUIRED> ❶
```

1 In diesem Beispiel wird vorgeschrieben, dass jedes Person-Element in der XML-Datei ein Attribut vom Typ »ID« für Person enthalten muss, indem das Attribut als »#REQUIRED« deklariert wird.

NODE_TEXT

Schnittstellentyp von:	XMLDOMText
Mögliche Typen von Kind-Objekten:	Keine

Dieser nodeType steht für einen Textknoten in der XML-Datei. Textknoten können Kindknoten von Attribut-, DocumentFragment-, Element- oder EntityReference-Knoten sein. Sie haben nie selbst Kindknoten.

Im folgenden XML-Beispiel ist der hervorgehobene Text der Wert eines Textknotens:

```
<ADDRESS>911 Somewhere Circle, Canberra, Australia</ADDRESS> ❶
```

1 Der hervorgehobene Text ist der Wert des Textknotens.

Wenn Sie mit dem Knotentyp Element arbeiten, ist es eigentlich nicht notwendig, alle Ebenen bis zum Kindknoten zu durchlaufen, um den Text eines Elements abzurufen. Sie können auch einfach die `nodeTypeValue`-Eigenschaft des Elementknotens verwenden. Dadurch erhalten Sie den Textinhalt, egal, ob es sich um einen CDATA-Abschnitt, Entities oder andere Zeichenfolgen handelt.

Es gibt jedoch noch ein paar Tricks. Der nächste Knotentyp, der vorgestellt werden soll, ist der CDATA-Abschnitt. Knoten dieses Typs werden als CDATA-Section-Knoten angezeigt und nicht als Textknoten, auch wenn sie wie solche aussehen. Wenn Sie also den Textknoten eines Elementknotens suchen, sollten Sie auf jeden Fall auch nach CDATA-Abschnitt-Knoten suchen.

NODE_CDATA_SECTION

Schnittstellentyp von:	XMLDOMCDATASection
Mögliche Typen von Kind-Objekten:	Keine

Wenn Sie einmal besondere Zeichen in den Inhalt Ihrer XML-Knoten einfügen möchten, brauchen Sie einen CDATA-Abschnitt (auch als markierter Abschnitt bezeichnet).

Klar, Sie können auch vordefinierte Entities verwenden anstelle eines CDATA-Abschnitts, aber davon gibt es derzeit nur fünf, die das DOMDocument interpretieren kann (s. dazu den Abschnitt zur `XMLDOMEntity` weiter unten in diesem Kapitel).

Aber vordefinierte Entities lösen nicht alle Probleme. Was wird aus einem Rautenzeichen (#)? XML-Parser erlauben nicht, das #-Zeichen in XML zu verwenden, aber es gibt auch keine vordefinierte DOMDocument-Entity dafür.

> Vordefinierte Entities sind mit VB-Konstanten vergleichbar, nur dass sie in XML integriert sind. Da in XML bestimmte Zeichen speziell für XML-Zwecke verwendet werden (z.B. das <-Zeichen), können solche Zeichen durch Entities dargestellt werden.

Wir beziehen uns hier nur darauf, was das DOM Document interpretieren kann. Viele Browser erkennen und unterstützen zahlreiche Entities, aber das DOM Document unterstützt vorerst nur die genannten fünf vordefinierten Entities.

Um einen CDATA-Abschnitt in den XML-Code einzubauen, statt ein ganzes Element in der DTD als CDATA-Element zu deklarieren, schreiben Sie Folgendes in den XML-Code:

```
![CDATA[]]
```

Hier ein Beispiel für ein Element mit einem CDATA-Abschnitt, der ein #-Zeichen enthält:

```
<ADDRESS><![CDATA[#911 Somewhere Circle, Canberra, Australia]]></
ADDRESS>
```

Wenn Sie mit `Select Case` in VB die Enumeration eines Knotens finden wollen, wird bei `NODE_TEXT` der Text ausgelassen, der in CDATA-Abschnitte geschrieben wurde, um reservierte Zeichen zu schützen. Suchen Sie also auf jeden Fall auch in `NODE_CDATA_SECTION`.

CDATA-Abschnittsknoten können Kindknoten von Element-, EntityReference- oder DocumentFragment-Knoten sein.

Wenn Sie versuchen, in einem CDATA-Abschnitt eine Entity zu verwenden, wird diese beim Parsing übergangen, also nicht interpretiert. Beispielsweise sei der folgende XML-Code in einen CDATA-Abschnitt »eingebettet«:

```
<ADDRESS><![CDATA[#911 O&apos;Hara Circle, Canberra, Australia]]></
ADDRESS>
```

Die **'**-Entity, die Sie hier sehen, soll ein ' (Apostroph) repräsentieren, daher würde man natürlich erwarten, dass *O' Hara Circle* ausgegeben wird. Diese Zeichenkette wird aber nicht so interpretiert werden, denn sie steht in einem CDATA-Abschnitt und wird somit nicht analysiert. Wenn man die obige XML-Zeile in VB betrachtet und den Wert des Elements mit der Eigenschaft `nodeTypedValue` abfragt, ist Folgendes zu beobachten:

```
strValue = objXMLElement.nodeTypedValue ❶
```

❶ Rückgabewert von `strValue`: #911 O'Hara Circle, Canberra, Australia.

Denken Sie daran, eine Prüfung auf nicht analysierbare Zeichen vorzusehen, wenn Sie zulassen, dass Benutzer einem DOMDocument Daten hinzufügen. Sorgen Sie dafür, dass die nicht analysierbaren Zeichen vor dem Speichern des DOMDocument in einen CDATA-Abschnitt eingebettet werden. Andernfalls wird ein Apostroph, das jemand in ein Feld eingibt (z.B. in O'Mally), als solches im DOMDocument gespeichert, ohne dass zunächst ein Fehler ausgelöst wird. Wenn Sie dann aber versuchen, die gespeicherte XML-Datei in das DOMDocument zu laden, tritt wegen des nicht analysierbaren Zeichens ein Fehler auf.

NODE_ENTITY_REFERENCE

Schnittstellentyp von:	XMLDOMEntityReference
Mögliche Typen von Kind-Objekten:	Element ProcessingInstruction Comment Text CDATASection EntityReference

Dieser Knoten enthält einen Verweis auf eine Entity (mehr zum Entity-Knoten erfahren Sie im nächsten Abschnitt).

Entities werden in der DTD definiert.

In der DTD-Datei wird die Entity folgendermaßen angegeben:

```
<!ENTITY USA   "United States of America">
```

In einer XML-Datei würde der folgende Code in einem Elementknoten aus zwei Kindknoten bestehen, einem Textknoten und einer EntityReference:

```
<ADDRESS>30 Animal Road, New York, &USA;</ADDRESS>
```

Im DOMDocument kann das obige XML-Beispiel für das Element wie folgt extrahiert werden:

Erster Kindknoten

```
strValue = objXMLElement.childNodes(1).nodeTypedValue ❶
enumType = objXMLElement.childNodes(1).nodeType ❷
```

❶ Rückgabewert: `strValue = "30 Animal Road, New York"`.

❷ Rückgabewert: `enumType = NODE_TEXT`.

Zweiter Kindknoten

```
strValue = objXMLElement.childNodes(2).Text ❶
enumType = objXMLElement.childNodes(2).nodeType ❷
```

❶ Rückgabewert: `strValue = "United States of America"`.

❷ Rückgabewert: `enumType = NODE_ENTITY_REFERENCE`.

Und warum wird beim ersten Kindknoten die Eigenschaft `nodeTypedValue` verwendet und beim zweiten plötzlich der Textwert? Weil es sich um zwei unterschiedliche Knotentypen handelt. Sie erhalten also je nach Knotentyp die Daten, die Sie für den Zugriff auf unterschiedliche Eigenschaften benötigen. Weitere Informationen hierzu finden Sie in diesem Abschnitt unter `nodeTypedValue` und `nodeValue`.

> Wenn Sie nur den Wert des Elementknotens abrufen wollen, müssen Sie nicht diesen komplizierten Weg gehen. Das ist nur dann erforderlich, wenn Sie beispielsweise den EntityReference-Knoten analysieren wollen.

Der folgende XML-Code definiert eine Entity »&USA;«:

```
<ADDRESS>30 Animal Road, New York, &USA;</ADDRESS>
```

Im DOMDocument können Sie seinen geparsten Wert direkt aus dem Elementknoten auslesen:

```
strValue = objXMLElement.nodeTypedValue ❶
```

❶ Rückgabewert: `strValue = "30 Animal Road, New York, United States of America"`.

NODE_ENTITY

Schnittstellentyp von:	XMLDOMEntity
Mögliche Typen von Kind-Objekten:	Text EntityReference

Wie bereits angemerkt, können Entities nur im DTD-Abschnitt bzw. der DTD-Datei *definiert* werden, nicht in der XML-Datei. Entities sind daher immer Kindknoten des DocumentType-Knotens (mehr dazu unter der Eigenschaft `doctype` in diesem Abschnitt).

Hier ein Beispiel für Entities in der DTD:

```
<!ENTITY USA    "United States of America">
```

```
<!ENTITY UK     "United Kingdom">
```

Wie Sie in Abbildung 7.6 sehen, hat die `doctype`-Eigenschaft dieses Objekts zwei Kindknoten (Item 1 und Item 2).

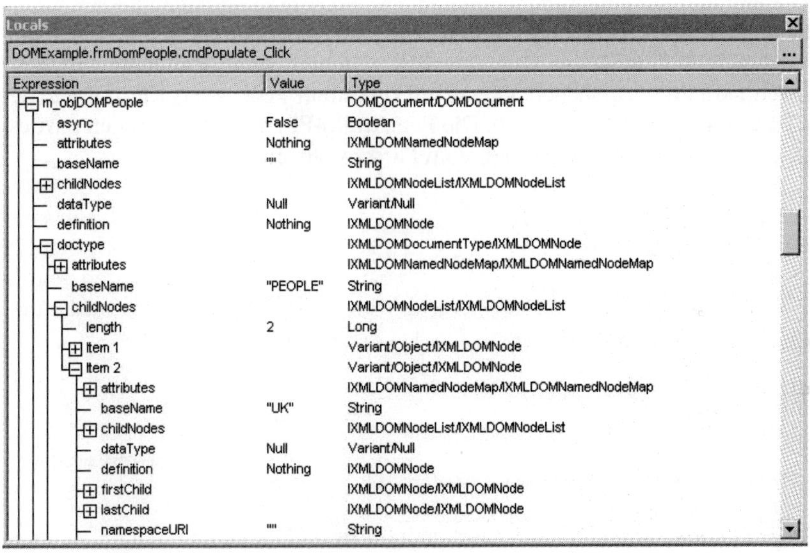

Abbildung 7.6: Eigenschaft childNodes von docType im VB-Lokalfenster

Im oben stehenden DTD-Beispiel-Code hat die Eigenschaft `doctype childNodes` des DOMDocument zwei Kindknoten. Die Eigenschaft `nodeName` des ersten Kindknotens von `nodeType`, `NODE_ENTITY`, ist *USA*. Der Knoten enthält einen Kindknoten vom Typ `NODE_TEXT`. Wie Ihnen sicherlich schon aufgefallen ist, können Sie die Text-Eigenschaft auch referenzieren – dadurch erhalten Sie denselben Wert wie aus dem Kindknoten, ohne diesen durchlaufen zu müssen.

Obwohl sie später in der XML-Datei, bei den Elementen, referenziert werden (NODE_ENTITY_REFERENCE-Knotentyp), wird der Parser die Umsetzung dieser Entities automatisch vornehmen – außer, wenn sie in einem CDATA-Abschnitt stehen, worauf wir ja in diesem Abschnitt schon unter NODE_CDATA_SECTION eingegangen sind.

NODE_PROCESSING_INSTRUCTION

Schnittstellentyp von:	XMLDOMProcessingInstruction
Mögliche Typen von Kind-Objekten:	Keine

Dieser Knotentyp gibt eine in der XML-Datei enthaltene PI an. Processing Instructions werden in der XML-Datei wie folgt deklariert:

```
<?xml version="1.0" ?>
```

PIs können als Teil der childNodes-Eigenschaft in Document-, Document-Fragment-, Element- oder EntityReference-Knoten enthalten sein. Täuschen Sie sich also nicht – PIs stehen keineswegs immer nur im Header des Dokuments.

Beispielsweise könnte ohne Weiteres die XML-Anweisung "<?realaudio version="4.0"?>" zwischen den Elementen stehen, ohne Probleme im DOM Document zu verursachen. Dieses würde immer noch sechs Kindknoten des PERSON-Elements zurückgeben. Die RealAudio-PI wird als PI-Knoten zurückgegeben (und, nebenbei gesagt, vom Parser vollständig ignoriert).

```
<PERSON id="p1">

<?realaudio version="4.0"?>

<NAME>Mark Wilson</NAME>

<ADDRESS>911 Somewhere Circle, Canberra, Australia</ADDRESS>

<TEL>(++612) 12345</TEL>

<FAX>(++612) 12345</FAX>

<EMAIL>markwilson@somewhere.com</EMAIL>

</PERSON>
```

NODE_COMMENT

Schnittstellentyp von:	XMLDOMComment
Mögliche Typen von Kind-Objekten:	Keine

Dieser Knoten enthält einen Kommentar. Kommentare können an beliebiger Stelle im Code stehen und sind daher ein weiterer Knoten, auf den man achten muss, wenn eine Sammlung von Knoten durchlaufen wird. Es ist immer sinnvoll zu prüfen, mit welchem Typ Knoten Sie gerade arbeiten, falls plötzlich eine PI oder ein Kommentar auftaucht. Im folgenden XML-Beispiel hat jemand einen Kommentar über die Adresse der betreffenden Person in den Code eingefügt.

```
<PERSON id="p1">
<! - - Person not available for another contract until September -->
<NAME>Mark Wilson</NAME>
<ADDRESS>911 Somewhere Circle, Canberra, Australia</ADDRESS>
<TEL>(++612) 12345</TEL>
<FAX>(++612) 12345</FAX>
<EMAIL>markwilson@somewhere.com</EMAIL>
</PERSON>
```

Im folgenden VB-Beispiel werden die Kindknoten eines Elements durchlaufen. Das Ziel ist ausschließlich, auf Element-, Kommentar- oder PI-Knoten zu prüfen. Mit der Eigenschaft `nodeType` lässt sich diese Prüfung durchführen:

```
For Each objNode In objElement.childNodes
  Select Case objNode.nodeType
    Case NODE_COMMENT
        'hier eine Anweisung zum Umgang mit Kommentaren
        'einfügen
    Case NODE_ELEMENT
        'hier eine Anweisung zum Umgang mit Elementen
        'einfügen
    Case NODE_PROCESSING_INSTRUCTION
        'hier eine Anweisung zum Umgang mit PIs einfügen
  End Select
Next objNode
```

NODE_DOCUMENT

Schnittstellentyp von:	XMLDOMDocument
Mögliche Typen von Kind-Objekten:	Element ProcessingInstruction Comment DocumentType

Dieser Knotentyp definiert den Knoten als Dokumentobjekt, also als Wurzel des gesamten Dokuments. Jede XML-Datei kann nur einen Dokumentknoten enthalten. Im folgenden Beispielcode wird ein DOMDocument aus einer XML-Datei geladen:

```
Dim objDOMDocument As DOMDocument


Set objDOMDocument = New DOMDocument

objDOMDocument.async = False

objDOMDocument.Load http://mark/xmlcode/people2.dtd ❶
```

❶ Wenn der XML-Code in Ordnung ist, ist das DOMDocument hiermit geladen.

Wenn Sie sich in diesem Beispiel die Eigenschaft `nodeType des objDOMDocument` ansehen, sehen Sie, dass es sich um einen Knoten vom Typ `NODE_DOCUMENT` handelt.

Als `childNodes` kann der Elementknoten nur ein Element enthalten (das wiederum Kindknoten haben kann), da es nur ein Wurzel-Element geben kann (ausführliche Erläuterungen und Beispiele finden Sie unter der Eigenschaft `documentElement`).

NODE_DOCUMENT_TYPE

Schnittstellentyp von:	XMLDOMDocumentType
Mögliche Typen von Kind-Objekten:	Notation Entity

Dieser Knotentyp definiert den Knoten als DTD-Knoten, was im XML-Code so aussieht:

```
<!DOCTYPE PEOPLE SYSTEM "http://mark/xmlcode/people.dtd">
```

Ausführlichere Erläuterungen zum DocumentType-Knoten finden Sie unter der Eigenschaft `doctype` in diesem Abschnitt.

NODE_NOTATION

Schnittstellentyp von:	XMLDOMNotation
Mögliche Typen von Kind-Objekten:	Keine

Dies ist ein Notationsknoten. Notationen können genau wie Knoten vom Typ Entity ausschließlich in der Dokumenttypdeklaration deklariert werden. Sie kommen daher auch ausschließlich als Kind des Dokumenttyp-Knotens vor.

Ein Beispiel für eine Notation wäre eine Anweisung an den Browser, wie eine Grafik-, RealAudio- oder sonstige Datei eingebunden werden soll; beispielsweise in folgender Form:

```
<img src="http://mark/xmlcode/vbdev.gif">
```

7.3.12 nodeTypedValue

Gehört zu:	
DOMDocument	XMLDOMElement
XMLDOMNode	XMLDOMEntity
XMLDOMAttribute	XMLDOMEntityReference
XMLDOMCDATASection	XMLDOMNotation
XMLDOMComment	XMLDOMProcessingInstruction
XMLDOMDocumentFragment	XMLDOMText
XMLDOMDocumentType	XTLRuntime

Syntax

```
vntValue = objXMLDOMElement.nodeTypedValue
```

Bemerkung

Im VB-Objektkatalog wird diese Eigenschaft als Eigenschaft zum *Abrufen des fest eingegebenen Werts des Knotens* beschrieben. Bei Elementknoten gibt sie den Inhalt des Knotens im jeweiligen Datentyp zurück. Wenn Sie mit einem Attributknoten arbeiten, erhalten Sie nur den Wert *attribute* zurück, was natürlich nicht wirklich von großem Wert ist (mehr zur Arbeit mit Attributknoten finden Sie unter `nodeValue`).

Wenn der XML-Code ein Schema enthält und für das Element im Schema kein dataType angegeben ist, wird standardmäßig ein String-Datentyp zurückgegeben. Andernfalls werden die Daten im angegebenen Datentyp zurückgegeben. Hier liegt die Stärke dieser Eigenschaft.

Wenn Sie mit einem Elementknoten arbeiten, können Sie den Wert eines Knotens auch über die Eigenschaft `Text` abrufen, das ist reine Geschmackssache.

Beispiel

Es ist nicht möglich, den Wert eines Knotens über die Eigenschaft nodeTypedValue auch zu setzen. Dies würde einen Laufzeitfehler verursachen. Hierfür müssen Sie die Text-Eigenschaft verwenden.

Im folgenden Beispiel soll nach dem Laden des DOMDocument mit der Eigenschaft `nodeTypedValue` der Wert des ersten Kind-Elements des ersten Elements (`firstChild`) des Wurzel-Elements (`documentElement`) abgerufen werden:

```
Dim objDOMDocument As DOMDocument
Dim objXMLDOMElement As IXMLDOMElement
Dim strFirstValue As String

Set objDOMDocument = New DOMDocument
objDOMDocument.async = False
objDOMDocument.Load "http://mark/xmlcode/people2.dtd"

Set objXMLDOMElement = objDOMDocument.documentElement.first-Child ❶
strFirstValue = objXMLDOMElement.firstChild.nodeTypedValue ❷
```

❶ Erstes Kind-Element des Wurzel-Elements abrufen.

❷ Vom ersten Kind-Element des Wurzel-Knotens wiederum das erste Kind-Element abrufen. Im XML-Hauptbeispiel ergibt das den Wert »`Mark Wilson`«.

7.3.13 nodeTypeString

Gehört zu:	
DOMDocument	XMLDOMElement
XMLDOMNode	XMLDOMEntity
XMLDOMAttribute	XMLDOMEntityReference
XMLDOMCDATASection	XMLDOMNotation
XMLDOMComment	XMLDOMProcessingInstruction
XMLDOMDocumentFragment	XMLDOMText
XMLDOMDocumentType	XTLRuntime

Syntax

```
strValue = objXMLDOMNode.nodeTypeString
```

Bemerkung

`nodeTypeString` gibt den `nodeType` des aktuellen Knotens als String zurück. Sie können diese Eigenschaft anstelle von `nodeType` verwenden, wenn Sie lieber mit Strings als mit dem `enum`-Datentyp arbeiten möchten. Die Beispiele für die Eigenschaft `nodeType` können auch hier verwendet werden, außer dass bei dieser Eigenschaft eben ein String zurückgegeben wird. In Tabelle 7.8 sind die Rückgabewerte von `nodeTypeString` aufgelistet.

Knotentyp	nodeTypeString-Wert
Element	"element"
Attribut	"attribute"
Text	"text"
CDATA-Abschnitt	"cdatasection"
Entity-Referenz	"entityreference"
Processing Instruction	"processinginstruction"
Kommentar	"comment"
Dokument-Fragment	"documentfragment"

Tab. 7.8: Die Rückgabewerte von nodeTypeString

7.3.14 nodeValue

Gehört zu:	
DOMDocument	XMLDOMElement
XMLDOMNode	XMLDOMEntity
XMLDOMAttribute	XMLDOMEntityReference
XMLDOMCDATASection	XMLDOMNotation
XMLDOMComment	XMLDOMProcessingInstruction
XMLDOMDocumentFragment	XMLDOMText
XMLDOMDocumentType	XTLRuntime

Syntax

```
vntValue = objXMLDOMAttribute.nodeValue
```

Bemerkung

Diese Eigenschaft ist nicht schreibgeschützt. Der VB-Objektkatalog gibt an, dass dies der *im Knoten abgelegte Wert* ist. Dieser Wert kann je nach Knotentyp unterschiedlich aussehen, wie auch Tabelle 7.9 zeigt.

XMLDOMAttribute	nodeValue gibt einen String mit dem Wert des Attributs zurück. Wenn das aktuelle Attribut Kindknoten besitzt, ist der String eine Verkettung aller Kindknoten. Ein Beispiel in XML: `<PERSON PERSONID="p1">` Rückgabewert: p1

Tab. 7.9: nodeValue-Rückgabewerte nach Knotentypen

Tab. 7.9 nodeValue-Rückgabewerte nach Knotentypen (Forts.)

XMLDOMText	nodeValue gibt einen String mit dem Inhalt eines Textknotens zurück. Ein Beispiel in XML: <EMAIL>markwilson@somewhere.com</EMAIL> Rückgabewert: markwilson@somewhere.com
XMLDOMComment	nodeValue gibt einen String mit dem Inhalt eines Kommentars zurück, ohne die Kommentarbegrenzungszeichen und Leerzeichen. Ein Beispiel in XML: <!-- ******** Resumes for People ******** --> Rückgabewert: ********* Resumes for People *********
XMLDOMCDATASection	nodeValue gibt einen String mit dem Inhalt eines CDATA-Abschnitts zurück. Wie bereits bei den Knotentyp-Eigenschaften erwähnt, ist darauf zu achten, dass in diese Abschnitte keine Entities geschrieben werden, da sie nicht vom Parser interpretiert werden. Im folgenden Beispiel ist das Raute-Zeichen (#) in XML nicht zulässig und muss daher in einen CDATA-Abschnitt eingebettet werden. Ein Beispiel in XML: <ADDRESS><![CDATA[#911 Somewhere Circle, Canberra, Australia]]></ADDRESS> Rückgabewert: #911 Somewhere Circle, Canberra, Australia
XMLDOMProcessing Instruction	nodeValue gibt einen String mit dem Inhalt einer Processing Instruction zurück, ohne die PI-Begrenzungszeichen und Leerzeichen. Ein Beispiel in XML: <?xml version="1.0« ?> Rückgabewert: xml version="1.0"
XMLDOMElement XMLDOMDocument XMLDOMDocumentType XMLDOMDocumentFragment XMLDOMNotation XMLDOMEntityReference	nodeValue gibt Null zurück.

Beispiel

Im folgenden Beispielcode wird ein DOMDocument geladen. Danach sollen alle Knoten der DOMDocument-Knotenliste durchlaufen werden, bis der `ProcessingInstruction`-Knoten gefunden ist, und die Eigenschaft `nodeValue` des `ProcessingInstruction`-Knotens soll in ein Textfeld (`txtPI`) eingefügt werden.

```
Dim objDOMDocument As DOMDocument
Dim objNode As IXMLDOMNode

Set objDOMDocument = New DOMDocument
objDOMDocument.async = False
objDOMDocument.Load "http://mark/xmlcode/people2.dtd"

If objDOMDocument.childNodes.length > 0 Then ❶

For Each objNode In objDOMDocument.childNodes
Select Case objNode.nodeType
  Case NODE_PROCESSING_INSTRUCTION ❷
      txtPI.Text = objNode.nodeValue ❸
  End Select
Next objNode
End If
```

❶ Nach dem Laden des Dokuments wird überprüft, ob Kindknoten vorhanden sind.

❷ Anhand der Knotentypen-Enumeration des Knotens wird nach einem PI-Knoten gesucht.

❸ Der nodeValue der PI wird in einem Textfeld angezeigt.

7.3.15 ondataavailable

Gehört zu:
DOMDocument

Syntax

```
strValue = objDOMDocument.ondataavailable
```

Bemerkung

Diese Eigenschaft ist schreibgeschützt. Bei umfangreichen XMLDOMDocuments kann es eine Weile dauern, bis der XML-Ladevorgang abgeschlossen ist. Mit dieser Eigenschaft teilt das DOMDocument Ihnen mit, ab wann Daten zur Verfügung stehen. Mit diesen Daten können Sie zu arbeiten beginnen, sobald sie eintreffen.

Die Eigenschaft funktioniert in Verbindung mit dem Ereignis `ontransformnode()`. Weitere Informationen zu dieser Eigenschaft finden Sie im Abschnitt »*Asynchrones Laden von Dateien*« in Kapitel 4, »Programmieren mit XML«.

7.3.16 ownerDocument

Gehört zu:	
DOMDocument	XMLDOMElement
XMLDOMNode	XMLDOMEntity
XMLDOMAttribute	XMLDOMEntityReference
XMLDOMCDATASection	XMLDOMNotation
XMLDOMComment	XMLDOMProcessingInstruction
XMLDOMDocumentFragment	XMLDOMText
XMLDOMDocumentType	XTLRuntime

Syntax

```
set objDOMDocument = objXMLDOMNode.ownerDocument
```

Bemerkung

Diese Eigenschaft ist schreibgeschützt. Sie gibt das Elterndokument zurück, zu dem das betreffende Knotenobjekt gehört, also die Wurzel des jeweiligen Dokuments (DOMDocument).

7.3.17 parentNode

Gehört zu:	
DOMDocument	XMLDOMElement
XMLDOMNode	XMLDOMEntity
XMLDOMAttribute	XMLDOMEntityReference
XMLDOMCDATASection	XMLDOMNotation
XMLDOMComment	XMLDOMProcessingInstruction
XMLDOMDocumentFragment	XMLDOMText
XMLDOMDocumentType	XTLRuntime

Syntax

```
set objXMLDOMNode = objXMLDOMNode.parentNode
```

Bemerkung

Diese Eigenschaft ist schreibgeschützt. Während das Objekt `ownerDocument` die Wurzel des Dokuments zurückgibt, gibt `parentNode` den *direkten Vorfahren* des aktuellen Knotens zurück. Alle Knoten außer Document, Document-Fragment und Attribute können einen `parentNode` haben.

Wenn ein Knoten erstellt, aber noch nicht dem Baum hinzugefügt – oder aus dem Baum entfernt – wurde, ist der parentNode `Null` (weitere Informationen hierzu finden Sie weiter unten in diesem Abschnitt bei den Methoden `createNode()` und `createElement()`).

7.3.18 parsed

Gehört zu:	
DOMDocument	XMLDOMElement
XMLDOMNode	XMLDOMEntity
XMLDOMAttribute	XMLDOMEntityReference
XMLDOMCDATASection	XMLDOMNotation
XMLDOMComment	XMLDOMProcessingInstruction
XMLDOMDocumentFragment	XMLDOMText
XMLDOMDocumentType	XTLRuntime

Syntax

```
blnParsed = objDOMDocument.parsed
```

Bemerkung

Diese Eigenschaft gibt `True/False` zurück, je nachdem, ob das Dokument nach dem Laden erfolgreich geparst wurde (d.h. ob es wohlgeformt ist). Das Parsing erfolgt nur, wenn die DOMDocument-Eigenschaft `resolveExternals` auf `True` gesetzt wurde (Einzelheiten hierzu finden Sie unter der Eigenschaft `resolveExternals`).

Beispiel

Der folgende Beispielcode ist der gleiche wie im Beispiel für die Eigenschaft `length`, außer dass die Eigenschaft hier dazu verwendet wird zu prüfen, ob die XML-Datei geparst ist.

```
Dim objDOMDocument As DOMDocument

Dim objNode As IXMLDOMNode


Set objDOMDocument = New DOMDocument

objDOMDocument.async = False

objDOMDocument.Load "http://mark/xmlcode/people2.dtd"
```

```
If objDOMDocument.parsed = True Then
'hier restlichen Code ausführen
End If
```

7.3.19 parseError

Gehört zu:
XMLDOMDocument

Syntax

```
set objXMLDOMParseError = objDOMDocument.parseError
```

Bemerkung

Diese Eigenschaft ist schreibgeschützt. Sie gibt ein `XMLDOMParseError`-Objekt zurück. Das zurückgegebene Objekt ist immer gültig. Wenn mit der DOM Document-Schnittstelle gearbeitet wird, erbt diese die `XMLDOMParseError`-Schnittstelle, daher sind alle Eigenschaften des `XMLDOMParseError`-Objekts im DOMDocument-Objekt enthalten (beispielsweise die Eigenschaft `parseError`). Das bedeutet, dass Sie jegliche Fehler sofort nach dem Laden des DOMDocument analysieren können, ohne erst ein `XMLDOMParseError`-Objekt setzen zu müssen.

Beispiel

Der folgende Code ist ein Beispiel für die Verwendung der `reason`-Eigenschaft des `XMLDOMParseError`-Objekts aus dem DOMDocument.

```
If objDOMDocument.parseError.reason <> "" Then
'im geladenen XML ist ein Fehler aufgetreten - Ursache
'anzeigen
MsgBox objDOMDocument.parseError.reason
End If
```

Wenn Sie jedoch auch in den anderen Typen von Knoten die Fehler analysieren wollen, müssen Sie das `XMLDOMParseError`-Objekt dazu einsetzen, Fehlereigenschaften zu finden:

```
Set objXMLDOMParseError = objXMLDOMElement.parseError
If objXMLDOMParseError.reason <> "" then
Msgbox objXMLDOMParseError.reason
end if
```

7.3.20 prefix

Gehört zu:	
DOMDocument	XMLDOMElement
XMLDOMNode	XMLDOMEntity
XMLDOMAttribute	XMLDOMEntityReference
XMLDOMCDATASection	XMLDOMNotation
XMLDOMComment	XMLDOMProcessingInstruction
XMLDOMDocumentFragment	XMLDOMText
XMLDOMDocumentType	XTLRuntime

Syntax

```
strVAlue = objXMLDOMNode.prefix
```

Bemerkung

Diese Eigenschaft ist schreibgeschützt. Wenn in einem XML-Dokument mit Namensräumen gearbeitet wird, gibt diese Eigenschaft den Präfix für diesen Namensraum zurück.

Beispiel

Wenn im XML-Beispiel steht ...

```
<resume:EMAIL>markwilson@somewhere.com</resume:EMAIL>
```

... lautet der VB-Code ...

```
strValue = objNode.prefix ❶
```

❶ ... und der Rückgabewert von `strValue` ist: `resume`.

7.3.21 preserveWhiteSpace

Gehört zu:
XMLDOMDocument

Syntax

```
blnValue = objDOMDocument.preserveWhiteSpace
```

```
objDOMDocument.preserveWhiteSpace = blnValue
```

Bemerkung

Diese Eigenschaft ist nicht schreibgeschützt und gibt `True/False` zurück. Die Standardeinstellung für das Erhalten der Leerräume ist `False`. Leerräume sind Leerzeichen, Tabulatoren, Zeilenwechsel und Absatzzeichen in der XML-Datei.

Diese Eigenschaft ist dann nützlich, wenn das Layout (einschließlich Leerraum) der Daten im XML-Dokument beibehalten werden soll. Angenommen, eines der Elemente wäre ein Kommentar, der aus mehreren Sätzen besteht. Das Leerzeichen nach dem Punkt soll ebenso erhalten bleiben wie die Absätze. Wenn hier keine spezielle Anweisung zum Erhalten der Leerräume erfolgen würde, ginge diese Formatierung verloren.

In der XML-Spezifikation ist vorgesehen, dass alle Leerräume erhalten bleiben, die Standardeinstellung dieser Eigenschaft im DOMDocument ist jedoch `False`, sodass auch die Eigenschaften `XML` und `TEXT` die Leerräume nicht beibehalten.

Die Text- und XML-Eigenschaften erhalten die Leerräume nur dann, wenn der Benutzer die Eigenschaft `preserveWhiteSpace` auf `True` gesetzt hat, bzw. wenn das Attribut `xml:space` des XML-Elements den Wert `preserve` hat. Je nachdem, welche dieser Möglichkeiten Sie wählen, kann das DOMDocument die Leerräume unterschiedlich behandeln.

Es gibt verschiedene Arten von Leerräumen:

- **Preserved:** Der Inhalt des DOMDocument wird genau so aussehen wie in der XML-Datei.
- **Trimmed:** Führende und nachfolgende Leerzeichen werden aus der XML-Datei entfernt.
- **Half-preserved:** Leerräume innerhalb des Texts bleiben erhalten, Leerräume zwischen Tags werden *normalisiert*.

Weitere Informationen über die Auswirkungen der Leerraum-Einstellungen auf die Textausgabe des DOMDocument finden Sie auf der Microsoft Website, wo das Thema gut dargestellt wird.

Beispiel

Im folgenden XML-Beispiel wird angegeben, dass die Leerräume erhalten bleiben sollen:

```
<ADDRESS> xml:space="preserve">

 911 Somewhere Circle,

 Canberra,

 Australia

</ADDRESS>
```

Diese Daten behalten in der Anzeige ihr Layout.

7.3.22 resolveExternals

Gehört zu:
XMLDOMDocument

Syntax

```
blnVal = objDOMDocument.resolveExternals
objDOMDocument.resolveExternals = blnVal
```

Bemerkung

Diese Eigenschaft ist nicht schreibgeschützt. `True/False` sind die möglichen Rückgabewerte bzw. Einstellungen, der Standardwert ist `True`. Denken Sie dabei an den Unterschied zwischen gültigen und wohlgeformten Dokumenten. Bei einem XML-Dokument, das *nur* wohlgeformt ist, passen die Tags zueinander und die Syntax ist fehlerfrei. Gültig bedeutet, dass das XML-Dokument zusätzlich auch die Vorgaben des Schemas, der DTD oder anderer verwendeter Externals vollständig erfüllt.

Externals sind Namensräume, DTDs oder andere Dateien oder Objekte, die aus dem XML-Dokument heraus referenziert werden.

Beim Parsing des DOMDocument kann eine Validierung erfolgen oder nicht. Die Validierung wird deaktiviert, indem man die Eigenschaft `validateOnParse` auf `False` setzt, was im IE5 auch die Standardeinstellung für die Anzeige von XML-Dateien ist.

Während des Parsing schlägt die Validierung, wenn sie denn durchgeführt wird, fehl, wenn `resolveExternals` nicht auf `True` gesetzt ist.

Beispiel

Im folgenden Beispiel hat das DOMDocument eine DTD geladen. Vor dem Ladevorgang muss das DOMDocument die DTD auflösen. Die Eigenschaft `resolveExternals` muss daher gesetzt werden, bevor das Dokument geladen wird. Wenn die XML-Datei gegen die Anforderungen der DTD-Datei validiert werden soll, muss außerdem die Eigenschaft `validateOnParse` auf `True` gesetzt werden:

Für die Auflösung von Namensräumen verlangen Microsoft DOM-Objekte, dass der URI-Präfix mit »x-schema« beginnt.

```
Dim objDOMDocument As DOMDocument


Set objDOMDocument = New DOMDocument
objDOMDocument.async = False
objDOMDocument.resolveExternals = True
objDOMDocument.validateOnParse = True
objDOMDocument.Load "http://mark/xmlcode/people2.xml"
```

7.3.23 tagName

Gehört zu:
XMLDOMElement

Syntax

```
strValue objXMLDOMElement.tagName
```

Bemerkung

Diese Eigenschaft ist schreibgeschützt. Bei Elementknoten gibt sie den Tag-Namen des Elements zurück. Sie hat daher die gleiche Funktion wie die Eigenschaft `nodeName`, kommt aber nur in der `XMLDOMElement`-Schnittstelle vor. Ausführliche Erläuterungen und Beispiele hierzu finden Sie unter der Eigenschaft `nodeName`.

7.3.24 text

Gehört zu:	
DOMDocument	XMLDOMElement
XMLDOMNode	XMLDOMEntity
XMLDOMAttribute	XMLDOMEntityReference
XMLDOMCDATASection	XMLDOMNotation
XMLDOMComment	XMLDOMProcessingInstruction
XMLDOMDocumentFragment	XMLDOMText
XMLDOMDocumentType	XTLRuntime

Syntax

```
strValue = objXMLDOMNode.text
```

Bemerkung

Die Eigenschaft `text` dient dazu, Werte in einen Knoten zu schreiben. Sie normalisiert vorhandene Leerräume, außer wenn das DOMDocument die Anweisung enthält, die Leerräume beizubehalten (mehr dazu finden Sie unter der Eigenschaft `preserveWhiteSpace`).

Beim Auslesen von Knotenwerten kann die Verwendung der `text`-Eigenschaft interessante Folgen haben, wenn der aktuelle Knoten über Kindknoten verfügt.

Beispiel

Das folgende Beispiel wird veranschaulichen, was mit der letzten Bemerkung gemeint war.

```
<PEOPLE>
<PERSON id="1">
<NAME>Mark Wilson</NAME>
<ADDRESS>911 Somewhere Circle, Canberra, Australia</ADDRESS>
<TEL>(++612) 12345</TEL>
<FAX>(++612) 12345</FAX>
<EMAIL>markwilson@somewhere.com</EMAIL>
</PERSON>
....
</PEOPLE>
```

Im folgenden Beispiel wird ein DOMDocument geladen, in diesem Fall die People2.xml-Datei, dann folgt eine Referenz auf die Eigenschaft `firstChild` (`objNode = '<PERSON id="1">'`) der Eigenschaft `documentElement`:

```
Dim objDOMDocument As DOMDocument
Dim objNode As IXMLDOMNode
Dim strText as String

Set objDOMDocument = New DOMDocument
objDOMDocument.async = False
objDOMDocument.resolveExternals = True
objDOMDocument.validateOnParse = True
objDOMDocument.Load "http://mark/xmlcode/people2.xml"

Set objNode = objDOMDocument.documentElement.firstChild
strText = objNode.text
```

Für die anderen Eigenschaften, z. B. `nodeType`, wurde ja bereits erklärt, wie mit Referenzen auf CDATA-Abschnitte usw. zu verfahren ist. Wenn Sie jedoch einfach der Textinhalt eines Knotens interessiert und es relativ egal ist, ob dessen untergeordnete Elemente nun CDATA-Abschnitte oder Entities enthalten, können Sie die Text-Eigenschaft abrufen und erhalten die geparsten Daten des Elements zurück.

Der betreffende `objNode` hat seinerseits Kindknoten, daher gibt seine `Text`-Eigenschaft die Werte aller Kindknoten mit zurück. Folgender String `strText` wird zurückgegeben:

```
Mark Wilson 911 Somewhere Circle, Canberra, Australia (++612) 12345
(++612) 12345 markwilson@somewhere.com"
```

Im Rückgabewert fehlen alle Tag-Namen, die Kleiner-als- (<) und Größer-als-Zeichen (>), dafür ist zwischen zwei Kind-Elementen des aktuellen Knotens jeweils ein Leerzeichen eingefügt.

7.3.25 url

Gehört zu:
XMLDOMDocument

Syntax

```
strValue = objDOMDocument.url
```

Bemerkung

Diese Eigenschaft ist schreibgeschützt. Sie gibt den URL für das geladene XML-Dokument zurück.

7.3.26 validateOnParse

Gehört zu:
XMLDOMDocument

Bemerkung

Informationen hierzu finden Sie unter der Eigenschaft `resolveExternals`, da beide miteinander verknüpft sind.

7.3.27 value

Gehört zu:
XMLDOMAttribute

Syntax

```
vntValue = objXMLDOMAttribute.value
```

Bemerkung

Diese Eigenschaft gibt den Wert (Inhalt) eines Attributs zurück. Beim Objekt `XMLDOMAttribute` ist sie gleichbedeutend mit der Eigenschaft `nodeValue`.

Beispiel

Im folgenden Beispiel soll zuerst das `firstChild` des `documentElement` gefunden werden, dann das Attribut von `firstChild`, dann der Wert dieses Attributs.

```
Dim objDOMDocument As DOMDocument
Dim objNode As IXMLDOMNode
Dim objAttritube As IXMLDOMAttribute
Dim strValue as String
```

```
Set objDOMDocument = New DOMDocument
objDOMDocument.async = False
objDOMDocument.resolveExternals = True
objDOMDocument.validateOnParse = True
objDOMDocument.Load "http://mark/xmlcode/people2.xml"

Set objNode = objDOMDocument.documentElement.firstChild
Set objAttritube = objNode.Attributes(0)
strValue = objAttribute.value
```

Im Fall der Beispieldatei People2.xml ist `p1` der Rückgabewert von `strValue`.

7.4 Methoden des DOM-Objekts

Hier sollen einige der Methoden vorgestellt werden, die wir im Kontext dieses Buches für nützlich halten. Vollständigere Beschreibungen finden Sie in der Dokumentation oder auf der Microsoft Website.

Die nachstehende Liste führt alle Methoden für alle XML-DOM-Objekte auf. Sie können diese Tabelle heranziehen, um nach einer Methode zu suchen, die Sie für Ihr aktuelles Projekt gerade gebrauchen können. Wir finden diese Liste sehr hilfreich, wenn man in der Situation ist, eine bestimmte Aufgabe ausführen zu wollen, beispielsweise einen Attributwert zu finden, aber nicht weiß, welche Methoden verfügbar sind, weil die Zahl der DOM-Objekte so groß ist. Der Liste ist dann zu entnehmen, dass die Schnittstelle `XMLDOMElement` eine Methode namens `getAttribute()` enthält. Ohne dieses Wissen hätte man es vielleicht zuerst mit der `XMLDOMNode`-Schnittstelle versucht.

Wie schon bei den Eigenschaften folgen zu den Methoden, die in Tabelle 7.10 fett gedruckt sind, anschließend Erläuterungen.

Tab. 7.10: Methoden des DOMDocument

Methoden	DOMDocument	XMLDOMNode	XMLDOMNodeList	XMLDOMNamedNodeMap	XMLDOMAttribute	XMLDOMCDATASection	XMLDOMComment	XMLDOMDocumentFragment	XMLDOMDocumentType	XMLDOMElement	XMLDOMEntity	XMLDOMEntityReference	XMLDOMImplementation	XMLDOMNotation	XMLDOMParseError	XMLDOMProcessingInstruction	XMLDOMText	XTLRuntime	XMLHTTPRequest
abort	✓																		✓
absoluteChild-Number																		✓	
ancestorChild-Number																		✓	
appendChild	✓	✓			✓	✓	✓	✓	✓	✓	✓	✓		✓		✓	✓	✓	
appendData						✓	✓										✓		
childNumber																		✓	
cloneNode	✓	✓			✓	✓	✓	✓	✓	✓	✓	✓		✓		✓	✓	✓	
createAttribute	✓																		
createCDATA-Section	✓																		
createComment	✓																		
createDocument-Fragment	✓																		
createElement	✓																		
createEntity-Reference	✓																		
createNode	✓																		
createProcessing-Instruction	✓																		
createTextNode	✓																		
deleteData						✓	✓										✓		
depth																		✓	
formatDate																		✓	
formatIndex																		✓	

Tab. 7.10: Methoden des DOMDocument (Forts.)

Methoden	DOMDocument	XMLDOMNode	XMLDOMNodeList	XMLDOMNamedNodeMap	XMLDOMAttribute	XMLDOMCDATASection	XMLDOMComment	XMLDOMDocumentFragment	XMLDOMDocumentType	XMLDOMElement	XMLDOMEntity	XMLDOMEntityReference	XMLDOMImplementation	XMLDOMNotation	XMLDOMParseError	XMLDOMProcessingInstruction	XMLDOMText	XTLRuntime	XMLHTTPRequest
formatNumber																		✓	
formatTime																		✓	
getAllResponse-Headers																			✓
getResponse Header																			✓
getAttribute										✓									
getAttribu-teNode										✓									
getElementsBy TagName	✓									✓									
getNamedItem				✓															
getQualifiedItem				✓															
hasChildNodes	✓	✓			✓	✓	✓	✓	✓	✓	✓	✓		✓		✓	✓	✓	
hasFeature													✓						
insertBefore	✓	✓			✓	✓	✓	✓	✓	✓	✓	✓		✓		✓	✓	✓	
insertData						✓	✓										✓		
load	✓																		
loadXML	✓																		
nextNode			✓	✓															
nodeFromID	✓																		
open																			✓
normalize										✓									
removeAttribute										✓									
removeAttribute-Node										✓									

Tab. 7.10: Methoden des DOMDocument (Forts.)

Methoden	DOMDocument	XMLDOMNode	XMLDOMNodeList	XMLDOMNamedNodeMap	XMLDOMAttribute	XMLDOMCDATASection	XMLDOMComment	XMLDOMDocumentFragment	XMLDOMDocumentType	XMLDOMElement	XMLDOMEntity	XMLDOMEntityReference	XMLDOMImplementation	XMLDOMNotation	XMLDOMParseError	XMLDOMProcessingInstruction	XMLDOMText	XTLRuntime	XMLHTTPRequest
removeChild	✓	✓			✓	✓	✓	✓	✓	✓	✓	✓		✓		✓	✓	✓	
remove NamedItem				✓															
remove QualifiedItem				✓															
replaceChild	✓	✓			✓	✓	✓	✓	✓	✓	✓	✓		✓		✓	✓	✓	
replaceData						✓	✓										✓		
reset			✓	✓															
save	✓																		
selectNodes	✓	✓			✓	✓	✓	✓	✓	✓	✓	✓		✓		✓	✓	✓	
selectSingleNode	✓	✓			✓	✓	✓	✓	✓	✓	✓	✓		✓		✓	✓	✓	
send																			✓
setRequestHeader																			✓
setAttribute										✓									
setAttributeNode										✓									
setNamedItem				✓															
splitText						✓											✓		
substringData						✓	✓										✓		
transformNode	✓	✓			✓	✓	✓	✓	✓	✓	✓	✓		✓		✓	✓	✓	
transform-NodeTo-Object	✓	✓			✓	✓	✓	✓	✓	✓	✓	✓		✓		✓	✓	✓	
uniqueID																		✓	

Hinweis: Methoden in Fettdruck werden in diesem Kapitel näher erklärt.

7.4.1 abort()

Gehört zu:
XMLDOMDocument

Syntax

```
objDOMDocument.abort()
```

Bemerkung

Mit dieser Methode wird das Parsing unterbrochen und der bereits generierte XML-Baum verworfen. Das Objekt `XMLDOMParseError` zeigt dann an, dass der Ladevorgang unterbrochen wurde. Ist das Parsing bereits abgeschlossen, wird das aktuelle Dokument nicht verändert.

Diese Funktion kommt zum Einsatz, wenn die Verarbeitung eines DOM Document zu lange dauert oder der Benutzer auf Abbrechen klickt. Wenn Sie den Wert auf `False` setzen, können Sie mit dieser Methode den Ladevorgang unterbrechen.

7.4.2 appendChild()

Gehört zu:	
DOMDocument	XMLDOMElement
XMLDOMNode	XMLDOMEntity
XMLDOMAttribute	XMLDOMEntityReference
XMLDOMCDATASection	XMLDOMNotation
XMLDOMComment	XMLDOMProcessingInstruction
XMLDOMDocumentFragment	XMLDOMText
XMLDOMDocumentType	XTLRuntime

Syntax

```
set objXMLDOMNode = objDOMDocument.appendChild(objNewChildNode)
```

Bemerkung

Diese Methode dient dazu, an das Ende eines Knotens einen neuen Kindknoten anzuhängen (hinzuzufügen).

Bevor ein neuer Knoten (ein Element, Attribut usw.) angehängt werden kann, muss er zuerst erzeugt werden. Sobald eine Referenz auf den Knoten vorhanden ist, kann er an den aktuellen `parentNode` angehängt werden, indem der Parameter (`objNewChildNode`), also der neue Knoten, übergeben wird. Der neue Kindknoten wird an das Ende der Liste von Kindknoten des betreffenden `parentNode` angehängt.

Das Kind (`objXMLDOMNode`) wird zurückgegeben, wenn das Anhängen erfolgreich war. Andernfalls wird es auf Null gesetzt.

Elemente an die Wurzel (DOMDocument) anfügen

Bekanntlich kann eine DOMDocument-Wurzel nur folgende Arten von Kindknoten haben:

- Element – nur eines, denn das DOMDocument kann nur einen Wurzel-Elementknoten haben (createElement)
- Processing Instruction (createProcessingInstruction)
- Kommentar (createComment)
- Dokumenttyp (DocumentType)

Von diesen Kindknoten lässt sich nur einer nicht nachträglich hinzufügen, nämlich der Dokumenttyp (DTD).

Beispiel

Bevor ein Kindknoten angehängt werden kann, muss zuerst ein Knoten vom Typ Ihrer Wahl (ein Element, Attribut usw.) erzeugt und gegebenenfalls seine Eigenschaften gesetzt werden. In diesem Beispiel wird ein neues DOMDocument mit einem `documentElement` angelegt:

```
Dim objDOMDocument As DOMDocument
Dim objPeople As IXMLDOMNode
Dim objNode As IXMLDOMNode

Set objDOMDocument = new DOMDocument
Set objPeople = objDOMDocument.createElement("People") ❶❷
Set objNode = objDOMDocument.appendChild (objPeople) ❶❸
```

❶ Fügt dem XML-Dokument den Wurzel-Knoten hinzu.

❷ Erstellt zuerst das Element.

❸ Hängt den Kindknoten an das Ende des DOMDocument an.

Beachten Sie für folgende Code-Zeile:

```
Set objNode = objDOMDocument.appendChild (objPeople)
```

`Set objNode = ....` muss dort nur stehen, wenn überprüft werden soll, ob der Knoten fehlerfrei angelegt wurde. Ansonsten reicht auch:

```
objDOMDocument.appendChild objPeople
```

Ein documentElement an das Wurzel-Element anhängen

Wie können dann aber dem DOMDocument weitere Daten hinzugefügt werden?

Egal, auf wie viele Ebenen sich der Baum verzweigt – am Anfang steht der erste Zweig: das `documentElement`. Danach können die restlichen XML-Daten angehängt (hinzugefügt) werden.

Die folgenden Schritte zeigen, wie Sie vorgehen müssen, um dem XML-Code weitere Daten hinzuzufügen. Begonnen wird mit dem Hinzufügen des Wurzel-Knotens.

Wenn Sie versuchen, dem DOMDocument einen zweiten Kindknoten vom Typ Element anzuhängen, erhalten Sie einen Laufzeitfehler – für das DOMDocument ist nur ein Wurzel-Element zulässig.

1. Schritt:

```
<PEOPLE>
....
</PEOPLE>
```

Dann soll die nächste Verzweigung hinzukommen, nämlich das erste Kind-Element des Wurzel-Knotens.

2. Schritt:

```
<PEOPLE>
<PERSON>
...
</PERSON>
</PEOPLE>
```

Diesem Kind-Element können dann weitere Elemente (Daten) hinzugefügt werden.

3. Schritt:

```
<PEOPLE>
<PERSON>
  <NAME>Mark Wilson</NAME>
  <ADDRESS>911 Somewhere Circle, Canberra, Australia</ADDRESS>
  <TEL>(++612) 12345</TEL>
  <FAX>(++612) 12345</FAX>
  <EMAIL>markwilson@somewhere.com</EMAIL>
</PERSON>
</PEOPLE>
```

Danach soll das Wurzel-Element angehängt werden. Der folgende Code zeigt Schritt 2 und 3 der Erweiterung des XML-Codes in VB (Informationen zum Erstellen des Elements finden Sie unter `createElement()`).

```
Dim objPerson As IXMLDOMNode

Dim objChild As IXMLDOMNode


Set objPerson = objDOMDocument.createElement("PERSON") ❶

objDOMDocument.documentElement.appendChild objPerson ❷


Set objChild = objDOMDocument.createElement("NAME") ❸

objChild.Text = "Monty Python" ❹


objPerson.appendChild objChild ❺

objDOMDocument.save
```

❶ Erzeugt neues Element zum DOMDocument.

❷ Das documentElement ist bereits eingefügt. Jetzt wird ihm noch das neue `Person`-Element angehängt.

❸ Erzeugt neuen Kindknoten zum `Person`-Element, der auch gleich einige Eigenschaften erhält.

❹ Der neue Kindknoten soll an das `Person`-Element angehängt werden.

❺ Um die Änderungen dem DOMDocument dauerhaft hinzuzufügen, muss das DOMDocument noch gespeichert werden.

> Sie können dem instanziierten DOMDocument Knoten hinzufügen, aber der eigentlichen XML-Datei werden sie erst hinzugefügt, wenn Sie die *save()*-Methode aufgerufen haben.

In der zweiten Zeile des obigen Codes könnte auch stehen:

```
objPeople.appendChild objPerson
```

Beide Methoden bewirken dasselbe. `objPeople` und `objDOMDocument.documentElement` beziehen sich beide auf das Dokument-Element.

7.4.3 cloneNode()

Gehört zu:	
DOMDocument	XMLDOMElement
XMLDOMNode	XMLDOMEntity
XMLDOMAttribute	XMLDOMEntityReference
XMLDOMCDATASection	XMLDOMNotation
XMLDOMComment	XMLDOMProcessingInstruction
XMLDOMDocumentFragment	XMLDOMText
XMLDOMDocumentType	XTLRuntime

Syntax

```
set objXMLDOMNode = objXMLDOMNode.cloneNode(deep)
```

Bemerkung

Hier wird ein Parameter mitübergeben (`deep`), der entweder `True` oder `False` sein kann. Er zeigt an, ob der Knoten einschließlich seiner Kindknoten geklont (kopiert) werden soll oder ohne sie. Änderungen an diesem Knoten werden nicht im DOMDocument wiedergespiegelt.

Der neu zurückgegebene Knoten gehört übrigens zur `XMLDOMNode`-Schnittstelle.

7.4.4 createAttribute(), createCDATASection(), createComment(),createElement(), createEntityReference(), createProcessingInstruction(), createTextNode()

Gehören zu:
DOMDocument

Syntax

```
objXMLDOMAttributr = objDOMDocument.createAttribute(name)
```

Bemerkung

Das Hinzufügen neuer Knoten zum DOMDocument umfasst zwei Phasen:

1. Zuerst muss ein Knoten vom Typ Ihrer Wahl (Element, Kommentar usw.) erzeugt werden.
2. Dann wird der neu erstellte Knoten an das DOMDocument angehängt.

Elemente erstellen

```
objXMLDOMElement = objDOMDocument.createElement(tagName)
```

Diese Methoden stehen nur für die DOMDocument-Schnittstelle zur Verfügung.

Beim Erstellen von Elementen muss der Methode `createElement()` der Tag-Name des anzulegenden Elements übergeben werden. Dabei werden Groß- und Kleinschreibung unterschieden. Sobald ein neues Element eingerichtet ist, muss es Werte erhalten (s. dazu das Beispiel unten).

Der Beispiel-Code für die Methode `appendChild()` zeigt, wie ein Element angelegt und einem `parentNode` hinzugefügt wird. Ein DOMDocument und seine `documentElement`-Eigenschaft (Wurzel-Element) wurden hierfür bereits angelegt. Nun sollen dem `documentElement` Kind-Elemente hinzugefügt werden:

```
Dim objPerson As IXMLDOMNode
Dim objChild As IXMLDOMNode

Set objPerson = objDOMDocument.createElement("PERSON") ❶
objDOMDocument.documentElement.appendChild objPerson ❷

Set objChild = objDOMDocument.createElement("NAME") ❸
objChild.Text = "Monty Python"
objPerson.appendChild objChild ❹
```

❶ Der Tag-Name (Elementname) wird als String übergeben und gibt an, welches Element erstellt werden soll. Die Referenz auf `objPerson` dient dazu, diesem `parentNode` anschließend Kindknoten (`Name`, `Address` usw.) hinzufügen zu können.

❷ Fügt dem documentElement-Knoten den Knoten `objPerson` hinzu.

❸ Erstellt ein weiteres Element – beachten Sie, dass hier das DOMDocument-Objekt verwendet wird.

❹ Fügt den neuen Kindknoten dem `Person`-Element hinzu.

Vergessen Sie nicht dem Element Eigenschaften zu geben, z.B. den Text, bevor Sie es an den `parentNode` anhängen.

Auch hier wird wieder die `append`-Methode verwendet, um das Element tatsächlich dem `parentNode` hinzuzufügen. Andernfalls ist der Inhalt des Vorfahren gleich `NULL` und das Element nicht Teil des DOMDocument.

Sie müssen eine Methode verwenden wie `insertBefore()`, `replaceChild()` oder `appendChild()`, um dem DOMDocument das neue Kind-Element hinzuzufügen. Dann muss auf das DOMDocument die Methode `save()` angewendet werden, um die Änderungen dauerhaft in die XML-Datei zu schreiben. Das gilt auch für die folgenden Methoden.

Die `createElement()`-Methode fügt die neuen Kindknoten noch nicht dem Dokumentbaum hinzu. Um die Änderungen dem DOMDocument wirklich hinzuzufügen, muss noch die Methode `appendChild` aufgerufen werden.

Namensräume

Wenn Sie im Dokument einen Namensraum angegeben haben (`namespaceURI = ...`), wird das Element im Kontext dieses Namensraums hinzugefügt. Wenn vor dem `tagName` kein Präfix steht, wird das Element dem Standard-Namensraum hinzugefügt. In folgender Zeile wird der Doppelpunkt ignoriert:

```
Set objChild = objDOMDocument.createElement("resume:NAME")
```

Attribute erstellen

Mit der folgenden Zeile VB-Code wird ein Attribut erstellt:

```
objXMLDOMAttribute = objDOMDocument.createAttribute(name)
```

Das Attribut hat auch einen Namen, der hier durch `name` dargestellt ist. Anschließend sollen die weiteren Angaben zu diesem Attribut gemacht werden (s. dazu das Beispiel unten).

Attribute können nur bereits erstellten oder gerade aktuellen Elementen hinzugefügt werden. Wenn Sie einem Element-Objekt ein Attribut hinzufügen wollen, brauchen Sie daher zunächst Zugriff auf das Objekt.

Wie Sie bei den betreffenden Methoden jeweils sehen werden, ist es mit mehreren Methoden möglich, einem Element ein Attribut hinzuzufügen. Mit der Methode `createAttribute()` geht es folgendermaßen:

```
Dim objNode As IXMLDOMNode

Dim objAttrib As IXMLDOMAttribute


Set objNode = m_objDOMPeople.createElement("PERSON") ❶

Set objAttrib = m_objDOMPeople.createAttribute("PERSONID") ❷

objAttrib.Text = "p7" ❸

objNode.Attributes.setNamedItem objAttrib ❹

m_objDOMPeople.documentElement.appendChild objNode ❺
```

❶ Erstellt den Elementknoten, wenn das Element neu ist.

❷ Erstellt den Attributtyp und übergibt ihm einen String mit dem Namen.

❸ Das Attribut erhält Eigenschaften.

❹ Fügt dem erstellten Knoten (Element) ein Attribut-Objekt hinzu.

❺ Hängt den neu erstellten Knoten an das documentElement an.

Lesen Sie auch den Abschnitt zur Methode `setAttribute()` in diesem Kapitel.

CDATA-Abschnitte erstellen

Der folgende VB-Code erstellt einen CDATA-Abschnitt innerhalb eines Elementknotens im DOMDocument:

```
objXMLDOMCDATASection = objElement.createCDATASection(data)
```

Diese Methode kann sich als äußerst praktisch erweisen, wenn Sie beispielsweise einen CDATA-Abschnitt in diese seltsamen Klammern (`<![CDATA[#]]>`) einschließen wollen, ohne die Klammern selbst eingeben zu müssen, weil Sie gerade mit Änderungen an einem DOMDocument beschäftigt sind.

Im nächsten Beispiel soll ein Address-Knoten folgenden Inhalt haben:

```
#123 Narrabundah Avenue
```

Das erreichen Sie, indem Sie das Rautenzeichen (#) in einen CDATA-Abschnitt verpacken:

```
Dim objCDATA As IXMLDOMCDATASection

Set objCDATA = objDOMDocument.createCDATASection("#")
Set objChild = objDOMDocument.createElement("ADDRESS")
objChild.Text = objCDATA.XML & "123 Narrabundah Avenue"
Set objNode = objDOMDocument.documentElement.appendChild(objChild)
```

Wenn Sie die Text-Eigenschaft dieses Knotens (`objNode`) abfragen, wird folgender Wert zurückgegeben:

```
<![CDATA [#]]>123 Narrabundah Avenue
```

Kommentare erstellen

Der folgende VB-Code erstellt einen Kommentar im DOMDocument:

```
objXMLDOMComment = objDOMDocument.createComment(data)
```

Diese Methode dient dazu, Kommentare in den XML-Code einzufügen. Der Kommentar wird automatisch in die richtigen Zeichen eingeschlossen (`<!-- -->`), sodass Sie nur noch die Daten eingeben müssen.

Im nächsten Beispiel wird ein Kommentar in ein DOMDocument geschrieben:

```
Dim objDOMDocument As DOMDocument
Dim objComment As IXMLDOMComment
```

```
Set objDOMDocument = New DOMDocument ❶

Set objComment = objDOMDocument.createComment("This is a comment.") ❷

objDOMDocument.appendChild objComment ❸

objDOMDocument.save http://mark/xmlcode/people2.xml
```

❶ Erstellt neues DOMDocument.

❷ Erstellt Kommentar-Objekt und übergibt einfach Ihren Kommentartext, ohne XML-Tags. Beachten Sie, dass dieses Objekt auch ein XMLDOM-Node-Objekt sein kann.

❸ Fügt dem DOMDocument das neue Kommentar-Objekt hinzu.

Wenn Sie diesen Beispiel-Code ausführen und die `XML`-Eigenschaft des `objComment`-Objekts betrachten, werden Sie feststellen, dass die Kommentar-Tags (`<!-- -->`) automatisch hinzugefügt worden sind, die `Text`-Eigenschaft diese Tags jedoch nicht hat.

Entity-Referenzen erstellen

Der folgende VB-Code erstellt eine Entity-Referenz innerhalb eines Elementknotens im DOMDocument:

```
objXMLDOMEntityReference = objElement.createEntityReference(name)
```

Hiermit wird eine Entity-Referenz mit einem eigenen Namen erstellt, bei dem Groß- und Kleinschreibung unterschieden werden. Diese Methode brauchen Sie, um Knoten zu erstellen, die Entity-Referenzen im XML enthalten. Die Entities werden in der DTD definiert. In der Beispiel-DTD (people2.dtd) ist folgende Entity angegeben:

```
<!ENTITY UK    "United Kingdom">
```

Im folgenden Beispielcode soll ein `Address`-Element für eine `Person` erstellt werden. Das Beispiel ist jedoch etwas komplizierter, weil die Entity `UK` am Ende der Adresse stehen soll. Deshalb muss nicht nur ein `Address`-Element erstellt werden, sondern auch ein Entity-Referenzknoten für dieses Element. Und so wird beides miteinander verbunden:

```
Dim objDOMDocument As DOMDocument

Dim objPerson As IXMLDOMNode

Dim objChild As IXMLDOMNode

Dim objEntityRef As IXMLDOMEntityReference
```

```
Set objDOMDocument = New DOMDocument ❶
objDOMDocument.async = False
objDOMDocument.resolveExternals = True
objDOMDocument.validateOnParse = True
objDOMDocument.Load "http://mark/xmlcode/people2.xml"

Set objPerson = objDOMDocument.createElement("PERSON") ❷
objDOMDocument.documentElement.appendChild objPerson


Set objChild = objDOMDocument.createElement("ADDRESS") ❸
Set objEntityRef = objDOMDocument.createEntityReference("UK") ❹
objChild.Text = "34 Erica Street, Isle of Dogs," ❺
objChild.appendChild objEntityRef ❻
objPerson.appendChild objChild
```

❶ Lädt ein DOMDocument aus einer Datei.

❷ Erstellt ein `Person`-Element und hängt es an die documentElement-Knotenliste an.

❸ Erstellt einen Kindknoten für das `Address`-Element.

❹ Erstellt einen Entity-Referenzknoten, in diesem Fall die Entity »UK« aus der DTD.

❺ Fügt in das `Address`-Element (`objChild`) den Adresstext ein, ohne die Entity-Referenz.

❻ Fügt dem `Address`-Element das Entity-Referenzobjekt als Kindknoten hinzu. Dies ist die korrekte Syntax für ein Element mit normalem Text, der eine Entity-Referenz enthält.

Wenn das Beispiel ausgeführt wird, sehen nach der Zeile

```
objChild.appendChild objEntityRef
```

die Eigenschaften `xml` und `text` von `objChild` folgendermaßen aus:

```
objChild.xml: <ADDRESS>34 Erica Street, Isle of Dogs, &UK;</ADDRESS>
objChild.text: 34 Erica Street, Isle of Dogs, United Kingdom
```

7.4.5 createNode()

Gehört zu:
DOMDocument

Syntax

Alternativ zu den Methoden `createElement()`, `createAttribute()` usw. können Sie auch mit `createNode()` einen Knoten eines beliebigen Typs mit folgender Syntax erstellen:

```
set objXMLDOMNode = objDOMDocument.createNode(Type, name,
namespaceURI)
```

Tabelle 7.11 erläutert die Syntax von `createNode()` im Einzelnen.

Tab. 7.11: Signatur der Methode createNode

Type	Geben Sie hier den Knotentyp an, entweder als node-Type-Kennziffer oder als nodeTypeString-Zeichenfolge.
name	Geben Sie einen Namen für den Knoten an, oder, wenn kein Name vorhanden ist, einen leeren String (»«). Achten Sie, wenn es sich um ein Element oder eine Entity-Referenz handelt, auf Groß- und Kleinschreibung.
namespaceURI	Geben Sie einen Namensraum an, oder, wenn kein Namensraum-URI vorhanden ist, einen leeren String (»«).

Bemerkung

Knoten des folgenden Typs können Sie mit dieser Methode nicht erzeugen:

Sehen Sie sich vor dem Weiterlesen noch einmal den Abschnitt zur Eigenschaft nodeType an, in dem ausführlich auf die unterschiedlichen Knotentypen, ihre Enumerationswerte und Beschreibung eingegangen wird.

- Document – dieser Knotentyp ist die Wurzel des XML-Dokuments und kann daher kein Kindknoten sein. Mit der Methode `createNode()` können jedoch ausschließlich Kindknoten erzeugt werden. Um die Wurzel des XML-Dokuments zu erstellen, müssen Sie ein DOMDocument-Objekt initialisieren, wie dies in den meisten bisherigen Beispielen erfolgt ist.
- Dokumenttyp – es ist nicht möglich, dem DOMDocument DTDs hinzuzufügen. Mehr dazu finden Sie unter der Eigenschaft `doctype` in diesem Abschnitt.
- Entity – Entities können nur in der DTD definiert werden. Die Erstellung mit `createNode` ist also deshalb nicht möglich, weil sie außerhalb der XML-Datei gespeichert sind.
- Notation – für sie gilt das Gleiche wie für Entities.

Wenn Sie versuchen, diese Knotentypen mit createNode zu erstellen, tritt ein Fehler auf.

In Tabelle 7.12 ist aufgeführt, was in den `Type` und `Name`-Teilen der `createNode()`-Signatur stehen kann. Die Eigenschaft Namensraum wurde hier nicht berücksichtigt, da sie nur für Element- und Attributknoten relevant ist.

Bei diesen können bekanntlich Namensräume angegeben werden. Wenn kein Namensraum vorhanden ist, müssen Sie an dieser Stelle einen leeren String einfügen (»«), da diese Signatur keine optionalen Adressen kennt.

Als `Type`-Teil der `createNode()`-Signatur können Sie entweder den Wert von `nodeType` oder von `nodeTypeString` einsetzen. Was im `Name`-Teil der Signatur steht, können Sie der Spalte `name` entnehmen.

Tab. 7.12: Spezifikation der Werte für die createNode-Signatur

Knotentyp	node Type-Wert	nodeTypeString-Wert	name
Element	1	"element"	Tag-/Knoten-Name, z.B. "PERSON"
Attribut	2	"attribute"	Attribut-/Knoten-Name, z.B. "PERSONID"
Text	3	"text"	leerer String ("")
CDATA-Abschnitt	4	"cdatasection"	leerer String ("")
Entity-Referenz	5	"entityreference"	Name der referenzierten Entity/des Knotens, z.B. "USA"
Processing Instruction	7	"processingin-struction"	Ziel/Knoten-Name, z.B. "real-audio"
Kommentar	8	"comment"	leerer String ("")
Dokument-Fragment	11	"documentfrag-ment"	leerer String ("")

Beispiel

In den folgenden Beispielen sollen Knoten der verschiedenen `nodeTypes` erstellt und an die `documentElement`-Eigenschaft des DOMDocument angehängt werden.

Um einen Elementknoten zu erstellen, übergeben Sie einfach als Typ den `nodeTypeString`-Wert.

```
Set objNode = m_objXMLDOM.createNode("element", "PERSON", "")
```

```
m_objXMLDOM.documentElement.appendChild objNode
```

Wahlweise können Sie zur Übergabe des Knotentyps auch die nodeType-Enumeration verwenden:

```
Set objNode = m_objXMLDOM.createNode(NODE_ELEMENT, "PERSON", "")
m_objXMLDOM.documentElement.appendChild objNode
```

Oder Sie verwenden zur Übergabe des Knotentyps die nodeType-Aufzählungskennziffer:

```
Set objNode = m_objXMLDOM.createNode(1, "PERSON", "")
m_objXMLDOM.documentElement.appendChild objNode
```

Der Beispielcode, den Sie schon von der Methode createComment() kennen, würde sich für createNode() folgendermaßen ändern:

```
Dim objDOMDocument As DOMDocument
Dim objComment As IXMLDOMComment

Set objDOMDocument = New DOMDocument
Set objComment = objDOMDocument.createNode(NODE_COMMENT, "", "") ❶
objComment.Text = "This is a comment." ❷
objDOMDocument.appendChild objComment ❸
```

Leider wurde in der Signatur nicht die DOM-Enumeration für die Angabe des Knotentyps als Übergabevariable verwendet (sondern Ganzzahlen oder Strings). Es hätte die Lesbarkeit von VB Intellisense Auto-Complete deutlich verbessert.

❶ Der Knotentyp ist hier mit der nodeType-Aufzählung angegeben. Vergessen Sie nicht, für die anderen beiden Parameter leere Strings zu übergeben, da sie nicht optional sind.

❷ Hier wird der Kommentartext eingegeben.

❸ Hier wird der Kommentarknoten an sein Eltern-Element angehängt, in diesem Fall an das DOMDocument.

7.4.6 getAttribute()

Gehört zu:
XMLDOMElement

Syntax

```
vntValue = objXMLDOMElement.getAttribute(strAttributeName)
```

Bemerkung

Wenn ein Element über ein Attribut verfügt, können Sie den enthaltenen String über den Attributnamen abfragen. Der Attributwert (nodeValue) wird dann in seinem jeweiligen Datentyp zurückgegeben.

Beispiel

Im folgenden Beispielcode ist bereits die Datei people2.xml in ein DOM Document (`objDOMDocument`) geladen worden. Jetzt soll noch ein neues `Person`-Element mit Attribut hinzugefügt werden. Anschließend soll der Wert des Attributs in diesem Element abgerufen werden.

```
Dim objPerson As IXMLDOMElement
Dim objAttrib As IXMLDOMAttribute
Dim vntValue As Variant

Set objPerson = objDOMDocument.createElement("PERSON")
Set objAttrib = objDOMDocument.createAttribute("PERSONID")
objAttrib.Text = "p7"
objPerson.Attributes.setNamedItem objAttrib
objDOMDocument.documentElement.appendChild objPerson
vntValue = objPerson.getAttribute("PERSONID") ❶
```

❶ `vntValue` gibt »`p7`«, den Wert des Attributs, zurück.

Eine andere Möglichkeit ist die Methode `nodeFromID()`, wenn Sie ein Attribut abrufen wollen, von dem Sie den ID-Wert kennen, aber den damit verbundenen Knoten finden wollen.

7.4.7 getAttributeNode()

Gehört zu:
XMLDOMElement

Syntax

```
objXMLDOMAttribute =
objXMLDOMElement.getAttributeNode(strAttributeName)
```

Bemerkung

Diese Methode ist vergleichbar mit `getAttribute()`, außer dass hier das Attribut-Objekt zurückgegeben wird und nicht der Attributwert. Wenn ein Element über ein Attribut verfügt, können Sie das Attributknoten-Objekt über den Attributnamen (`nodeName`) abfragen. Wird `NULL` zurückgegeben, enthält der Knoten kein Attribut.

Beispiel

In demselben Beispielcode wie für `getAttribute()` wurde nur die letzte Zeile verändert, sodass hier ein Attribut-Objekt zurückgegeben wird.

```
Dim objPerson As IXMLDOMElement
Dim objAttrib As IXMLDOMAttribute
Dim strValue As String

Set objPerson = objDOMDocument.createElement("PERSON")
Set objAttrib = objDOMDocument.createAttribute("PERSONID")
objAttrib.Text = "p7"
objPerson.Attributes.setNamedItem objAttrib
objDOMDocument.documentElement.appendChild objPerson
Set objAttrib = obj-Person.getAttribute("PERSONID") ❶
```

❶ Hier wird mit `objAttrib` das Attribut des Elements `objPerson` zurückgegeben.

7.4.8 getElementsByTagName()

Gehört zu:	
DOMDocument	XMLDOMElement

Syntax

```
set objXMLDOMNodeList = objDOMDocument.getElementsByTagName(tagname)
```

Bemerkung

Der Parameter `TagName` in der Signatur der Methode `getElementsByTagName()` ist ein String mit dem Namen des Elements, das gefunden werden soll. Wenn Sie als Tag-Namen einen Asterisken angeben (»*«), werden beim DOMDocument alle Elemente zurückgegeben.

Die `NodeList`, die diese Methode zurückgibt, ist anders als die Knotenlisten, die bisher in diesem Buch behandelt wurden. Normalerweise gibt eine `NodeList` eine Auflistung des `documentElement` zurück, bespielsweise in folgendem Fall:

```
set objXMLDOMNodeList = objDOMDocument.documentElement
```

Dieser Code gibt eine `NodeList`-Auflistung der Kindknoten zurück, wie Sie in Abbildung 7.7 sehen.

Abbildung 7.7: NodeList-Ausgabe für documentElement

PERSON: Child 1 L L L L L	 Child 1: NAME Child 2: ADDRESS Child 3: TEL Child 4: FAX Child 5: EMAIL
PERSON: Child 2 L L L L L	 Child 1: NAME Child 2: ADDRESS Child 3: TEL Child 4: FAX Child 5: EMAIL

Sie können die Methode `getElementsByTagName()` von der DOMDocument-Wurzel aus aufrufen und angeben, dass alle Elemente (*) abgerufen werden sollen:

```
set objXMLDOMNodeList = objDOMDocument.getElementsByTagName("*")
```

Im obigen Beispiel gibt `getElementsByTagName()` eine `NodeList`-Auflistung zurück, die die in Abbildung 7.8 dargestellten Kindknoten enthält.

Abbildung 7.8: NodeList-Ausgabe der Methode getElementsByTagName()

NAME: Child 1 L L	 Child 1: NAME Child 2: NAME
ADDRESS: Child 2 L L	 Child 1: ADDRESS Child 2: ADDRESS
TEL: Child 3 L L	 Child 1: TEL Child 2: TEL
FAX: Child 4 L L	 Child 1: FAX Child 2: FAX
EMAIL: Child 5 L L	 Child 1: EMAIL Child 2: EMAIL

Diese Methode gibt ein `NodeList`-Objekt zurück, in dem alle Kindknoten nach Elementnamen gruppiert sind statt nach der normalen Baumstruktur.

Beispiel

Um sich das hier Erläuterte zu veranschaulichen, können Sie sich im Lokalfenster in VB an folgenden Beispielen ansehen, wie unterschiedlich die Auflistungen des `NodeList`-Objekts aussehen:

```
Dim objDOMDocument As DOMDocument

Dim objNodeList As IXMLDOMNodeList


Set objDOMDocument = New DOMDocument

objDOMDocument.async = False

objDOMDocument.Load "http://mark/xmlcode/people2.dtd"

Set objNodeList = objDOMDocument.documentElement
```

Sehen Sie sich das zurückgegebene NodeList-Objekt im VB-Lokalfenster an. Probieren Sie dann folgenden Code aus:

```
Dim objDOMDocument As DOMDocument

Dim objNodeList As IXMLDOMNodeList


Set objDOMDocument = New DOMDocument

objDOMDocument.async = False

objDOMDocument.Load "http://mark/xmlcode/people2.dtd"

Set objNodeList = objDOMDocument.getElementsByTagName("*")
```

Die Anwendung dieser Methode bietet sich an, wenn Sie beispielweise einen Knoten wie NAME suchen. Seien Sie sich jedoch bewusst, dass diese Methode ein NodeList-Objekt zurückgibt und die zurückgegebenen Knoten daher durchlaufen werden müssen.

Ein Beispiel hierfür wäre der Fall, dass alle NAME-Werte des Elements in ein Textfeld ausgegeben werden sollen.

```
Set objNodeItems = objNode.getElementsByTagName("NAME") ❶

txtName.Text = objNodeItems.Item(0).nodeTypedValue ❷
```

❶ Hier wird angegeben, dass das Element »NAME« aus dem aktuellen Knoten zurückgegeben werden soll.

❷ Hier wird der Wert des ersten Knotens der Auflistung abgerufen.

Eine einfachere Methode finden Sie weiter unten in diesem Abschnitt unter selectSingleNode().

7.4.9 getNamedItem()

Gehört zu:
XMLDOMNamedNodeMap

Syntax

```
Set objXMLDOMNode =
objXMLDOMNamedNodeMap.getNamedItem(strAttributeName)
```

Bemerkung

Das Objekt XMLDOMNamedNodeMap dient dazu, Attribute eines Knotens zu finden und zu manipulieren, obwohl auch die Schnittstelle XMLDOMElement hierzu zahlreiche Methoden bereithält.

In dieser Methode wird der Name eines Attributs dazu verwendet, den mit diesem Attribut verbundenen Knoten zu finden. Zuerst muss dafür jedoch das Objekt `XMLDOMNamedNodeMap` gefunden werden, das ja der Eigenschaft `Attribute` eines Knotens entspricht. Sind im aktuellen Knoten Attribute vorhanden, kann die `XMLDOMNamedNodeMap`-Auflistung abgefragt werden.

Beispiel

Im folgenden Beispiel soll der Wert des ID-Attributs des Elements im Tag der Strukturansicht abgelegt werden. Die Datei people2.xml ist bereits in ein DOMDocument geladen und ein `person`-Element übergeben worden.

```
Dim objNode As IXMLDOMNode

Dim objAttributes As IXMLDOMNamedNodeMap

Dim objAttributeNode As IXMLDOMNode


Set objAttributes = objNode.Attributes ❶


If objAttributes.length > 0 Then

  Set objAttributeNode = objAttributes.getNamedItem("PERSONID") ❷

  tvwElement.Tag = objAttribute-Node.nodeValue ❸

End If
```

❶ Hier wird die `XMLDOMNamedNodeMap` der Attribut-Eigenschaft des Knotens abgerufen.

❷ Hier wird geprüft, ob Attribute verfügbar sind.

❸ Die ID-Kennzeichnung ist hier »`PERSONID`«; die `NameNodeListMap` soll diesen Knoten mit Hilfe der Methode getNamedItem() abrufen.

7.4.10 hasChildNodes()

Gehört zu:	
DOMDocument	XMLDOMElement
XMLDOMNode	XMLDOMEntity
XMLDOMAttribute	XMLDOMEntityReference
XMLDOMCDATASection	XMLDOMNotation
XMLDOMComment	XMLDOMProcessingInstruction
XMLDOMDocumentFragment	XMLDOMText
XMLDOMDocumentType	XTLRuntime

Syntax

```
blnValue = objXMLDOMNode.hasChildNodes()
```

Bemerkung

Diese Methode ist schreibgeschützt. Sie gibt einen booleschen Wert zurück, der angibt, ob der aktuelle Knoten Kinder hat. Wie weiter oben im Kapitel bereits erwähnt, können Sie diese Methode anstelle der Eigenschaft `length` verwenden.

Beispiel

Der folgende Code stammt eigentlich aus dem Beispiel für die Eigenschaft `length` und wurde angepasst, um die Verwendung der Methode `hasChildNodes()` darzustellen.

In diesem Beispiel soll anhand der Methode `hasChildNodes()` geprüft werden, ob ein DOMDocument fehlerfrei geladen wurde. Wird für `hasChildNodes()` der Wert `True` zurückgegeben, kann die Ausführung des Codes für die Arbeit mit dem DOMDocument-Objekt fortgesetzt werden.

```
Dim objDOMDocument As DOMDocument
Dim objNode As IXMLDOMNode

Set objDOMDocument = New DOMDocument
objDOMDocument.async = False
objDOMDocument.Load "http://mark/xmlcode/people2.dtd"

If objDOMDocument.hasChildNodes Then ❶
'hier restlichen Code ausführen
End If
```

❶ Der Code hat die XML-Datei aus dem Hauptbeispiel geladen. Die Methode `hasChildNodes()` gibt `True` zurück, also kann die Arbeit mit dem DOMDocument fortgesetzt werden.

7.4.11 insertBefore()

Gehört zu:	
DOMDocument	XMLDOMElement
XMLDOMNode	XMLDOMEntity
XMLDOMAttribute	XMLDOMEntityReference
XMLDOMCDATASection	XMLDOMNotation
XMLDOMComment	XMLDOMProcessingInstruction
XMLDOMDocumentFragment	XMLDOMText
XMLDOMDocumentType	XTLRuntime

Syntax

```
set objXMLDOMNode = objXMLDOMNode.insertBefore(newChild, refChild)
```

Bemerkung

Diese Methode fügt vor dem aktuellen Knoten (`objXMLDOMNode`) einen neuen Knoten ein.

Gemäß der Signatur verhält sich die Methode, wenn kein Parameter (`ref Child`) enthalten ist, wie die Methode `appendChild()`. In diesem Fall muss `refChild` ein Kindknoten des aktuellen Knotens (`objXMLDOMNode`) sein. Der neue Kindknoten soll vor diesem `refChild`-Knoten eingefügt werden (dem linken Geschwister-Knoten).

Das DOMDocument prüft, ob `refChild` ein Kindknoten des aktuellen Knotens (`objXMLDOMNode`) ist. Ist dies nicht der Fall, tritt ein Fehler auf.

Die Methode gibt den erfolgreich eingefügten Kindknoten zurück. Sie gibt einen Fehler zurück, wenn eine unzulässige Operation versucht wurde, z.B. einen Knoten vom Typ `NODE_DOCUMENT_TYPE` (der kein Kindknoten sein kann) hinzuzufügen, oder wenn `refChild` kein Kindknoten des aktuellen Knotens ist. Weitere Informationen zu Knotentypen finden Sie unter der Eigenschaft `nodeType` und der Methode `createNode()`.

7.4.12 load()

Gehört zu:
DOMDocument

Syntax

```
blnValue = objDOMDocument.load(url)
```

Bemerkung

Beim Laden eines DOMDocument werden alle zu dem Zeitpunkt vorhandenen Inhalte verworfen.

Dies ist einer der zwei gebräuchlichen Wege, XML in ein DOMDocument zu laden. Der `URL` in der Signatur der Methode ist ein String, der den Speicherort einer XML-Datei beschreibt. Die Rückgabewerte `True` und `False` sagen aus, ob das Laden erfolgreich abgeschlossen wurde oder nicht.

Weitere Informationen und ein Beispiel zu dieser Methode finden Sie im Abschnitt zur Eigenschaft `async`.

7.4.13 loadXML()

Gehört zu:
DOMDocument

Syntax

```
blnValue = objDOMDocument.loadXML(xmlString)
```

Bemerkung

Dies ist einer der zwei gebräuchlichen Wege, XML in ein DOMDocument zu laden (s. unter `load()`-Methode). Der `xmlString` in der loadXML-Signatur ist ein String entweder für ein vollständiges XML-Dokument oder ein wohlgeformtes Fragment.

Wenn Sie die Methode `loadXML()` für ein DOMDocument aufrufen, wird der zu dem Zeitpunkt vorhandene Inhalt des DOM-Document verworfen.

Die Rückgabewerte `True` und `False` sagen aus, ob das Laden erfolgreich abgeschlossen wurde oder nicht.

Der loadXML-Fehler in XML 2.0

Im Microsoft XML 2.0-Objekt enthält die `loadXML()`-Methode einen Fehler. Wenn das Objekt aus VB oder VBScript angesprochen wird, gibt der Code möglicherweise eine Fehlermeldung zurück, dass beim Parsing ein Fehler aufgetreten ist. Meist wird bemängelt, in der XML-Datei werde ein Element verwendet, das in der von ihr referenzierten DTD nicht deklariert sei.

Die Fehlermeldung sieht etwa so aus:

The element »PEOPLE« is used but not declared in the DTD/Schema.

Die Ursache hierfür ist, dass die Methode `loadXML()`, wenn sie aus VB oder VBA aufgerufen wird, sich verhält, als sei die Eigenschaft `resolveExternals` des Dokuments auf `False` gesetzt. Es gibt auch keinen Trick, um den Fehler zu umgehen. Er soll aber in der nächsten Freigabeversion der Microsoft XML-Objekte behoben sein.

7.4.14 nextNode()

Gehört zu:	
XMLDOMNodeList	XMLDOMNamedNodeMap

Syntax

```
set objXMLDOMNode = objXMLDOMNodeList.nextNode()
```

Bemerkung

Diese Methode wird dazu verwendet, über eine Auflistung zu iterieren, die entweder ein Kindknoten eines Elements (`XMLDOMNodeList`-Auflistung) oder die Eigenschaft `attributes` eines Elements (`XMLDOMNamedNodeMap`-Auflistung) zurückgegeben hat.

Sobald eine dieser Auflistungen zurückgegeben wurde, wird der Zeiger vor den ersten Knoten der Liste gesetzt. Beim ersten Aufruf der Methode `nextNode()` wird daher der erste Knoten der Liste zurückgegeben.

Beim Durchlaufen der Auflistung wird `NULL` zurückgegeben, wenn der aktuelle Knoten der letzte in der Liste ist oder die Liste keine Knoten enthält.

Beispiel

Die bisher behandelten Beispiele enthielten bereits eine ähnliche Iteration über die Knoten einer `XMLDOMNodeList`-Auflistung:

```
Dim objDOMDocument As DOMDocument
Dim objXMLDOMNode As IXMLDOMNode

Set objDOMDocument = New DOMDocument
objDOMDocument.async = False
objDOMDocument.Load "http://mark/xmlcode/people2.xml"

For Each objXMLDOMNode In objDOMDocument.childNodes
'an dieser Stelle eine Aktion ausführen
Next
```

Jetzt soll das Beispiel so abgeändert werden, dass es die Verwendung von `nextNode` demonstriert:

```
Dim objDOMDocument As DOMDocument
Dim objNodeList As IXMLDOMNodeList
Dim objXMLDOMNode As IXMLDOMNode

Set objDOMDocument = New DOMDocument
objDOMDocument.async = False
objDOMDocument.Load "http://mark/xmlcode/people2.xml"

Set objNodeList = objDOMDocument.childNodes ❶
Set objXMLDOMNode = objNodeList.nextNode ❷
Do Until objXMLDOMNode Is Nothing ❸
' an dieser Stelle eine Aktion mit dem Knoten ausführen
Set objXMLDOMNode = objNodeList.nextNode4 ❹
Loop
```

❶ Hier erfolgt eine Referenz auf die XMLDOMNodeList-Auflistung.

❷ Hier wird der erste Knoten abgerufen.

❸ Hier wird die Schleife vorbereitet, die ablaufen soll, bis der letzte Knoten abgerufen wurde.

❹ Hier wird der nächste Knoten abgerufen.

7.4.15 nodeFromID()

Gehört zu:
XMLDOMDocument

Syntax

```
set objXMLDOMNode = objDOMDocument.nodeFromID(strId)
```

Bemerkung

Die Methode `nodeFromID()` ist speziell auf den Einsatz mit den Attributen vom Typ `ID` und `IDREF` ausgelegt (mehr dazu finden Sie unter der Eigenschaft `Attribute` in diesem Abschnitt). Da diese Methode nur unter der `XMLDOMDocument`-Schnittstelle zur Verfügung steht, finden Sie damit sämtliche Kindknoten, die den von Ihnen angegebenen ID-Wert haben. Findet die Methode keinen Kindknoten mit der passenden ID, gibt sie `NULL` zurück.

Beispiel

Im folgenden Beispiel wurde der Wert des `PERSONID`-Attributs des Elements im Strukturansicht-Tag abgelegt. Wenn der Benutzer auf die Strukturansicht klickt, wird der Knoten im DOMDocument mit dieser Methode abgerufen.

```
Dim objPersonElement As IXMLDOMElement

If Trim(objSelNode.Tag) <> "" Then ❶
  Set objPersonElement = m_objDOMPeople.nodeFromID(objSelNode.Tag) ❷
   lblElement.Caption = objPersonElement.nodeName & ": " & _
                       objPersonElment.Attributes(0).nodeValue ❸
End If
```

❶ Hier wird überprüft, dass dieser Strukturansicht-Knoten nicht einen leeren Tag hat.

❷ Hier wird der DOMDocument-Knoten mit dem gewünschten Tag-Wert gesucht.

❸ Hier wird eine Beschriftung mit Angaben zum gefundenen Knoten eingefügt.

7.4.16 open()

Gehört zu:
XMLHTTPRequest

Syntax

```
objHTTPRequest.open
```

Bemerkung

Die Methode `open()` findet in den Beispielen dieses Buchs breite Anwendung. Sie wird dazu verwendet, eine Verbindung zum Web-Server zu öffnen, damit über die `send()`-Methode `GET()`, `PUT()` oder ähnliche HTTP-Anweisungen gegeben werden können.

Beispiel

```
Dim objXMLHttp As New XMLHTTPRequest

Dim objDOMDocument As DOMDocument


objXMLHttp.Open "POST", "http://mark/xmlcode/demo.asp", False ❶

objXMLHttp.Send ❷

Set objDOMDocument= objXMLHttp.responseXML ❸
```

❶ Hier wird eine POST- (oder GET-) Verbindung zum Web-Server geöffnet.

❷ Hier wird die Verbindung hergestellt.

❸ Hier wird die Antwort empfangen – Hinweis: Es gibt verschiedene Arten von Antworten, binäre und Textdaten werden ebenfalls unterstützt.

7.4.17 removeAttribute()

Gehört zu:
XMLDOMElement

Syntax

```
objXMLDOMElement.removeAttribute strAttributeName
```

Bemerkung

Wenn ein Element über ein Attribut verfügt, können Sie das Attribut aus dem Knoten entfernen, indem Sie den Attributnamen angeben. Diese Methode gibt keine Werte zurück. Wenn versucht wird, ein nicht vorhandenes Attribut zu entfernen, passiert nichts, und es erfolgt auch keine Warnmeldung.

Beispiel

Im folgenden Beispiel wird das PERSONID-Attribut aus dem obersten Kindknoten der Auflistung von documentElement entfernt.

```
Dim objDOMDocument As DOMDocument
Dim objXMLDOMElement As IXMLDOMElement
Dim strFirstValue As String

Set objDOMDocument = New DOMDocument
objDOMDocument.async = False
objDOMDocument.Load "http://mark/xmlcode/people2.dtd"

Set objXMLDOMElement = objDOMDocument.documentElement.firstChild
objXMLDOMElement.removeAttribute "PERSONID"
```

7.4.18 removeAttributeNode()

Gehört zu:
XMLDOMElement

Syntax

```
set objXMLDOMAttribute = objXMLDOMElement.removeAttribute-
Node(objXMLDOMAttribute)
```

Bemerkung

Ein Attribut kann aus einem Knoten entfernt werden, wenn für den Elementknoten ein verbundener XMLDOMAttribute-Knotentyp vorhanden ist. Wenn das Attribut erfolgreich entfernt wurde, wird der entfernte Attributknoten zurückgegeben. Andernfalls wird NULL zurückgegeben.

Beispiel

Anhand des Beispiels für die Methode removeAttribute() soll gezeigt werden, wie dasselbe Ziel mit removeAttributeNode() erreicht werden kann. Um das Attribut entfernen zu können, ist zuerst eine Referenz auf das Attribut erforderlich. Was diese Methode von der letzten unterscheidet, ist die Möglichkeit zu prüfen, ob das Attribut erfolgreich entfernt wurde.

```
Dim objDOMDocument As DOMDocument
Dim objXMLDOMElement As IXMLDOMElement
Dim objAttrib As IXMLDOMAttribute
```

```
Set objDOMDocument = New DOMDocument
objDOMDocument.async = False
objDOMDocument.Load "http://mark/xmlcode/people2.dtd"

Set objXMLDOMElement = objDOMDocument.documentElement.firstChild
Set objAttrib = objXMLDOMElement.removeAttributeNode _ ❶
             (objXMLDOMElement.getAttributeNode("PERSONID"))
If objAttrib Is Nothing Then ❷
' Entfernung nicht erfolgreich, Warnmeldung ausgeben
End If
```

❶ Hier wurde für die Referenz auf das zu entfernende Attribut die Methode `getAttributeNode()` gewählt. Das zurückgegebene Attribut (`objAttribut`) ist das Attribut, das entfernt wurde.

❷ Hier soll eine Meldung ausgegeben werden, ob das Attribut erfolgreich entfernt wurde.

7.4.19 removeChild()

Gehört zu:	
DOMDocument	XMLDOMElement
XMLDOMNode	XMLDOMEntity
XMLDOMAttribute	XMLDOMEntityReference
XMLDOMCDATASection	XMLDOMNotation
XMLDOMComment	XMLDOMProcessingInstruction
XMLDOMDocumentFragment	XMLDOMText
XMLDOMDocumentType	XTLRuntime

Syntax

```
Set objXMLDOMNode = objXMLDOMNode.removeChild(oldChild)
```

Bemerkung

Der Parameter `oldChild` entspricht dem Knoten, der aus seiner Liste von Kindknoten entfernt werden soll. Wenn die Entfernung erfolgreich war, gibt die Methode den entfernten Kindknoten zurück (`objXMLDOMNode`).

Diese Methode ist zwar den meisten DOMDocument-Schnittstellen hinzugefügt worden, kann aber nicht immer verwendet werden, da nicht unbedingt immer Kindknoten vorhanden sind, die entfernt werden könnten.

Die Methode gibt den Knoten zurück, der gerade entfernt wurde (weitere Informationen zu Knotentypen finden Sie unter der Eigenschaft `nodeType`). Sie funktioniert bei folgenden Knotentypen:

- Dokument
- Element
- Attribut
- Dokument-Fragment
- Knoten (wenn von einem der oben genannten Typen)

Die folgenden Typen von Knoten können keine Kindknoten haben, weshalb bei ihnen die Methode auch nicht erfolgreich angewendet werden kann:

- Kommentar
- Text
- Processing Instruction
- CDATA-Abschnitt
- Notation

Die folgenden Knotentypen können zwar Kindknoten haben, dürfen selbst jedoch nicht entfernt werden, da sie Bestandteil einer DTD sein können:

- Dokumenttyp
- Entity
- Entity-Referenz

Beispiel

Im folgenden Beispiel wird der oberste Kindknoten der `childNode`-Auflistung von `documentElement` entfernt.

```
Dim objDOMDocument As DOMDocument
Dim objXMLDOMElement As IXMLDOMElement
Dim objRemovedElement As IXMLDOMElement

Set objDOMDocument = New DOMDocument
objDOMDocument.async = False
objDOMDocument.Load "http://mark/xmlcode/people2.dtd"

Set objXMLDOMElement = objDOMDocument.documentElement.firstChild
```

```
Set objRemovedElement =
objDOMDocument.documentElement.removeChild(objXMLDOMElement) ❶
If objRemovedElement Is Nothing Then ❷
' Entfernung nicht erfolgreich, Warnmeldung ausgeben
End If
```

❶ Wenn `removeChild` erfolgreich ausgeführt wurde, gibt das Objekt `objRemovedElement` den entfernten Kindknoten zurück.

❷ Hier wird eine Meldung ausgegeben, wenn das Attribut nicht erfolgreich entfernt wurde.

7.4.20 removeNamedItem()

Gehört zu:
XMLDOMNamedNodeMap

Syntax

```
set objXMLDOMNode =
objXMLDOMNamedNodeMap.removeNamedItem(strAttribute)
```

Bemerkung

Wir wiederholen an dieser Stelle unsere Einführung in `getNamedItem`. Das Objekt `XMLDOMNamedNodeMap` dient dazu, Attribute eines Knotens zu finden und zu manipulieren, obwohl auch die Schnittstelle `XMLDOMElement` hierzu zahlreiche Methoden bereithält.

Bei allen `remove`-Methoden können Knoten zwar aus dem instanziierten DOMDocument entfernt werden, sind aber aus der eigentlichen XML-Datei nicht gelöscht, bis die Methode `save()` aufgerufen wurde.

Diese Methode nimmt den Namen eines Attributs entgegen und löscht das Attribut aus einem Elementknoten. Sie ist mit der Methode `removeAttribute()` vergleichbar, gibt aber das entfernte Attribut zurück und gehört außerdem zu einem anderen Objekt.

Beispiel

Im folgenden Beispiel soll eine Referenz zu einem `XMLDOMNamedNodeMap`-Objekt abgerufen werden, um dann die Methode `removeNamedItem()` anzuwenden.

```
Dim objDOMDocument As DOMDocument
Dim objNamedNodeMap As IXMLDOMNamedNodeMap
Dim objAttrib As IXMLDOMAttribute

Set objDOMDocument = New DOMDocument
objDOMDocument.async = False
```

```
objDOMDocument.Load "http://mark/xmlcode/people2.dtd"


Set objNamedNodeMap = objDOMDocument.documentElement.first-
Child.Attributes ❶
Set objAttrib = objNamedNodeMap.removeNamedItem("PERSONID") ❷


If objAttrib Is Nothing Then
' Entfernung nicht erfolgreich, Warnmeldung ausgeben
End If
```

Die Methode kann auch in einer einzigen Zeile Code ausgeführt werden:

```
Set objAttrib = objDOMDocument.documentElement.firstChild. _
              Attributes.removeNamedItem("PERSONID")
```

❶ Hier wird eine Referenz auf das XMLDOMNamedNodeMap-Objekt abgerufen, das von der Eigenschaft Attribute zurückgegeben wird.

❷ Hier wird das Attribut anhand des Attributnamens entfernt.

7.4.21 replaceChild()

Gehört zu:	
DOMDocument	XMLDOMElement
XMLDOMNode	XMLDOMEntity
XMLDOMAttribute	XMLDOMEntityReference
XMLDOMCDATASection	XMLDOMNotation
XMLDOMComment	XMLDOMProcessingInstruction
XMLDOMDocumentFragment	XMLDOMText
XMLDOMDocumentType	XTLRuntime

Syntax

```
set objXMLDOMNode = objXMLDOMNode.replaceChild(newChild, oldChild)
```

Bemerkung

Diese Methode ersetzt einen Kindknoten durch einen anderen, statt erst den alten zu entfernen und danach den neuen anzuhängen.

Der Parameter `newChild` entspricht dem Knoten, der den `oldChild`-Knoten ersetzen soll. Wenn `newChild` gleich `NULL` ist, wird der `oldChild`-Knoten ersatzlos entfernt. Der ersetzte `oldChild`-Knoten wird im `objXMLDOMNode`-Objekt zurückgegeben, wenn die Methode erfolgreich ausgeführt wurde.

Auch hier müssen Sie darauf achten, mit welchem Knotentyp sie gerade arbeiten. Einige Typen von Knoten können keine Kindknoten sein und daher nicht für diese Methode verwendet werden.

7.4.22 reset()

Gehört zu:	
XMLDOMNodeList	XMLDOMNamedNodeMap

Syntax

```
objXMLDOMNodeList.reset()
```

Bemerkung

Diese Methode setzt den Iterator vor den ersten Knoten im `XMLDOMNodeList`-Objekt zurück, sodass der nächste Aufruf von `nextNode()` den ersten Knoten in der Auflistung zurückgibt.

7.4.23 save()

Gehört zu:
XMLDOMDocument

Syntax

```
objDOMDocument.save(objTarget)
```

Bemerkung

Der Parameter `objTarget` kann ein Dateiname sein, ein ASP-Response-Objekt, ein XML-Dokumentobjekt oder ein benutzerdefiniertes Objekt, das Persistenz und die jeweiligen Schnittstellen unterstützt.

Wenn Sie das DOMDocument manipuliert haben, beispielsweise Komponenten eingefügt oder entfernt haben, sind diese Änderungen erst dann auch in der XML-Datei gespeichert, wenn Sie die Methode `save()` aufgerufen haben.

Die `save()`-Methode gibt keine Werte zurück; wenn ein Fehler gemeldet wird, kann er jedoch einen der Rückgabewerte wiedergeben, die in Tabelle 7.13 aufgeführt sind.

Tab. 7.13: Die Rückgabewerte der save()-Methode

Rückgabe	Beschreibung
`S_OK`	Erfolgreich
`XML_BAD_ENCODING`	Dokument enthält ein Zeichen, das nicht zum deklarierten Zeichensatz gehört
`E_INVALIDARG`	Ein String wurde übergeben, der keinen gültigen Dateinamen bezeichnet, oder ein Objekt wurde übergeben, das keine der verfügbaren Schnittstellen unterstützt
`E_ACCESSDENIED`	`save()`-Vorgang ist nicht zulässig
`E_OUTOFMEMORY`	`save()` kann keinen Puffer zuweisen
Andere Werte	Andere Dateisystemfehler

Speichern in ADO 2.5

Bei den bisherigen Beispielen werden Sie bemerkt haben, dass wir oft die XML-Daten in einer Datei speichern und diese anschließend in ein DOM Document laden. Microsoft ADO 2.5, das zum Lieferumfang von Windows 2000 gehört, ermöglicht auch das direkte Speichern in ein DOMDocument.

So wird's gemacht:

```
Dim strSQL As String
Dim adoCon As ADODB.Connection
Dim adoRst As ADODB.Recordset
Dim objDOMDocument As DOMDocument

strSQL = "SELECT * FROM categories"

Set adoCon = New ADODB.Connection ❶
Set adoRst = New ADODB.Recordset

adoCon.ConnectionString = "northwind" ❷
adoCon.CursorLocation = adUseClient
adoCon.Open
Set adoRst.ActiveConnection = adoCon

adoRst.Open strSQL, , adOpenForwardOnly, _ ❸
adLockReadOnly, adCmdText
```

```
Set objDOMDocument = New DOMDocument ❹
objDOMDocument.async = False
adoRst.Save objDOMDocument, 1  ' save this to DOM ❺
adoRst.Close
adoCon.Close
Set adoCon = Nothing
```

❶ Hier werden die ADO-Objekte angelegt.

❷ Hier wird die Datenbankverbindung geöffnet.

❸ Hier werden die Ergebnisse abgerufen.

❹ Hier wird das DOMDocument angelegt.

❺ Hier wird das Recordset im DOMDocument gespeichert.

7.4.24 selectNodes()

Gehört zu:	
DOMDocument	XMLDOMElement
XMLDOMNode	XMLDOMEntity
XMLDOMAttribute	XMLDOMEntityReference
XMLDOMCDATASection	XMLDOMNotation
XMLDOMComment	XMLDOMProcessingInstruction
XMLDOMDocumentFragment	XMLDOMText
XMLDOMDocumentType	XTLRuntime

Syntax

```
Set objXMLDOMNode  = objDOMDocument.selectNodes(strXQLQuery)
```

Bemerkung

Weitere Informationen zum XSL-Mustervergleich finden Sie in Kapitel 5, »XSL – bringt Format ins XML«.

Die Methode gibt eine `XMLDOMNodeList`-Auflistung aller Knoten für eine XQL-Abfrage zurück.

Beispiel

Im folgenden Beispiel soll aus dem DOMDocument eine `XMLDOMNodeList`-Auflistung aller `NAME`-Elemente im `PERSON`-Element abgerufen werden.

```
Dim objDOMDocument As DOMDocument
Dim objNodeList As IXMLDOMNodeList

Set objDOMDocument = New DOMDocument
```

```
objDOMDocument.async = False
objDOMDocument.Load "http://mark/xmlcode/people2.dtd"
Set objNodeList = objDOMDocument.selectNodes("//PERSON//NAME")
```

7.4.25 selectSingleNode()

Gehört zu:	
DOMDocument	XMLDOMElement
XMLDOMNode	XMLDOMEntity
XMLDOMAttribute	XMLDOMEntityReference
XMLDOMCDATASection	XMLDOMNotation
XMLDOMComment	XMLDOMProcessingInstruction
XMLDOMDocumentFragment	XMLDOMText
XMLDOMDocumentType	XTLRuntime

Syntax

```
Set objXMLDOMNode = objXMLDOMElement.selectSingleNode(strXQLQuery)
```

Bemerkung

Wie in der Methode `selectNodes()` wird auch bei `selectSingleNode()` XQL verwendet, um den gesuchten Knoten zu finden. Es wird jedoch nur ein einziger Knoten zurückgegeben, das `XMLDOMNode`-Objekt, der erste gefundene Knoten, der dem Muster entspricht. Findet die Methode keinen passenden Knoten, gibt sie `NULL` zurück.

Beispiel

Im folgenden Beispiel werden alle `childNodes` der `documentElement`-Auflistung durchlaufen. Gesucht wird ausschließlich das `NAME`-Element jedes `PERSON`-Elements.

Die Methoden selectNodes() und selectSingle-Node() können auch dazu verwendet werden, Knoten mit bestimmten Attributwerten zu suchen. Wie bereits erwähnt, bleibt es ein wenig Ihrem eigenen Forschergeist überlassen, sich in XQL einzuarbeiten, da wir hier nicht weiter darauf eingehen.

```
Dim objDOMDocument As DOMDocument
Dim objXMLDOMNode As IXMLDOMNode
Dim objElement As IXMLDOMElement

Set objDOMDocument = New DOMDocument
objDOMDocument.async = False
objDOMDocument.Load "http://mark/xmlcode/people2.xml"

For Each objXMLDOMNode In objDOMDocument.documentElement.childNodes
Set objElement = objXMLDOMNode.selectSingleNode("NAME")
```

```
'an dieser Stelle eine Aktion mit dem Name-Element
'ausführen
Next
```

Sehen Sie sich noch einmal die Methode getElementsByTagName() an, die ganz ähnlich funktioniert. Das Schöne an dieser Methode hier ist jedoch, dass sie einen einzelnen Knoten zurückgibt statt einer ganzen XMLDOMNode List. Die Arbeit mit dieser Methode ist daher insofern einfacher, als nicht eine ganze NodeList-Auflistung durchlaufen werden muss, nur um einen bestimmten Wert abzufragen.

7.4.26 send()

Gehört zu:
XMLHTTPRequest

Syntax

```
objHTTPRequest.send([varBody])
```

Bemerkung

Die Methode send() findet in den Beispielen dieses Buchs breite Anwendung. Sobald mit der open-Methode eine Verbindung zum Web-Server geöffnet ist, können Sie über send() mit dem Server kommunizieren und ihm PUT(), GET() oder ähnliche HTTP-Anweisungen geben.

Beispiel

```
Dim objXMLHttp As new XMLHTTPRequest
Dim objDOMDocument As DOMDocument

objXMLHttp.Open "POST", "http://mark/xmlcode/demo.asp", False ❶
objXMLHttp.Send ❷
Set objDOMDocument= objXMLHttp.responseXML ❸
```

❶ Hier wird eine POST- (oder GET-) Verbindung zum Web-Server geöffnet.

❷ Hier wird die Verbindung hergestellt.

❸ Hier wird die Antwort empfangen – Hinweis: Es gibt verschiedene Arten von Antworten, binäre und Textdaten werden ebenfalls unterstützt.

7.4.27 setAttribute()

Gehört zu:
XMLDOMElement

Syntax

```
objXMLDOMElement.setAttribute strAttributeName, vntValue
```

Bemerkung

Es gibt eine Vielzahl von Möglichkeiten, einem DOMDocument ein Attribut hinzuzufügen. Einige Beispiele:

- setAttribute
- setAttributeNode
- setNamedItem
- appendChild

Unserer Ansicht nach ist die Methode `setAttribute()` davon der einfachste Weg. Um ein Attribut hinzufügen zu können, ist jedoch eine Referenz auf die Schnittstelle des Elements erforderlich. Dann aber können Sie in einem einzigen Aufruf dem Attribut auch seine wichtigsten Werte geben, den Namen (`strAttributeName`) und den Inhalt (`vntValue`).

Beispiel

Im folgenden Beispiel soll dem `documentElement` in einem DOMDocument ein neues `PERSON`-Element mitsamt Attribut hinzugefügt werden.

```
Dim objPerson As IXMLDOMElement


Set objPerson = m_objDOMPeople.createElement("PERSON") ❶
objPerson.setAttribute "PERSONID", "p7" ❷
m_objDOMPeople.documentElement.appendChild objPerson ❸
```

❶ Hier wird das `Person`-Element angelegt.

❷ Hier wird ihm das Attribut hinzugefügt.

❸ Hier wird das neue Element mit seinem Attribut dem DOMDocument hinzugefügt.

7.4.28 setAttributeNode()

Gehört zu:
XMLDOMElement

Syntax

```
set objXMLDOMAttribute = objXMLDOMElement.setAttribute-
Node(objXMLDOMAttribute)
```

Bemerkung

Wie bereits bemerkt ist dies eine der möglichen Methoden zum Hinzufügen und Manipulieren von Attributen. Ebenso wie `setAttribute()` kann auch diese Methode nur unter der `XMLDOMElement`-Schnittstelle verwendet werden. Bei dieser Methode wird jedoch, um einem Element ein Attribut hinzuzufügen, ein `XMLDOMAttribute`-Objekt übergeben und kein String. Der neue Attributknoten wird dem Element nach seiner Erstellung mit `createAttribute()` hinzugefügt.

Beispiel

Anhand des abgewandelten Beispiels für die Methode `setAttribute()` soll gezeigt werden, wie sich die Methode `setAttributeNode()` von `setAttribute()` unterscheidet:

```
Dim objPerson As IXMLDOMElement
Dim objAttrib As IXMLDOMAttribute
Set objPerson = m_objDOMPeople.createElement("PERSON") ❶
Set objAttrib = m_objDOMPeople.createAttribute("PERSONID") ❷
objAttrib.text = "p7" ❸
objPerson.setAttributeNode objAttrib ❹
m_objDOMPeople.documentElement.appendChild objPerson ❺
```

❶ Hier wird das `PERSON`-Element angelegt.

❷ Hier wird das `PERSONID`-Element angelegt.

❸ Hier erhält der Attributknoten seinen Wert.

❹ Hier wird das Attribut dem `PERSON`-Element hinzugefügt.

❺ Hier wird das neue Element mit seinem Attribut dem DOMDocument hinzugefügt.

7.4.29 setNamedItem()

Gehört zu:
XMLDOMNamedNodeMap

Syntax

```
set objXMLDOMNode = objXMLDOMNamedNodeMap.setNamedItem(objXMLDOMNode)
```

Bemerkung

Hurra – noch eine Möglichkeit, einem DOMDocument ein Attribut hinzuzufügen oder es zu manipulieren; diesmal mit der `XMLDOMNamedNodeMap`-Schnittstelle.

Sie müssen für diese Methode kein `XMLDOMNamedNodeMap`-Objekt anlegen, da die Eigenschaft `attributes` eines Knotens bereits ein `XMLDOMNamedNodeMap`-Objekt ist.

Für alle Methoden zum Hinzufügen und Manipulieren von Attributen gilt: Wenn ein Attribut hinzugefügt wird, das denselben Namen hat wie ein vorhandenes Attribut, wird das vorhandene Attribut durch das neue ersetzt.

Beispiel

Im nächsten Beispiel wird mit der Methode `setNamedItem` ein Attribut hinzugefügt.

```
Set objPerson = m_objDOMPeople.createElement("PERSON")

Set objAttrib = m_objDOMPeople.createAttribute("PERSONID") ❶

objAttrib.text = "p7" ❷

objPerson.attributes.setNamedItem objAttrib ❸

m_objDOMPeople.documentElement.appendChild objPerson ❹
```

❶ Hier wird der Attributknoten erstellt.

❷ Hier werden ihm die wichtigsten Details hinzugefügt.

❸ Die Eigenschaft `attributes` gibt ein NodeList-Objekt zurück; daher kann die `setNamedItem()`-Methode verwendet werden

❹ Hier wird das neue `PERSON`-Element dem DOMDocument hinzugefügt.

7.4.30 transformNode()

Gehört zu:	
DOMDocument	XMLDOMElement
XMLDOMNode	XMLDOMEntity
XMLDOMAttribute	XMLDOMEntityReference
XMLDOMCDATASection	XMLDOMNotation
XMLDOMComment	XMLDOMProcessingInstruction
XMLDOMDocumentFragment	XMLDOMText
XMLDOMDocumentType	XTLRuntime

Syntax

```
strVAlue = objDOMDocument.transformNode(strStylesheet)
```

Bemerkung

Die Methode `transformNode()` wendet ein Stylesheet auf den aktuellen Knoten sowie seine Kindknoten an. Die Daten werden als String zurückgegeben, was sehr praktisch ist, wenn die Daten als HTML zurück übergeben werden sollen (wenn also die XSL-Datei die XML-Daten in HTML konvertieren soll):

```
strValue = objDOMDocument.transformNode(strStylesheet)
```

Der String `strValue` enthält dabei die Inhalte, die den Knoten in den gewünschten String konvertieren sollen. Weitere Informationen hierzu finden Sie in Kapitel 5, »XSL – bringt Format ins XML«.

Beispiel

Der folgende Beispielcode zeigt (einmal mehr anhand von people2.xml), wie der String aus dem transformierten Knoten mit der `transformNode()`-Methode wieder zurück übergeben wird.

Der XSL-Code sieht folgendermaßen aus:

```
<?xml version="1.0"?>

<xsl:stylesheet xmlns:xsl="http://www.w3.org/TR/WD-xsl">

<xsl:template match="/">

<HTML>

<BODY>

<TABLE BORDER="2">

<TR>

  <TD>Name</TD>

  <TD>Address</TD>

  <TD>Tel</TD>
```

```
  <TD>Fax</TD>
  <TD>Email</TD>
</TR>
<xsl:for-each select="PEOPLE/PERSON">
<TR>
  <TD><xsl:value-of select="NAME"/></TD>
  <TD><xsl:value-of select="ADDRESS"/></TD>
  <TD><xsl:value-of select="TEL"/></TD>
  <TD><xsl:value-of select="FAX"/></TD>
  <TD><xsl:value-of select="EMAIL"/></TD>
</TR>
</xsl:for-each>
</TABLE>
</BODY>
</HTML>
</xsl:template>
</xsl:stylesheet>
Dim objXMLStyle As New DOMDocument
Dim objDOMDocument As New DOMDocument
Dim strXMLFromXSL As String

Call objDOMDocument.Load("http://mark/xmlcode/people2.xml")
Call objXMLStyle.Load("http://mark/xmlcode/people.xsl")
strXMLFromXSL = objDOMDocument.transformNode(objXML-
Style.documentElement)
```

Der String `strXMLFromXSL` gibt folgenden HTML-Code zurück:

```
<HTML>
<BODY>
<TABLE BORDER="2">
<TR>
```

```
<TD>Name</TD>
<TD>Address</TD>
<TD>Tel</TD>
<TD>Fax</TD>
<TD>Email</TD>
</TR>
<TR>
<TD>Mark Wilson</TD>
<TD>911 Somewhere Circle, Canberra, Australia</TD>
<TD>(++612) 12345</TD>
<TD>(++612) 12345</TD>
<TD>markwilson@somewhere.com</TD>
</TR>
<TR>
<TD>Tracey Wilson</TD>
<TD>121 Zootle Road, Cape Town, South Africa</TD>
<TD>(++2721) 531 9090</TD>
<TD>(++2721) 531 9090</TD>
<TD>Tracey Wilson@somewhere.com</TD>
</TR>
<TR>
<TD>Jodie Foster</TD>
<TD>30 Animal Road, New York, USA</TD>
<TD>(++1) 3000 12345</TD>
<TD>(++1) 3000 12345</TD>
<TD>Jodie Foster@somewhere.com</TD>
</TR>
<TR>
<TD>Lorrin Maughan</TD>
<TD>1143 Winners Lane, London, United Kingdom</TD>
<TD>(++94) 17 12345</TD>
```

```
<TD>++94) 17 12345</TD>
<TD>Lorrin Maughan@somewhere.com</TD>
</TR>
<TR>
<TD>Steve Rachel</TD>
<TD>90210 Beverly Hills, California, United States of America</TD>
<TD>(++1) 2000 12345</TD>
<TD>(++1) 2000 12345</TD>
<TD>Steve Rachel@somewhere.com</TD>
</TR>
</TABLE>
</BODY>
</HTML>
```

7.4.31 transformNodeToObject()

Gehört zu:	
DOMDocument	XMLDOMElement
XMLDOMNode	XMLDOMEntity
XMLDOMAttribute	XMLDOMEntityReference
XMLDOMCDATASection	XMLDOMNotation
XMLDOMComment	XMLDOMProcessingInstruction
XMLDOMDocumentFragment	XMLDOMText
XMLDOMDocumentType	XTLRuntime

Syntax

```
objDOMDocument.transformNode(objXMLStyle.documentElement,
vntNewDOMDocument)
```

Bemerkung

Diese Methode ist ähnlich wie `transformNode()`. Sie verändert jedoch nicht das zu Grunde liegende DOMDocument, sondern gibt eine Variable (`vntNewDOMDocument`) mit einem neuen, gemäß dem Stylesheet transformierten DOMDocument zurück.

8 Schemata, BizTalk und E-Commerce

In diesem Kapitel:

- Die Ära des E-Commerce hat schon begonnen!
- Welche Rolle spielt BizTalk?
- BizTalk Server und BizTalk Framework
- Warum sind Schemata so wichtig?
- Das sind die BizTalk Framework Schemata

8.1 E-Commerce – ein Überblick

Wenn man auf die (manchmal turbulente) Entwicklung in der Welt der Computer zurückblickt, ist eines klar: Das Internet und besonders das World Wide Web haben sich mit großem Erfolg durchgesetzt. Schon jetzt sind die Auswirkungen auf viele Branchen und Märkte enorm. Einige Zweige und Märkte sind sogar ganz neu entstanden, so groß ist schon heute die Bedeutung der neuen vernetzten Wirtschaft, deren Ära gerade erst begonnen hat.

Werfen wir einen Blick zurück auf den bisherigen Werdegang des Internet. Welche wichtigen Entwicklungen haben bei E-Commerce und Internet stattgefunden, und was bedeuten sie für Sie, für Ihr Geschäft und Ihre Beziehungen mit Geschäftspartnern, Kunden und dem Wettbewerb?

In Tabelle 8.1 sehen Sie die Gesamtzahl der registrierten Internet-Hosts (DNS-Namen wie `http://www.news.com`) im Laufe der letzten Jahre.

Datum:	Anzahl DNS-Hosts:
1988	30.000
Januar 1993	1.313.000
Juli 1993	1.776.000
Januar 1994	2.217.000
Juli 1994	3.212.000
Januar 1995	5.846.000
Juli 1995	8.200.000
Januar 1996	14.352.000
Juli 1996	16.729.000
Januar 1997	21.819.000

Tab. 8.1: Zunahme der DNS-Hosts im Internet

Tab. 8.1: Zunahme der DNS-Hosts im Internet (Forts.)

Datum:	Anzahl DNS-Hosts:
Juli 1997	26.053.000
Januar 1998	29.670.000
Juli 1998	36.739.000
Januar 1999	43.230.000
Juli 1999	56.218.000

Der erste Faktor, der als entscheidend für das explosive Wachstum des Internet bezeichnet werden kann, ist wohl die Kombination von HTML (das einfach zu erlernen und zu verwenden ist) und der breiten Verfügbarkeit kostengünstiger Internetzugänge. Die Statistik zeigt auch den steigenden Bedarf an Informationsaustausch und Vernetzung der Unternehmen untereinander.

Der zweite Trend, der sich vor diesem Hintergrund abzeichnet, ist die steigende Nutzung des Internet durch Unternehmen für den Einkauf von Waren und Dienstleistungen von Zulieferern und Handelspartnern. Alles wird online bestellt, vom Büromaterial über Sicherheitseinrichtungen bis hin zu Zeitarbeitskräften. Schätzungen des Marktforschers IDC zufolge soll der Markt für Einkauf und Beschaffung via Internet, dessen Volumen 1998 147 Millionen US$ betrug, bis 2003 auf 5 Milliarden US$ anwachsen, wobei 54 % davon auf die USA entfallen sollen. Insgesamt soll das Internet-Handelsvolumen in US$ im selben Jahr die Billion überschreiten.

Als dritte Entwicklung sehen wir voraus, dass HTML einfach in XML aufgehen wird. Dessen Flexibilität und Erweiterbarkeit haben bereits die Schemata hervorgebracht, die ihrerseits in XML geschrieben sind.

8.2 Wozu braucht mein System ein Schema?

Wenn von E-Commerce gesprochen wird, ist damit nicht gemeint, dass auf einer Website steht »Rufen Sie uns an: 0800- ...«. Gemeint sind Computersysteme, die anderen Systemen und Rechnern Beschreibungen von sich selbst liefern können, die mit diesen anderen Systemen automatisierte Beziehungen unterhalten können, Informationen weitergeben, Just-in-Time-Bestellungen ausführen, Eingänge quittieren und so fort.

In dieser Kette sind Schemata das zentrale Glied, denn sie geben den Daten die verlässliche Struktur, die im Internet so dringend benötigt wird. Schemata sind daher zweifellos der Schlüssel zum Aufbau automatisierter E-Commerce-Lösungen für den Handel zwischen Unternehmen.

Aber das sind nur einige der vielen Argumente für die Verwendung von XML und Schemata.

8.2.1 Entwicklung flexibler Web-Applikationen

Da ein Schema im Prinzip ein Vokabular ist, das Sie aufbauen, um Ihre Daten zu beschreiben, kann dasselbe Vokabular in unterschiedlichen Programmen verwendet werden. Es ist auch möglich, Abfragen an andere Systeme zu senden und herauszufinden, welche Schemata sie verwenden und wie mit ihnen Daten ausgetauscht werden können. Wenn ein Schema in einer Bibliothek von Dokumenten (Repository) gespeichert wird wie BizTalk (`http://www.biztalk.org`), können ganze Branchen eine gegebene Anzahl von Schemata verwenden und dadurch wesentlich reibungsloser zusammenarbeiten.

Die Softwareentwickler in Ihrem Unternehmen können flexibler programmieren und Schemata und DOM-Objekte einsetzen, um die Daten inhaltlich zu erschließen, statt plump auf Tabellenstrukturen zuzugreifen. Hier liegt ein enormes Nutzenpotenzial. Wenn das Schema aktuell und korrekt ist, können sich Tabellenlayouts ändern, Daten können verschoben und neue Daten hinzugefügt werden, ohne dass die Programme zusammenbrechen.

8.2.2 Und wie funktioniert das Ganze?

XML soll für Menschen lesbar und möglichst wenig komplex sein. Nehmen wir diese einfache XML-Datei mit Bewerbungsdaten:

```
<?xml version="1.0" ?>
<PEOPLE xmlns="x-schema:PEOPLE.DTD">
  <PERSON>
    <NAME>Mark Wilson</NAME>
    <ADDRESS>911 Somewhere Circle, Canberra, Australia</ADDRESS>
    <TEL>(++612) 12345</TEL>
    <FAX>(++612) 12345</FAX>
    <EMAIL>Mark.Wilson@somewhere.com</EMAIL>
  </PERSON>
</PEOPLE>
```

```
<PEOPLE xmlns="x-schema:PEOPLE.DTD">
```

Die Zeile `xmlns="x-schema:PEOPLE.DTD"` zeigt auf das Schema-Dokument, das das XML-Dokument validieren soll.

Die Grundsätze von XML wurden ja in diesem Buch bereits behandelt, daher soll jetzt auf die Werte und Beziehungen in und zwischen den Elementen eingegangen werden. In diesem Bereich liegt die Stärke der Schemata. Im obigen Beispiel gibt es eine Gruppe `<PEOPLE>`, die eine `<PERSON>` enthält.

Sie als Leser sehen intuitiv, dass dieser Aufbau oder diese Struktur in Ordnung ist, indem Sie auf eigene Erfahrung und Wissen über die Strukturierung von Dokumenten zurückgreifen. Sie können beurteilen, dass es innerhalb desselben <PEOPLE>-Tags durchaus mehrere <PERSON>-Tags geben kann, diese aber immer nur ein <NAME>-Tag enthalten können.

Ein Computer (oder, etwas weiter gefasst, eine Maschine) ist nicht zu solchen Urteilen in der Lage, da er keine Lernerfahrung hat, auf die er zurückgreifen kann – es sei denn, es wurde vorher definiert, welche Werte zulässig sind und in welcher Beziehung die Elemente zueinander stehen. Also werden Schemata erstellt, die angeben, welche Werte jedes Tag enthalten kann und wie die Tags zueinander in Beziehung stehen.

Wie würde also beispielsweise ein Schema für die oben stehende Datei People.xml aussehen? Die folgende XML-Schema-Datei wäre das Schema, das mindestens erforderlich wäre, um sicherzustellen, dass das XML-Dokument über die gewünschten Tags und Strukturen verfügt:

```
<?xml version ="1.0"?>
<Schema  name = "people.dtd"
   xmlns = "urn:schemas-microsoft-com:xml-data"
   xmlns:dt = "urn:schemas-microsoft-com:datatypes">
  <ElementType name = "PEOPLE" content = "eltOnly" order = "seq">
     <element type = "PERSON" minOccurs = "1" maxOccurs = "*"/>
  </ElementType>
  <ElementType name = "PERSON" content = "eltOnly" order = "seq">
     <element type = "NAME"/>
     <element type = "ADDRESS"/>
     <element type = "TEL"/>
     <element type = "FAX"/>
     <element type = "EMAIL"/>
  </ElementType>
  <ElementType name = "ADDRESS" content = "textOnly"/>
  <ElementType name = "EMAIL" content = "textOnly"/>
  <ElementType name = "FAX" content = "textOnly"/>
  <ElementType name = "NAME" content = "textOnly"/>
  <ElementType name = "TEL" content = "textOnly"/>
 </Schema>
```

Dieses Schema wird jetzt in seine Einzelteile zerlegt, um zu zeigen, welche interessanten Möglichkeiten dem Schema-Entwickler zur Verfügung stehen:

```
<Schema  name="myschema" xmlns="urn:schema-microsoft-com:xml-data"

xmlns:dt="urn:schema-microsoft-com:datatypes">

<!-- ... -->

</Schema>
```

Dieser Teil wird als *Dokumentelement des Schemas* bezeichnet, er enthält die *Namensraum-Deklaration*, die dem Parser mitteilt, dass vordefinierte Microsoft Datentypen verwendet werden. Wenn die Microsoft Datentypen-Namensräume deklariert sind, können Sie Tags den Präfix `dt:type` geben und so auf die Microsoft Datentypen in den XML-Objekten des Internet Explorer 5 verweisen.

Das Dokumentelement des Schemas wird auch als *Deklaration der obersten Ebene* bezeichnet.

```
<ElementType name = "PEOPLE" content = "eltOnly" order =
"seq"><ElementType name = "PEOPLE" content = "eltOnly" order = "seq">

<element type = "PERSON" minOccurs = "1" maxOccurs = "*"/>

</ElementType>
```

In dieser Deklaration der obersten Ebene (`elementType`) wird angegeben, welche Elementtypen verwendet werden können. In diesem Fall ist es nur einer, und sein `Name` ist `PERSON`. Für das `PERSON`-Element wird nur Inhalt des Typs `eltOnly` als zulässig erklärt. Der Typ `eltOnly` bedeutet, dass das Element keinen freien Text enthalten kann, sondern nur die wiederum angegebenen Elemente (weiter unten im Code aufgeführt als `Address`, `Email`, `Fax`, `Name` und `Tel`).

Sie können dem Element auch noch weitere Attribute hinzufügen, um zu gewährleisten, dass die Daten nach Ihren Vorstellungen definiert und strukturiert sind. Beispielsweise können Sie die Anzahl von Instanzen des Elements `PERSON` festlegen. Dies erfolgt in den Attributen `minOccurs` und `maxOccurs` .

```
<element type = "PERSON" minOccurs = "1" maxOccurs = "*"/>
```

Die Reihenfolge der Elemente in `PERSON` (`Address`, `Email`, `Fax`, `Name` und `Tel`) ist auf `seq` gesetzt, d.h. die angegebenen Elemente müssen diese Reihenfolge einhalten.

So langsam bekommen Sie vielleicht einen Eindruck davon, wie Schemata Ihre Daten definieren und zu einem gewissen Grad sogar das gewünschte Benutzerverhalten vorgeben können. Diese XML-Funktionalität ist, wie Sie sehen, äußerst praktisch und kann bei sachgerechtem Einsatz erhebliche Produktivitätssteigerungen bewirken, da die Daten und Systeme sich plötzlich selbst zutreffend beschreiben können.

Attribute sind ganz ähnlich wie Elemente und werden wegen ihrer jeweiligen Charakteristika kombiniert verwendet. Der folgende XML-Code-Ausschnitt enthält zwei Elemente, `NAME` und `FULL_NAME`:

```
<NAME>

<FULL_NAME>Mark Wilson</FULL_NAME>

</NAME>
```

Das nächste Element `NAME` enthält ein Attribut `FULL_NAME` und ist von der Funktion her äquivalent zum vorigen Code-Ausschnitt:

```
<NAME FULL_NAME="Mark Wilson" />
```

Auch die Microsoft XDR-Schemata (XML Data Reduced) ermöglichen die präzise Steuerung und Definition von Attributen in XML. Wenn beispielsweise in XML ein Attribut `colors` die Auswahl zwischen drei Farben ermöglichen soll, könnte das Schema dazu beispielsweise so aussehen:

```
<AttributeType  name="colors" dt:type="enumeration" dt:values="red
green blue" required="yes">
```

Das Attribut hat den Namen `colors`, ist vom Datentyp `enumeration` und enthält die Werte `red`, `green` und `blue`. Schließlich ist noch angegeben, dass für das Attribut ein Wert angegeben werden *muss*.

Schemata sind zwar sehr nützlich und werden in den meisten Fällen auch verwendet, aber die Verwendung ist nicht zwingend vorgeschrieben, sie sind optional. Für eine XML-Applikation, die keine Validierung erfordert, muss auch keine Schema-Datei angegeben werden. Schemata sind eine hervorragende Alternative zu DTDs, den Dokumenten, die ähnliche Strukturangaben auch schon für SGML enthielten, Jahrzehnte bevor XML aufkam.

Einige der Vorteile von Schemata gegenüber DTDs wurden bereits angesprochen. Einer davon ist, dass die Entwickler erheblich effektiver mit unterschiedlichen Datentypen arbeiten können.

8.3 Mit den verfügbaren Datentypen arbeiten

Um die Datentypunterstützung des Internet Explorer 5 auszunutzen, muss das XML-Schema den `Datentyp-Namensraum` enthalten. Die Deklaration des Schema-Dokumentelements sieht folgendermaßen aus:

```
<Schema  name="myschema"

      xmlns="urn:schemas-microsoft-com:xml-data"

      xmlns:dt="urn:schemas-microsoft-com:datatypes">

<!-- ... -->

</Schema>
```

Bekanntlich können innerhalb des Schema-Elements die Daten als `<ElementType>` oder `<AttributeType>` strukturiert werden. Außerdem wurde in der `Namensraum`-Deklaration der Schema-Elementdeklaration festgelegt, dass die Microsoft Datentypen verwendet werden sollen. Die Datentypen können nun auf zwei Arten verwendet werden:

```
dt:type attribute
```

```
<datatype> element
```

Die nachstehenden Beispiele zeigen, dass beide Formen gleichermaßen gültig sind. Die folgende Deklaration des `ElementType` `pages` weist den Datentyp Integer (Ganzzahl) zu:

```
<ElementType name="pages" dt:type="int"/>
```

Für den folgenden `ElementType` mit dem gleichen Namen `pages` wird ebenfalls der Datentyp Integer deklariert:

```
<ElementType name="pages">

<datatype  dt:type="int" />

</ElementType
```

Gleiches gilt für Attribute. Das Attribute `<datatype>` oder `dt:type` kann direkt in der `<AttributeType>`-Deklaration verwendet werden.

Die Unterstützung für XML Schema im Internet Explorer 5 lässt zwar auch die Angabe von Datentypen im Attribut zu, aber nur die folgenden Datentypen werden in Attributen auch vom Parser und dem DOM unterstützt: `string`, `id`, `idref`, `idrefs`, `nmtoken`, `nmtokens`, `entity`, `entities`, `enumeration` und `notation`. Unterstützung für weitere Datentypen soll in künftigen Versionen hinzukommen.

Tabelle 8.2 ist die vollständige Liste der Datentypen, die von den Microsoft DOM-Objekten unterstützt werden. Die Liste kann auch im Internet abgerufen werden: `http://msdn.microsoft.com/xml/reference/schema/datatypes.asp`

8.3.1 Vollständige Liste der von Microsoft unterstützten Datentypen

Tab. 8.2: Unterstützte Datentypen

Datentyp	Beschreibung
bin.base64	MIME-Base64-kodiertes BLOB (Binary Large Object)
bin.hex	Oktette repräsentierende Hexadezimalzahlen
boolesche Werte	0 oder 1; 0 == »false« und 1 =="true"
char	String, ein Zeichen lang
date	Datum in einem Subset-Format von ISO 8601, ohne Zeitangaben. Beispielsweise: »1994-11-05«.
dateTime	Datum in einem Subset-Format von ISO 8601, mit optionaler Zeitangabe, ohne optionale Zeitzone. Sekundenbruchteile können bis auf die Nanosekunde genau angegeben werden. Beispielsweise »1988-04-07T18:39:09«.
dateTime.tz	Datum in einem Subset-Format von ISO 8601, mit optionaler Zeitangabe und Zeitzone. Sekundenbruchteile können bis auf die Nanosekunde genau angegeben werden. Beispielsweise: »1988-04-07T18:39:09-08:00«.
fixed.14.4	Wie »number« mit maximal 14 Vor- und 4 Nachkommastellen.
float	Reelle Zahl ohne Begrenzung der Stellenanzahl, kann ein Vorzeichen, Bruchzahlen oder optionalen Exponenten haben. Trennzeichen wie in US-Englisch. Wertebereich von 1.7976931348623157E+308 bis 2.2250738585072014E-308.
int	Zahl, optional mit Vorzeichen, ohne Bruchzahlen, ohne Exponenten
number	Zahl ohne Begrenzung der Stellenanzahl, kann ein Vorzeichen, Bruchzahlen oder optionalen Exponenten haben. Trennzeichen wie in US-Englisch. Wertebereich wie bei R8: 1.7976931348623157E+308 bis 2.2250738585072014E-308.
time	Zeit in einem Subset-Format von ISO 8601, ohne Datum oder Zeitzone. Beispielsweise: »08:15:27«.
time.tz	Zeit in einem Subset-Format von ISO 8601, ohne Datum, optional mit Zeitzone. Beispielsweise: »08:15:27-05:00«.
i1	Ganzzahl, repräsentiert in 1 Byte. Zahl, optional mit Vorzeichen, ohne Bruchzahlen, ohne Exponenten. Beispielsweise: »1, 127, -128«.
i2	Ganzzahl, repräsentiert in 1 Wort. Zahl, optional mit Vorzeichen, ohne Bruchzahlen, ohne Exponenten. Beispielsweise: »1, 703, -32768«.

Tab. 8.2: Unterstützte Datentypen (Forts.)

Datentyp	Beschreibung
i4	Ganzzahl, repräsentiert in 4 Byte. Zahl, optional mit Vorzeichen, ohne Bruchzahlen, ohne Exponenten. Beispielsweise: »1, 703, -32768, 148343, -1000000000«.
r4	Reelle Zahl ohne Begrenzung der Stellenanzahl, kann ein Vorzeichen, Bruchzahlen oder optionalen Exponenten haben. Trennzeichen wie in US-Englisch. Wertebereich von 3.40282347E+38F bis 1.17549435E-38F.
r8	Wie »float«. Reelle Zahl ohne Begrenzung der Stellenanzahl, kann ein Vorzeichen, Bruchzahlen oder optionalen Exponenten haben. Trennzeichen wie in US-Englisch. Wertebereich von 1.7976931348623157E+308 bis 2.2250738585072014E-308.
ui1	Ganzzahl ohne Vorzeichen. Zahl ohne Vorzeichen, Bruchzahlen oder Exponenten. Beispielsweise: »1, 255«.
ui2	Ganzzahl ohne Vorzeichen, 2 Byte. Zahl ohne Vorzeichen, Bruchzahlen oder Exponenten. Beispielsweise: »1, 255, 65535«.
ui4	Ganzzahl ohne Vorzeichen, 4 Byte. Zahl ohne Vorzeichen, Bruchzahlen oder Exponenten. Beispielsweise: »1, 703, 3000000000«.
URI	Universal Resource Identifier (URI). Beispielsweise »urn:schemas-microsoft-com:Office9«.
uuid	Oktette repräsentierende Hexadezimalzahlen, optional mit eingebetteten Bindestrichen, die ignoriert werden. Beispielsweise: »333C7BC4-460F-11D0-BC04-0080C7055A83«.

8.3.2 Primitive Typen

Die W3C-Empfehlung XML 1.0 definiert auch Aufzählungstypen (Notationen und Enumerationen) und eine Reihe von Token-Typen. Diese in der W3C-XML-Empfehlung definierten Datentypen werden in der Microsoft XML-Dokumentation als *primitive Typen* bezeichnet.

Tabelle 8.3 führt einige der primitiven Typen auf, die in Abschnitt 3.3.1 der W3C-Empfehlung XML 1.0 definiert werden.

Tab. 8.3: Primitive Typen gemäß W3C-Empfehlung

Primitiver Datentyp	Beschreibung
entity	Repräsentiert den XML-Typ Entity.
entities	Repräsentiert den XML-Typ ENTITIES.
enumeration	repräsentiert einen Aufzählungstyp (nur in Attributen unterstützt).
id	Repräsentiert den XML-Typ ID.

Tab. 8.3: Primitive Typen gemäß W3C-Empfehlung (Forts.)

Primitiver Datentyp	Beschreibung
idref	Repräsentiert den XML-Typ IDREF.
idrefs	Repräsentiert den XML-Typ IDREFS.
nmtoken	Repräsentiert den XML-Typ NMTOKEN.
nmtokens	Repräsentiert den XML-Typ NMTOKENS.
notation	Repräsentiert einen Notation-Typ.
string	Repräsentiert einen String-Typ.

8.3.3 Unterstützte Datentypkonvertierungen

In Tabelle 8.4 sind die Datentypkonvertierungen aufgeführt, die der Microsoft XML-Prozessor im Microsoft Internet Explorer 5 unterstützt.

Tab. 8.4: Vom Microsoft XML-Prozessor unterstützte Datentypkonvertierungen

Datentyp	Variant-Datentyp
string	VT_BSTR, VT_BOOL, VT_CY, VT_DATE, VT_VARIANT, VT_DECIMAL, VT_UII, VT_I2, VT_I4, VT_R4, VT_R8, VT_EMPTY, VT_NULL, VT_ARRAY
number	VT_BSTR, VT_BOOL, VT_CY, VT_VARIANT, VT_DECIMAL, VT_UII, VT_I2, VT_I4, VT_R4, VT_R8, VT_EMPTY, VT_NULL
int	VT_BSTR, VT_BOOL, VT_VARIANT, VT_UII, VT_I2, VT_I4, VT_EMPTY, VT_NULL
float	VT_BSTR, VT_CY, VT_VARIANT, VT_DECIMAL, VT_UII, VT_I2, VT_I4, VT_R4, VT_R8, VT_EMPTY, VT_NULL
fixed.14.4 (currency)	VT_BSTR, VT_CY, VT_VARIANT, VT_DECIMAL, VT_UII, VT_I2, VT_I4, VT_R4, VT_EMPTY, VT_NULL
boolean	VT_BSTR, VT_BOOL, VT_VARIANT, VT_DECIMAL, VT_UII, VT_I2, VT_I4, VT_EMPTY, VT_NULL
dateTime	VT_BSTR, VT_DATE, VT_VARIANT
i1	VT_BSTR, VT_BOOL, VT_VARIANT, VT_DECIMAL, VT_EMPTY, VT_NULL
i2	VT_BSTR, VT_BOOL, VT_VARIANT, VT_DECIMAL, VT_I2, VT_EMPTY, VT_NULL
i4	VT_BSTR, VT_BOOL, VT_VARIANT, VT_DECIMAL, VT_I2, VT_I4, VT_EMPTY, VT_NULL
i8	VT_BSTR, VT_BOOL, VT_CY, VT_VARIANT, VT_DECIMAL, VT_I2, VT_I4
ui1	VT_BSTR, VT_BOOL, VT_VARIANT, VT_DECIMAL, VT_UI1, VT_EMPTY, VT_NULL
ui2	VT_BSTR, VT_BOOL, VT_VARIANT, VT_UI1, VT_I2, VT_EMPTY, VT_NULL

Datentyp	Variant-Datentyp
ui4	VT_BSTR, VT_BOOL, VT_VARIANT, VT_UI1, VT_I2, VT_I4, VT_EMPTY, VT_NULL
ui8	VT_BSTR, VT_BOOL, VT_CY, VT_VARIANT, VT_DECIMAL, VT_UI1, VT_I2, VT_I4, VT_EMPTY, VT_NULL
r4	VT_BSTR, VT_CY, VT_VARIANT, VT_DECIMAL, VT_I2, VT_I4, VT_R4, VT_EMPTY, VT_NULL
r8	VT_BSTR, VT_CY, VT_VARIANT, VT_DECIMAL, VT_I2, VT_I4, VT_R4, VT_R8, VT_EMPTY, VT_NULL
uuid	VT_BSTR, VT_VARIANT
uri	VT_BSTR, VT_VARIANT
bin.hex	VT_BSTR, VT_VARIANT, VT_ARRAY
char	VT_BSTR, VT_VARIANT, VT_I2, VT_EMPTY, VT_NULL

Tab. 8.4: Vom Microsoft XML-Prozessor unterstützte Datentypkonvertierungen (Forts.)

8.4 BizTalk sagt wo's langgeht!

Mit BizTalk können Sie XML-codierte Nachrichten (beispielsweise eine Anmeldung oder einen Just-in-Time-Auftrag) auf viele unterschiedliche Arten und von jeder beliebigen Plattform aus übermitteln. Sie können den Microsoft Message Queue Server verwenden, das SMTP-Mailprotokoll, das HTTP-Internetprotokoll, diverse COM-Schnittstellen oder sogar FTP – um nur ein paar Beispiele zu nennen, wie Sie Informationen an BizTalk übermitteln oder aus BizTalk empfangen können.

BizTalk ist außerdem kompatibel zu vorhandenen Datenspeicher- und ERP-Systemen wie SAP und kann automatisch mit ihnen Nachrichten austauschen und Dokumente weiterleiten.

Um mit BizTalk zu arbeiten, müssen Sie in Ihren XML-Dateien einige vorgegebene XML-Tags und den passenden BizTalk-Namensraum verwenden. Wie das geht, wird im nächsten Abschnitt erklärt.

8.4.1 Ein Beispiel in BizTalk und XML

Wie sieht so ein BizTalk Framework XML-Dokument aus? Hier sehen Sie ein einfaches Beispiel für ein universelles BizTalk Framework.

```
<?xml version="1.0"?>

<BizTalk  xmlns:="urn:schemas-biztalk.org:BizTalk/biztalk-0.8.xml">

<Body xmlns:= "urn:your-namespace-goes-here">

<Route>
```

```
<From Location ID="value" LocationType="value" Process="value"
Path="value" Handle="value"/>

<To Location ID="value" LocationType="value" Address="value"
Path="value" Handle="value"/>

</Route>

<MessageType>
```

- *Hier stehen die Daten des XML-Dokuments* -

```
</MessageType>

</Body>

</BizTalk>
```

Wie Sie sehen, beziehen sich alle BizTalk-Tags auf den Austausch der Nachrichten und nicht auf branchenspezifische Inhalte. Dadurch ist das BizTalk Framework branchenneutral und für die breite Verwendung geeignet.

Sehen wir uns nun die Tags, die das BizTalk-XML enthalten muss, genauer an.

Die Wurzel des Ganzen

Ein BizTalk Framework-Dokument muss mit dem BizTalk-»Wurzel«-Tag beginnen und schließen:

```
<BizTalk  xmlns="urn:schemas-biztalk-org:BizTalk/biztalk-0.8.xml">

</BizTalk>
```

Wie Ihnen vielleicht auffällt, wird hier ein BizTalk-Namensraum verwendet.

Body- und Identitäts-Tags

Das hier abgebildete <MessageType>-Tag ist ein Platzhalter für das eigentliche Namens-Tag des Dokumenttyps. Hier könnte beispielsweise das Tag für eine Bestellung, einen Flug oder etwas anderes stehen. Das XML-Dokument würde mit den XML-Tags ausgezeichnet, die dem XML-Data-Vorschlag entsprechen.

```
<Body>

   <MessageType  xmlns="urn:your-namespace-here">

   </MessageType>

</Body>
```

An dieser Stelle wird übrigens das Schema eingefügt.

Routing-Tags

BizTalk Framework sieht zwei Typen von Routing-Tags vor: `To` und `From`. Beide Tags sind erforderlich für den Punkt-zu-Punkt-Informationsaustausch. Die `To`- und `From`-Tags nehmen etwa folgende Form an:

```
<Route>

<From locationID="111111111" locationType="DUNS"

         process="" path="" handle="3"/>

<To locationID="222222222" locationType="DUNS"

     process="" path="" handle="23CF15"/>

</Route>
```

Nachdem Sie jetzt Schemata kennen, einen Einblick in BizTalk gewonnen haben und sich vorstellen können, welche Auswirkungen es auf den automatisierten Datentransfer zwischen unterschiedlichen Systemen haben könnte, fragen Sie sich vermutlich: *Und was kommt jetzt*?

8.4.2 Hier gibt es die Schemata!

Jetzt stellt sich natürlich die große Preisfrage: Gibt es irgendwo in Ihrer Branche schon ein Schema für spezifische Bereiche oder typische Probleme? Auf der BizTalk-Website `http://www.biztalk.org/` wird von den Microsoft Website-Entwicklern eine Bibliothek aufgebaut: ein Katalog mit Zusatzfunktionen, die Ihnen helfen, Schemata zu finden, die Andere bereits registriert und katalogisiert haben. Mitglieder werden die Möglichkeit haben, ihre Unternehmen hier anzumelden und Veröffentlichungsrechte zu sichern.

8.4.3 Gute Tools und Websites

Auf `http://www.biztalk.org`, `http://www.xml.com` und `http://www.xmltree.com` finden Sie Informationen speziell zu Ihrer Branche. Oder sehen Sie sich die folgenden Business-to-Business-Websites an, die gerade eine Führungsposition im Bereich XML-Dokumente und Kommunikation erobern: `http://www.marketsite.net` und `http://www.commerceone.com`, die ihr Angebot als »erste umfassende XML-Dokumentbibliothek auf dem Markt« anpreisen. Weiterführende Informationen, Beispiel-Code oder Kontakt zu anderen Entwicklern, die mit XML oder dem BizTalk Framework Toolkit programmieren, finden Sie unter `http://www.vbxml.com`

Falls es Sie interessiert, es gibt auch noch mindestens fünf weitere Schema-Formate, die ebenfalls an die Stelle der DTDs treten wollen:

- DCD (Document Content Description), `http://www.w3.org/TR/NOTE-dcd`
- XML-Data Reduced (XDR), `http://www.w3.org/TR/1998/NOTE-XML-data/` oder `http://msdn.microsoft.com/xml/XMLGuide/schema-overview.asp`

- DDML (auch XSchema genannt) `http://www.w3.org/TR/NOTE-ddml`
- W3C XML Schema Definition Language (XSDL), `http://www.w3.org/TR/xmlSchema-1/`, `http://www.w3.org/TR/xmlSchema-1/`, `http://www.w3.org/TR/xmlSchema-2/` oder `http://www.w3.org/TR/xmlschema-2/`
- Schema for Object-oriented XML (SOX), `http://www.w3.org/TR/NOTE-SOX/`

Es wäre doch sicherlich einfacher, Schemata zu entwickeln, wenn man dabei von einem visuell arbeitenden Tool unterstützt würde. Glücklicherweise bietet die Firma Extensibility, `http://www.extensibility.com/`, genau so ein Tool an. Das Produkt heißt XML Authority und präsentiert Schemata in veranschaulichter Form, sodass Sie einen visuellen Zugang zum Code haben, ohne sich in der Syntax zu verheddern. Obendrein werden all die diversen Schema-Vorschläge im Prinzip gleich behandelt.

XML Authority ist kompatibel zu sämtlichen Schema-Typen. Das bedeutet, Sie werden nicht gezwungen, ein bestimmtes Schema zu verwenden, denn das visuelle Entwurfstool ermöglicht das »Speichern Als« alle Typen von Schemata.

8.4.4 Wie unterschiedlich sind die Schema-Vorschläge?

Diese Frage lässt sich wohl am besten mit ein paar Beispielen beantworten. Bisher wurde in diesem Buch mit folgendem XML-Code gearbeitet:

```
<?xml version="1.0" ?>
<PEOPLE>
<PERSON>
<NAME>Mark Wilson</NAME>
<ADDRESS>911 Somewhere Circle, Canberra, Australia</ADDRESS>
<TEL>(++612) 12345</TEL>
<FAX>(++612) 12345</FAX>
<EMAIL>Mark.Wilson@somewhere.com</EMAIL>
</PERSON>
</PEOPLE>
```

Beispiel DTD

Hier die korrekte DTD-Struktur für die obige XML-Datei:

```
<!ELEMENT PEOPLE ( PERSON+ ) >
<!ELEMENT PERSON ( NAME, ADDRESS, TEL, FAX, EMAIL ) >
```

```
<!ELEMENT ADDRESS ( #PCDATA ) >
<!ELEMENT EMAIL ( #PCDATA ) >
<!ELEMENT FAX ( #PCDATA ) >
<!ELEMENT NAME ( #PCDATA ) >
<!ELEMENT TEL ( #PCDATA ) >
```

Jetzt sollen die fünf Schemata betrachtet werden, die mit XML Authority generiert werden können:

- W3C Schema
- Microsoft XML-Data Reduced
- Commerce One
- DCD
- DDML

Beispiel W3C Schema (XSDL)

Nach der Schema-Definition des W3C würde der Code so aussehen:

Eine kostenlose Demoversion von XML Authority können Sie unter `http://www.extensibility.com/` **herunterladen**

```
<?xml version ="1.0"?>
<!DOCTYPE schema PUBLIC "-//W3C//DTD XMLSCHEMA 19990506//EN
         "http://www.w3.org/1999/05/06-xmlschema-1/structures.dtd">
<!--Generated by XML Authority. Conforms to w3c http://www.w3.org/
         TR/xmlschema-1/-->
<schema name = "people.dtd"
   xmlns = "http://www.w3.org/1999/05/06-xmlschema-1/structures.xsd">
  <elementType name = "PEOPLE">
     <sequence>
        <elementTypeRef name = "PERSON" minOccur = "1" maxOccur = "*"/
>
   </sequence>
  </elementType>
  <elementType name = "PERSON">
     <sequence>
        <elementTypeRef name = "NAME"/>
        <elementTypeRef name = "ADDRESS"/>
        <elementTypeRef name = "TEL"/>
```

```
        <elementTypeRef name = "FAX"/>
        <elementTypeRef name = "EMAIL"/>
      </sequence>
  </elementType>
  <elementType name = "ADDRESS">
      <datatypeRef name = "string"/>
  </elementType>
  <elementType name = "EMAIL">
      <datatypeRef name = "string"/>
  </elementType>
  <elementType name = "FAX">
      <datatypeRef name = "string"/>
  </elementType>
  <elementType name = "NAME">
      <datatypeRef name = "string"/>
  </elementType>
  <elementType name = "TEL">
      <datatypeRef name = "string"/>
  </elementType>
</schema>
```

Beispiel Microsoft XML-Data Reduced (XDR) Schema

Diese Schema-Definition ergibt folgenden Code:

```
<?xml version ="1.0"?>
<!--Generated by XML Authority. Conforms to XML Data subset for IE 5--
>
<Schema  name = "people.dtd"
   xmlns = "urn:schemas-microsoft-com:xml-data"
   xmlns:dt = "urn:schemas-microsoft-com:datatypes">
  <ElementType name = "PEOPLE" content = "eltOnly" order = "seq">
     <element type = "PERSON" minOccurs = "1" maxOccurs = "*"/>
  </ElementType>
```

```
  <ElementType name = "PERSON" content = "eltOnly" order = "seq">
    <element type = "NAME"/>
    <element type = "ADDRESS"/>
    <element type = "TEL"/>
    <element type = "FAX"/>
    <element type = "EMAIL"/>
  </ElementType>
  <ElementType name = "ADDRESS" content = "textOnly"/>
  <ElementType name = "EMAIL" content = "textOnly"/>
  <ElementType name = "FAX" content = "textOnly"/>
  <ElementType name = "NAME" content = "textOnly"/>
  <ElementType name = "TEL" content = "textOnly"/>
</Schema>
```

Beispiel Commerce One SOX Schema

Diese Schema-Definition ergibt folgenden Code:

```
<?xml version ="1.0"?>
<!DOCTYPE schema SYSTEM "schema.dtd">
<!--Generated by XML Authority. Conforms to w3c NOTE-SOX-19980930-->
<schema name = "people.dtd">
  <h1>people.dtd</h1>
  <elementtype name = "PEOPLE">
    <model>
      <sequence>
        <element name = "PERSON" occurs = "+"/>
      </sequence>
    </model>
  </elementtype>
  <elementtype name = "PERSON">
    <model>
      <sequence>
        <element name = "NAME"/>
```

```
            <element name = "ADDRESS"/>
            <element name = "TEL"/>
            <element name = "FAX"/>
            <element name = "EMAIL"/>
         </sequence>
      </model>
   </elementtype>
   <elementtype name = "ADDRESS">
      <string/>
   </elementtype>
   <elementtype name = "EMAIL">
      <string/>
   </elementtype>
   <elementtype name = "FAX">
      <string/>
   </elementtype>
   <elementtype name = "NAME">
      <string/>
   </elementtype>
   <elementtype name = "TEL">
      <string/>
   </elementtype>
</schema>
```

Beispiel DCD Schema

Diese Schema-Definition ergibt folgenden Code:

```
<?xml version ="1.0"?>
<!DOCTYPE DCD  SYSTEM "tbd">
<!--Generated by XML Authority. Conforms to DCD  1.0-->
<DCD  xmlns:RDF  = "http://www.w3.org/1999/02/22-rdf-syntax-ns#">
  <ElementDef type = "PEOPLE" Content = "Closed" Model = "Elements">
     <Group RDF:Order = "Seq">
```

```
      <Group Occurs = "OneOrMore">
         <Element>PERSON</Element>
      </Group>
   </Group>
</ElementDef>

<ElementDef type = "PERSON" Content = "Closed" Model = "Elements">
   <Group RDF:Order = "Seq">
      <Element>NAME</Element>
      <Element>ADDRESS</Element>
      <Element>TEL</Element>
      <Element>FAX</Element>
      <Element>EMAIL</Element>
   </Group>
</ElementDef>

<ElementDef type = "ADDRESS" Content = "Closed" Model = "Data"/>
<ElementDef type = "EMAIL" Content = "Closed" Model = "Data"/>
<ElementDef type = "FAX" Content = "Closed" Model = "Data"/>
<ElementDef type = "NAME" Content = "Closed" Model = "Data"/>
<ElementDef type = "TEL" Content = "Closed" Model = "Data"/>
</DCD>
```

Beispiel DDML Schema

Diese Schema-Definition ergibt folgenden Code:

```
<?xml version ="1.0"?>
<!DOCTYPE DocumentDef [
]>
<!--Generated by XML Authority. DDML  version 1.0-->
<DocumentDef name = "people.dtd"
   xmlns = "http://www.purl.org/NET/ddml/v1"
   xmlns:DDML  = "http://www.purl.org/NET/ddml/v1" Version = "1.0">
```

```
<ElementDecl Name = "PEOPLE">
   <Model>
      <Ref Element = "PERSON" Frequency = "OneOrMore"/>
   </Model>
</ElementDecl>
<ElementDecl Name = "PERSON">
   <Model>
      <Seq>
         <Ref Element = "NAME"/>
         <Ref Element = "ADDRESS"/>
         <Ref Element = "TEL"/>
         <Ref Element = "FAX"/>
         <Ref Element = "EMAIL"/>
      </Seq>
   </Model>
</ElementDecl>
<ElementDecl Name = "ADDRESS">
   <Model>
      <PCData/>
   </Model>
</ElementDecl>
<ElementDecl Name = "EMAIL">
   <Model>
      <PCData/>
   </Model>
</ElementDecl>
<ElementDecl Name = "FAX">
   <Model>
      <PCData/>
   </Model>
</ElementDecl>
```

```
  <ElementDecl Name = "NAME">
    <Model>
      <PCData/>
    </Model>
  </ElementDecl>
  <ElementDecl Name = "TEL">
    <Model>
      <PCData/>
    </Model>
  </ElementDecl>
</DocumentDef>
```

8.5 Zusammenfassung

Bei einem Angebot von 56 Millionen Websites, die man besuchen könnte, drängt sich natürlich der Begriff *Informationsflut* auf. Oft fragen wir uns, wie wir wohl in dem Wust von Informationen, die in den Weiten des Netzes unstrukturiert herumschwirren, die Informationen finden sollen, die wir brauchen. Aber die steigende Verbreitung von XML, DTDs, RDF, RDF Schemas und den verschiedenen Varianten von XML-Schemata lässt auf bessere Software und besser erschlossene Informationen hoffen.

Aber damit nicht genug – auch Unternehmen werden Schemata mit ihren Partnern teilen und (hoffentlich) gemeinsam benutzen, oder sich wenigstens gegenseitig die Schema-Strukturen aufzeigen. In dem Moment werden transparenter Datenverkehr, automatische Rechnungsstellung und -begleichung und viele weitere Fortschritte möglich, die uns das Leben erleichtern werden.

XML, Schemata und BizTalk zusammen sind eine unschlagbare Kombination, die die weltweite, verbreitete und kostengünstige Nutzung von E-Commerce vorantreiben wird. Ihr Potenzial für die Nutzung als Business-to-Business-Plattform ist enorm.

Allerdings besteht auch die Gefahr, dass der kühne Pionier XML auf seiner Fahrt durch die Informationsfluten mehr zu einem modernen Gulliver wird als zu einem zweiten Kolumbus. Während letzterer die neue Welt entdeckte, verstrickte sich Gulliver in den Fesseln von Scharen von Winzlingen. Das Gleiche könnte mit XML passieren, wenn schlecht geschriebene Schemata sich durchsetzen und Eingang in Dokumenten-Repositories wie BizTalk finden.

Da das letzte Wort darüber, wohin diese Reise geht, noch lange nicht gesprochen ist, und weil die Schema-Spezifikation noch nicht zu Ende ausgearbeitet ist, bildet die Anwendung von Schemata keinen Schwerpunkt in diesem Buch. Hier wurde mit DTDs gearbeitet, einem ausgereiften, benutzerfreundlichen und stabilen Standard. Der Umstieg von DTDs auf Schemata ist kein großer Schritt, und Sie können frei entscheiden, welchen Weg Sie einschlagen wollen.

9 Wie geht es weiter?

In diesem Kapitel:

- Nutzergruppen im Internet
- Kontakt zu den Autoren
- Links und Tipps

9.1 Das Ende

Herzlich willkommen am Ende dieses Buchs! Danke, dass Sie bis hierher gelesen haben – wir hoffen, es hat Ihnen Spaß gemacht. Sie erreichen uns, Tracey und Mark, per E-Mail unter tracewilson@my-deja.com und mark@vbxml.com.

Melden Sie sich bei uns – wir freuen uns.

Im Internet gibt es etliche weitere Quellen, an denen Sie Ihr neu erworbenes Wissen vertiefen können. Zehntausende Andere lernen gerade emsig die gleichen Dinge wie Sie und tauschen in Diskussionsforen, Newsgroups und auf Websites Informationen aus.

Die nützlichsten URLs, die wir gefunden haben, möchten wir Ihnen natürlich nicht vorenthalten. Wir weisen darauf hin, dass zum Zeitpunkt der Niederschrift alle Links einwandfrei funktionierten.

Besuchen Sie die Website dieses Buchs unter `http://www.thespot4.com` **oder** `http://www.vbxml.com` **– dort können Sie die Quellcode-Listings herunterladen, Ihre Meinung sagen und sich an Diskussionen beteiligen. Oder sehen Sie sich** `http://www.manning.com` **an**

9.2 Werfen Sie einen Blick ins Online-Glossar

Hier und da ein unbekanntes Wort? Unter `http://www.thespot4.com` finden Sie ein ausführliches Glossar mit Fachausdrücken, Querverweisen und Begriffserklärungen.

9.3 Lernen Sie die Technologie von morgen kennen

BizTalk – der Rahmen für den B2B-Datenaustausch in XML: Daran wird niemand vorbeikommen!

`http://www.biztalk.org`

Sehen Sie sich auch die Liste von Einreichungen beim W3C an; sie enthält Links und Beschreibungen:

`http://www.xml.com/xml/pub/submlist`

9.4 Mischen Sie sich ein: die VB-, ASP- und XML-Diskussionen auf http://www.vbxml.com

Besuchen Sie `http://www.thespot4.com` oder `http://www.vbxml.com` und beteiligen Sie sich an den Diskussionen! Eine lebhafte und spannende Gemeinde von Lesern und Besuchern tauscht sich aus über XML, XSL, CSS, VB, ASP, Cold Fusion und mehr.

Regelmäßig werden Artikel und offener Quellcode für Projekte bereitgestellt, Sie können die Quellcode-Listings zu diesem Buch herunterladen und vieles mehr!

9.5 Author Online: http://www.manning.com

Im Author Online-Forum des Manning-Verlags können Sie den Autoren Fragen zum Buch stellen oder Kontakt mit anderen Lesern aufnehmen.

`http://www.manning.com/wilson`

9.6 Newsgroups

Zu XML:

Microsoft.public.xml

Comp.text.xml

Wenn einer der hier genannten Links nicht mehr aktuell ist: Bei `http://www.thespot4.com` gibt es Nachschub!

Zu RDF:

Netscape.public.mozilla.rdf

(Hinweis: Hierfür muss als News-Server news.mozilla.org eingestellt sein)

Zu SGML:

Comp.text.sgml

9.7 W3C-Diskussionsgruppen

Die (riesige) Sammlung von Diskussionslisten des W3C finden Sie hier:

`http://www.w3.org/Mail/Lists.html`

9.8 Links, Links und noch mehr Links

Das W3C, der neue Nabel der Normenwelt! (naja, oder beinahe)

`http://www.w3c.org`

Vollständige Liste der W3C-Aktivitäten zu XML:

`http://www.w3c.org/XML/Activity`

Guter Überblick über den Stand der W3C-Standards:

`http://www.wdvl.com/Authoring/Languages/XML/Specifications.html`

Die XML-Website von Microsoft ist hervorragend:

`http://msdn.microsoft.com/xml`

Informationen zur Einhaltung der W3C-Standards durch Microsoft:

`http://msdn.microsoft.com/xml/XSLGuide/conformance.asp`

Alternative DOM-Objekte:

`http://www.vivid-creations.com`

`http://www.cuesoft.com`

XML:

`http://www.xml.com`

`http://wdvl.com/Authoring/Languages/XML/`

`http://www.ibm.com/developer/xml/`

`http://www.w3.org/XML/Overview.HTML`

`http://developer.netscape.com/tech/metadata/index.HTML?cp=dev01mtec`

CSS:

`http://wdvl.com/Authoring/Style/Sheets/`

`http://builder.com/Authoring/CSS/?st.bl.HTML..dvlp`

Wenn einer der hier genannten Links nicht mehr aktuell ist: Bei `http://www.thespot4.com` **gibt es Nachschub!**

SGML:

`http://wdvl.com/Authoring/Languages/SGML.HTML`

`http://www.oasis-open.org/HTML/getstart.htm`

`http://www.sgml.u-net.com/`

RDF:

`http://www.irt.org/articles/js086/index.htm`

`http://www.w3.org/RDF/Overview.HTML`

Schemata:

`http://www.Schema.net/`

`http://www.stars.com/Seminars/Languages/XMLSpecifications.HTML`

`http://www.oasis-open.org/cover/`

`http://www.xml.com/xml/pub/Guide/DTDs`

`http://xdev.datachannel.com/directory/industry_resources.HTML`

Wenn Sie die gesamte XML-Spezifikation erklärt haben wollen, sind Sie hier richtig:

`http://www.xml.com/axml/axml.HTML`

Möchten Sie sehen, welche Websites mit XML arbeiten und wie? Schauen Sie sich XMLTree an – das ist wirklich vom Feinsten:

`http://www.xmltree.com/`

DTD-to-Schema-Konverter – OK, das Thema ist vielleicht nicht mehr aktuell ... aber interessant!

`http://www.informatik.tu-darmstadt.de/DVS1/staff/bourret/xSchema/convert.HTML`

Sie wollen herausfinden, wer was macht im Web?

`http://www.commerce.net/research/`

Dublin Core Metadata Initiative:

`http://purl.oclc.org/dc/`

Und zu guter Letzt ... könnten Sie eine XML-Datei einsenden und eine DTD zurückerhalten!

`http://www.pault.com/Xmltube/dtdgen.HTML`

Stichwortverzeichnis

V

W

X

Y

Z